正确的教子方法，能让你的孩子人生之路更顺畅！

最实用的教子书

ZUI SHIYONGDE JIAOZISHU

良石 宋璐璐 编著

爱孩子，就行动起来，用科学理性的方法教育孩子吧！恰当的教子方法让你的孩子更优秀！

上海科学普及出版社

图书在版编目（CIP）数据

最实用的教子书/良石，宋璐璐　编著.—上海：
上海科学普及出版社，2013.1
ISBN 978-7-5427-5528-5

Ⅰ.①最… Ⅱ.①良… ②宋… Ⅲ.①家庭教育
Ⅳ.①G78

中国版本图书馆CIP数据核字（2012）第238499号

责任编辑　钦　盈
组稿编辑　王佩英

最实用的教子书
良石　宋璐璐　编著
上海科学普及出版社出版发行
（上海中山北路832号　邮政编码200070）
http://www.pspsh.com

全国新华书店经销　北京中创彩色印刷有限公司
开本787×1092．1/16　印张19　字数230 000
2013年1月第1版　2013年1月第1次印刷

ISBN 978-7-5427-5528-5　　定价：29.80元

前 言
FOREWORD

　　对于每个家庭而言，教育可是一个大问题！"望子成龙"、"望女成凤"是天下所有父母的最大心愿。但是，你是否反思过你的教育方式的问题，它是否是最好的？是否对孩子的成长起到了积极的推动作用？是否存在着某些错误呢？

　　据权威调查显示，有70%的家庭对子女的教育存在着问题，100%的父母曾经在教育子女的问题上犯过错误，或不太重视，或方法不当，以至于给孩子的一生都产生了严重的影响。如此严重的问题，你意识到了吗？你认真思考过吗？

　　千万不要让你不经意的错误耽误了孩子的一生幸福！！！

　　父母疼爱孩子毋庸置疑，但是，在教育问题上却可能存在一些错误，而正是这些不经意的错误也许会影响孩子的一生，使孩子由天才蜕变成庸才。所以，作为父母，就应当时刻谨记：教子不是仅凭本能就可以做好的事情。教子是一件具有重大意义的事情，是一件令人兴趣盎然的事情，同时，它也是一件相当困难的事情。

每个孩子都是一座等待开发的巨大宝藏，如何更好地开发利用，取决于父母的教育方法。方法选择至关重要，若选用了错误的方法，那么，孩子的潜能便不能被很好地挖掘出来，有可能因此误了孩子的一生。

为了实现父母"望子成龙"、"望女成凤"的愿望，本书在结合前人经验的基础上，总结出了成功教子的真谛。本书主要分为九章，分别为：教子从发现你的问题开始；健康是天大的事；让孩子正确认识自己；交流让教子更给力；左脑右脑一起开发；培养高智商孩子有办法；培养高情商孩子有学问；培养高财商孩子有说法；父母最容易犯的教子错误。全面而详细地介绍教子过程中的种种问题及解决方案。

一书在手，父母必能茅塞顿开，把好孩子教育关，成就孩子一生的辉煌！

目录
CONTENTS

第一章　教子从发现你的问题开始　　1

1. "嫌"麻烦，孩子怎能健康成长　→　2
2. 培养孩子的专注力，你会吗　→　4
3. 遇到"傻"孩子该怎么办　→　9
4. 对付孩子"无理哭闹"有妙招　→　14
5. 多让孩子体验"成功"的喜悦　→　16
6. 当孩子问你"为什么"的时候　→　20

第二章　健康是天大的事　　23

1. 你的孩子真的"健康"吗　→　24
2. 做一个合格的"健康卫士"　→　27
3. 及时发现孩子的异常行为　→　31
4. 不妨学几招"走路游戏"　→　33
5. 球类游戏为孩子送去健康　→　36

6. 与孩子一起跳、跳、跳 → 39
7. 让孩子明白"爱"的含义 → 42

第三章　让孩子正确认识自己　49

1. 认识自己有讲究 → 50
2. 耳朵的"N+1"种功能 → 56
3. 所有感知觉，一个不能少 → 58
4. 如何帮助孩子"打通"智力通道 → 61
5. 剖析"捉迷藏"的秘密 → 67
6. 孩子的"偶像"在哪里 → 70
7. 孩子，你要小心点 → 73

第四章　交流让教子更给力　77

1. 孩子能否听懂你的话 → 78
2. 用游戏与孩子轻松"对话" → 83
3. 让孩子懂得尊重 → 87
4. 孩子是否喜欢参与"群体活动" → 89
5. 养个"能说会道"的孩子 → 91

第五章　左脑右脑一起开发　95

1. 左脑风暴，锻炼孩子的"知性脑" → 96
2. 右脑攻略，培养孩子的"艺术脑" → 100

第六章　培养高智商孩子有办法　105

1. 语言助推孩子智力向前冲 → 106
2. 请给孩子以温暖、尊重和宽容 → 109

3. 不要强迫孩子 → 113
4. "淘"出孩子的创造力 → 117
5. 锻炼孩子的空间知觉能力 → 124
6. 锻炼孩子的观察能力 → 129
7. 锻炼孩子的记忆力 → 133
8. 锻炼孩子的思考能力 → 137
9. 锻炼孩子的理解能力 → 142
10. 锻炼孩子的判断力 → 145
11. 锻炼孩子的语言能力 → 150
12. 锻炼孩子的分析能力 → 155

第七章　培养高情商孩子有学问　　159

1. 对孩子赏罚要分明 → 160
2. 用公平、公正的态度待孩子 → 163
3. 对孩子不要过度溺爱 → 166
4. 莫要无休止地唠叨孩子 → 170
5. 对孩子要晓之以理、动之以情 → 174
6. 教育孩子要讲究科学方法 → 177
7. 自尊——让孩子从小懂得自尊、自爱的秘诀 → 180
8. 礼貌——培养乖孩子必备的礼仪常识 → 183
9. 感恩——引导孩子懂得回馈来自他人的爱与付出 → 186
10. 尊重——让孩子懂得尊重别人就等同于尊重自己 → 189
11. 善良——好心肠的孩子，更好命 → 191
12. 诚实——教会孩子真诚对待他人 → 194
13. 同情心——引导孩子理解、关心、体恤他人 → 198
14. 宽容——让孩子懂得宽容别人就是善待自己 → 202

15. 分享——让孩子从小懂得与他人团结合作 → 204

16. 自信——让孩子更有成就感 → 207

第八章 培养高财商孩子有说法　　211

1. 让"小财迷"通过简单劳动获得报酬 → 212
2. 给孩子零花钱的原则 → 216
3. 让"小财迷"体验储蓄钱的经历 → 221
4. 锻炼孩子管理金钱的技能 → 226
5. 教导孩子如何分配零用钱 → 231
6. 让孩子养成使用"零用钱小账本"的习惯 → 236
7. 让孩子为零用钱做详细记录 → 238
8. 让孩子成为价格专家 → 245
9. 让孩子了解家庭日常生活开支 → 250
10. 让孩子编制金钱用度表 → 255
11. 让孩子编制金钱梦想计划表 → 259

第九章 父母最容易犯的教子错误　　265

1. 给孩子设定的期望值太高 → 266
2. 抱怨自己的孩子脑子很笨 → 269
3. 按照自己的意愿设计孩子 → 272
4. 不尊重孩子说话的权利 → 275
5. 过分纵容孩子任性 → 278
6. "任意"打骂孩子 → 281
7. 对孩子的提问很不耐烦 → 286
8. 父母忽视自身素质的提高 → 290

第一章

教子从发现你的问题开始

1. "嫌"麻烦，孩子怎能健康成长

自从有了小宝贝，你的生活变得非常幸福甜蜜，但同时也承担着很多责任。你需要努力工作，赚更多的钱来养育孩子，给宝贝提供良好的物质环境；如果宝贝生病了，你就要头疼了……生活中的各种事情，会让你心烦不已。这时，再让你陪孩子玩游戏，你会"嫌"麻烦吗？你可能经历过下面这些场景，你是如何认为的呢？

你带孩子到公园玩球，本来是想好好陪他玩会儿，好教给他一些"本事"，但是，他却不停地把球乱扔。刚开始你还没觉得怎么样，可时间一长，你疲于来回"捡"球了，就会觉得"很烦"。

你带孩子去海边沙滩上玩沙子，本想教他怎样使用工具，可是，他却不让你教，结果，弄得到处"脏"兮兮的，你非常"烦"。

你想培养孩子帮助人的意识，就让他来帮你剥豆子，但是，他却一直在帮倒忙，把豆子弄得到处都是，你又觉得"麻烦"了。

当你陪孩子玩游戏的时候，你"嫌"麻烦可能是由于以下几个方面的思考：

A．孩子太小，不管教他玩什么、学什么都很费工夫，太麻烦了，等他上了幼儿园之后，老师自然会教他的。有的东西，等孩子大一点，自己也就会了，根本不用现在教，那太麻烦了！

B．有的时候，孩子钟情于一些脏东西，比如沙子，帮他打扫卫生很麻烦，因此，不愿意让他玩这类的游戏。

C．本来想在游戏中渗透一些教育的内容，但是，孩子的专注力太差了，一会儿一个花样，也不知道他究竟想怎么玩，看着他"瞎"玩就心烦！

D．有的游戏很容易让孩子兴奋，比如，某些运动游戏，担心他患上多动症，因此，不让孩子玩。

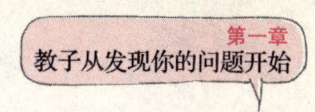

对于上述的说法,你是否也会有同感?倘若你的想法和以上列举的有相似之处,那么,你就可以发现自己的问题。

(1)你与哪种类型的家长相似

1)A类型的家长

你可能属于那种面对困难采取逃避态度的家长。不要总觉得孩子的很多能力都是随着成长自然而然会有的,孩子的能力与素质是需要家长帮助建立并且及时完善的。孩子是还小,但是,这并不意味着孩子就不需要教育与帮助。要知道,不管孩子现在有多大,你对孩子的教育都应该是责无旁贷的,不要把属于你的责任推给任何人或者任何机构。不要觉得教育孩子是一件"麻烦"的事情。当你积极地试着去做的时候,就会发现其实孩子都是充满智慧的。

2)B类型的家长

你可能对孩子的生活环境要求得有点高了。孩子在探索周围的事物时,是不会区分是否干净或脏脏的,我们需要做的就是,教会孩子在东西不干净的时候如何处理。

3)C类型的家长

你需要注意的是,陪孩子玩要不仅仅需要超强的耐心,还要用心地去掌握一些引导孩子参与游戏的方法。此外,在教孩子学一些技巧或者某些动作的时候,请不要太过于关注最终的结果,而忽略了游戏给孩子带来的快乐感受。因此,这类家长需要做的是怎样让孩子在玩的过程中充分地感受快乐,然后再掌握一些动作,融进特定的教育目的。

4)D类型的家长

在这里,需要说的是,只要游戏安排得科学合理,任何游戏都不会让孩子患上多动症。孩子在运动型游戏中表现得非常兴奋,这属于正常现象,这也是孩子身体发育的一种需要。家长要掌握好的就是在什么时段给孩子玩哪一类的

游戏,每次应该玩多长时间,而不是刻意地去限制孩子的需求。

(2)孩子为什么喜欢玩游戏

孩子之所以会喜欢玩游戏,是因为"我要玩",而不是"要我玩",游戏应该是一种孩子主动、自愿、自发的活动,它不应该有任何的强迫、催促或者限制。孩子参与游戏的主要目的在于"玩",从玩闹之中得到"快乐",而不是游戏之外的某种东西(比如,你手中的奖品、想要提高能力等)。

因此,不管孩子参加什么样的活动,你不应该把"活动有什么教育目的、会不会弄脏孩子的衣服"等作为你首要考虑的因素而决定是否让孩子参与,更不能因为考虑到活动目的就限制孩子的活动方式,因为这个目的是家长的而不是孩子的,我们要尊重孩子参与游戏的目的与原因。你应该在确保孩子安全的情况下考虑这个活动是否是孩子所喜欢的,在这个活动中,他是否表现得兴高采烈、心情愉快。

孩子的身体运动能力与智力正处在不断地发展中,那些可以让孩子体验到掌握感与控制感的游戏或者活动,可以让孩子形成积极的学习意识、健康的生活方式,并且能够主动地参与到与他人的社会交往当中。反之,长久坐着不动的生活方式与充满无限压力的环境,严重影响孩子的身心健康。孩子只有通过各种形式的游戏,才能逐步地增强自己各方面的能力。

因此,在陪伴孩子参加活动的时候,首先要求家长不要给孩子过多的压力,不要用那些所谓的书本上的、知名专家的标准来要求孩子达到何种程度。给孩子创建一个轻松快乐的游戏环境是最重要的,这样一来,你就不会觉得陪孩子玩是一件"麻烦"的事情了。

2. 培养孩子的专注力,你会吗

很多时候,我们都会听到一些家长这样抱怨道:"孩子在小的时候挺专心的,给他讲故事,他就能专注地听完整个故事,教他认图片或者做游戏,他也

能玩很长时间。现在长大了，反而不如从前专心了，不管做什么、玩什么，都是三分钟热度，没一会儿就分心了。孩子是否得了'多动症'？孩子的专注力真的很差吗？"

（1）孩子的专注力是否真的很"差"

自从孩子可以轻松地移动自己的身体开始，他们就进入了探索的高峰期，此时，孩子常常以爬行与独立行走为乐趣。这个时期的孩子，他们会对任何他们能够去到的地方或者可以够着的事物进行探索，而这种探索是无明确目的的，他并不一定想要"得到什么"，也不一定想要"知道为什么"，那只是发自体内的强烈的探索需求驱使着孩子"到处乱窜、四处看看"。因此，处于这个阶段的孩子，注意力不集中是其表现出来最明显的特征。

其实，这种现象是正常的。随着孩子逐步地成长与认知水平不断地提高，大约在2岁半时，许多孩子对事物的探索就开始深入了，这个时候，孩子自然就会"安静"下来。即使是这样，由于孩子还小，他最多也只能集中注意力7~10分钟。

因此，你没有必要担心。倘若你认为孩子的专注力真的非常差，那你可以检查一下孩子的生活环境是不是太嘈杂了，玩具是不是太多了，然后适当地给孩子创造一些容易让其安静的游戏，坚持下来，你一定会收到良好效果的。

（2）你是否是一位会培养孩子专注力的家长

1）孩子的玩具你是如何放置的？

　　A．整理之后，放在玩具箱里，等到孩子需要时，再拿出相应的玩具给孩子

　　B．随意地放在孩子房间的某个角落

2）你的孩子每天有固定时间看儿童节目或者书籍吗？

　　A．有

　　B．没有

3）孩子每天是否有独立玩耍的机会？

　　A．有

　　B．没有，通常都有大人陪在身边

4）当孩子对旧玩具失去兴趣，想要新的玩具时，你会：

　　A．陪孩子再研究研究该玩具是否还有新的玩法

　　B．马上给孩子换一个他喜欢的玩具

5）孩子正在专心地玩玩具的时候，到时间该喝果汁了，你会：

　　A．不打扰他，先让他玩，然后再将果汁拿给他喝

　　B．立刻打断他，让他喝完果汁之后再玩

6）你每天是否会刻意地让孩子做一些安静型的游戏？比如，看书、搭积木等。

　　A．每天都会有

　　B．不一定，以孩子是否喜欢为标准

评分标准

A—1分；B—0分

详细分析

　　如果你的得分不到3分，说明你属于那种不太会培养孩子专注力的家长。倘若你认为孩子缺乏专注力，那么，这只能说明在很大程度上是由于你的行为造成的。孩子的专注力并不是生来就有的，而是需要你长期努力培养的。

　　在培养孩子专注力的时候，首先，你需要给孩子制定一个有规律的作息表，让孩子能够做到动静结合，而不是由着孩子的性子来；其次，你需要给孩子提供一个安静且舒适的环境，让孩子养成一定的行为规范；然后就是有效的训练。刚开始，孩子可能很难配合，这个时候，你千万不能着急，更不能打骂孩子，你要慢慢地来。

　　倘若你的得分为3~4分，那么，你基本可以帮助孩子形成良好的专注力，但是，还需要认真检查一下，还有哪些地方做得不够。通常，培养良好的专注力需

要有这几个要素：环境、生活习惯、家长的引导方式。你觉得在哪些方面做得不够，从现在开始马上纠正过来，过了不多久，你就会收到良好的效果。

倘若你的得分超过4分，那么，说明在培养孩子专注力方面，你肯定做了很多的努力与尝试。倘若你的孩子在3岁以下，其专注力能够达到5分钟，那么，他的专注力已经十分好了。需要提醒你的是，不能用大人的要求来要求孩子，太长时间的专注，对于孩子，尤其是3岁以下的幼儿来说，是十分困难的，并且，也不利于孩子的身心健康。

（3）怎样培养孩子的专注力

1）为其创建一个良好的生活环境

孩子生活的环境应该是安静的、自由的，并且应该有他自己的生活空间。一个嘈杂的、人口众多的家庭环境，会影响孩子的专注力。

2）帮助孩子养成良好的生活习惯

从生理上讲，有规律的生活方式与合理的生活安排可以帮助孩子建立生物钟，这样一来，孩子就会自觉地知道在什么时间应该做些什么，从而帮助专注力的提高。

3）家长的陪同

如果想让孩子在某个事物或者某项活动上，独自保持很高的专注力，这是十分困难的。因为孩子毕竟还小，其探索能力是有限的，如果没有你的陪同与帮助，他可能很快就会失去探索的兴趣。倘若你能够陪同在他身边，有效地进行引导，那么，就会很好地增强孩子的探索欲望，对提高孩子的专注力有很大的帮助。

4）提供丰富、恰当的刺激

你应该为孩子准备一些适合玩耍或者操作的游戏材料，让孩子产生兴趣，这会对提高孩子的专注力有很大促进作用。然而，刺激不可过度，千万不要同时给孩子许多种刺激，这很可能让孩子过度兴奋，最终反而会弄巧成拙。

（4）用下面的游戏训练孩子

1）乘坐滑板车

首先，让孩子坐在滑板车上将双腿盘起来，双手牢牢地抓住车的把手，然后你可以慢慢地推拉滑板车，让滑板车向与孩子身体方向一致或相反的两个方向运动。

详细分析

孩子在滑板车上要根据车子的运动方向和速度来调节身体的平衡，有助于提高孩子的专注力。

2）托着物品走路

首先，给孩子找一个塑料托盘，在托盘上放上几颗大枣或者几个苹果；然后，让孩子在房间中来回走动。

详细分析

孩子的平衡能力还不是很好，在托物走动的时候很难控制好托盘里的大枣或苹果。这个游戏不但能够训练孩子的平衡能力，让孩子在玩游戏的过程中，学会眼手协调与身体姿势的协调，有效地锻炼了孩子的控制能力，而且为提高孩子的专注力提供了很大的帮助。

3）钓鱼

首先，给孩子一个有磁铁的玩具鱼竿；然后，帮助孩子将磁铁吸在玩具小鱼的铁嘴上；接着，让孩子拉动鱼竿把小鱼从盆中钓出来；最后，帮助孩子把鱼取下来，并放在旁边的篮子里。反复做几次，一边钓一边数数。

详细分析

在这个年龄段，孩子的眼手协调性尚未发育完全，还需要家长帮助把游戏完成。孩子能够很好地控制玩具鱼竿在一定范围内移动就相当不错了。游戏不仅训练了孩子对手的控制力，而且还提高了孩子的专注力。

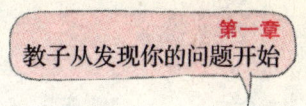

4）轨道开车

首先，给孩子一辆小车；然后，让孩子推着小车沿着某条轨迹运动，比如，让孩子推小车沿着篮球场的白线走等。

详细分析

当孩子推动小车沿着某条线运动的时候，需要孩子的手与眼能够协调起来，同时这也需要较长时间的专注。

5）看看里面有什么

首先，准备一个小蜡丸，并在小蜡丸内装上线；然后，将小蜡丸装入小盒子中；接着，再将小盒子装在拉链袋子里；最后，引导孩子找找里面到底藏着什么，打开之后让孩子拉线甩甩小蜡丸。

详细分析

在这个游戏中，当孩子一层层地打开包装物的时候，就已经在锻炼其专注能力了。1岁半左右的孩子，随着智力与身体活动能力不断地增强，探索欲望达到最高峰，但对事物的专注程度不高，这属于正常的现象。游戏除了能够提高孩子的动手意识与动手技巧，更能够提高孩子的专注力。专注力不是指孩子能安静下来听家长讲话，而是指孩子对一个事物集中精神的程度与时间。

在生活中，你还可以采用下面的做法来提高孩子的专注力：

①运用生动的语言或者动作给孩子讲故事；

②与孩子一起玩折纸的游戏；

③让孩子帮助你收拾一些小东西。

3. 遇到"傻"孩子该怎么办

你可能看到过这样的情景：

在一片沙滩上，有个孩子拎着一只小桶拿一个沙铲，他不停地往小桶里铲沙，装满之后又倒出来，然后再装满，再倒出……

在儿童房里，孩子用小积木搭着高楼，这时候，你很希望他能够搭高一些，但是，他往往是搭上五六块，就把高楼推倒，然后再重搭，乐此不疲……

在孩子的成长过程中，你会发现他经常会做一些"莫名其妙"的重复性行为。你怎么也想不明白，为什么孩子会喜欢重复做一个很"简单"的动作呢？

孩子需要参加各种积极的活动，以便学习并掌握相关概念。在这些学习过程中，他们需要通过对游戏材料或者动作过程的反复体验，来探索与试验这些新概念，或者渗透他们暂时不能完全理解的概念。与此同时，"重复性"的学习与锻炼，也是孩子在自发地提高某种身体能力，比如，运动能力和进行独立学习的过程。举个列子来说，当孩子掌握了一些跳跃动作之后，他很可能会反复地练习，直到他可以很随意地跳起为止。

需要特别注意的是：孩子重复性的学习过程就是孩子自发地独立学习的过程，这与你鼓励孩子重复练习某种能力的过程是不同的。前者属于自愿的、主动的，而后者则属于诱导的、被动的。在孩子的学习过程中，这两种方式时刻伴随着孩子的成长。

所以，你应该正确地理解到孩子的重复性行为其实是进行独立学习的过程，还应该在孩子进行这种重复的独立性学习过程中给予支持与帮助。

（1）你是否能够较好地帮助孩子增强其独立学习的能力？

当你看见孩子重复做一个动作或完成一件"工作"时，你会：

A. 利用其他玩具或者事物将孩子的注意力转移，从而巧妙地令孩子停止这种"无聊"的行为。

B. 询问孩子的真正想法，然后，帮助其完成。

C. 尽量不去打扰孩子，让他尽可能地单独操作。

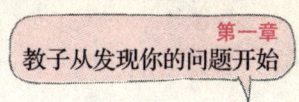

详细分析

Ａ．你属于那种不太擅长帮助孩子巩固学习能力的家长。你以你的学习方式来判断孩子这样的行为是"无聊"或者"无用功"的行为，说明你不是十分了解3岁以下孩子的学习特点。在今后的时间里，你应该学会以一种欣赏的眼光来看待孩子重复探索的行为，让孩子在自己独立、反复的探索过程中，用心去感知信息，以便增强自身的能力。

Ｂ．你属于那种十分关心孩子成长的家长，但是，你的做法却没有得到孩子的认可。你心里很想帮助他，而他可能根本不"领情"，甚至还会因为你如此热心的帮助而感到烦躁、郁闷，因为你打扰了他的独立思考与探索。孩子的反复探索行为，并不一定意味着孩子想获得什么更新的结果，很可能孩子就是在了解一些尚未理解的信息，也可能是他在验证自己的某种能力。这个时候，你不要去打扰他，让他自己慢慢地来。

Ｃ．你属于那种懂得给孩子独立学习机会的家长。孩子的学习是需要反复的，通过反复的过程，孩子增强了自己的某些能力，也巩固了对某些概念的理解。倘若你能在一段时间以后再次引导孩子玩同样的游戏，效果应该会更好。

（2）可以给孩子做的游戏

1）将线穿过纽扣

首先，给孩子一颗纽扣和一根线，要求孩子用线穿过纽扣，并且学会如何拉线。当孩子能够熟练地完成这些动作的时候，再给孩子两颗相同孔状的纽扣，然后引导孩子正确用线，同时穿过这两颗纽扣。在穿线之前，你可以教孩子如何对齐两颗纽扣的纽扣孔，然后再一起穿过去。

详细分析

孩子学习用线穿过纽扣，并且成功拉线，需要他的双手具有很强的协调能力。一般来说，孩子做事情几乎不考虑完整性，常认为把一颗纽扣穿过去之后，就可以再穿另一颗了，往往是手一松，纽扣就跟着滑出来了。或者，有的孩子因为感觉很费力，根本没有耐心完成穿纽扣的整个过程，做到一半就放手去做其他的事情了。这个游戏需要孩子重复性的练习。

2）拉绳取物

将几种不同颜色的玩具放在孩子的面前，并且，什么颜色的玩具就用什么颜色的绳子拴住，

比如，红色的玩具用红色的绳子拴，黄色的玩具用黄色的绳子拴；然后，再把绳子交叉放置，先让孩子反复拉取玩具，反复几次之后，帮助孩子发现其中的规律，弄明白同种颜色的东西被相同颜色的绳子拴着；最后，你可以再增加一些玩具，在放置时故意将线弄得十分乱，让孩子去拉取某种颜色的玩具，看孩子能否拿对。

详细分析

一种颜色的绳子拴着同种颜色的玩具，孩子一看到某种颜色的绳子就可以联想起相同颜色的玩具，这个游戏的目的主要在于训练孩子对色彩对应关系的掌控能力。通过建立红—红的相同概念，从而建立黄—黄等其他颜色的对应关系，通过这样反复的练习来培养孩子举一反三的学习能力。

3）听儿歌做动作

妈妈可以经常反复给孩子念同一首儿歌，并在儿歌容易识记的部分增加动作，刺激孩子对儿歌的声音信号做出动作，比如，"小脚踏踏、小手拍拍"（磁带《踏踏步》）。

详细分析

为孩子建立语言和肢体动作的关系，进一步增强孩子理解以及用动作表达的能力。到适当的年龄阶段，儿歌和动作就不再是节奏过于缓慢的了，需要家长对孩子进行一定节奏的训练并做些稍微复杂的动作。

4）多米诺骨牌

你可以帮助孩子排牌，看看谁排的骨牌一推可以全部连着倒下。然后将这个游戏交给孩子，让他们自己尽情尝试吧！

详细分析

这是一个较难完成的涉及平衡、专注、距离以及知觉的综合训练游戏。孩子通过这个训练，提高了眼手的协调性和手的控制能力。孩子从推倒骨牌的一刹那能够感受到很大的成就感，而为了这一短暂的快乐，孩子必须做出很大的努力。在搭牌的过程中，稍不注意，骨牌就会立即倒掉，家长应该告诉孩子失败并没有什么，只要坚持下去就能取得胜利。正是这"坚持一会儿"，很好地磨炼了孩子的坚强意志。这个游戏需要家长耐心地引导，对训练孩子的情商将有很大的益处。即便孩子不能准确地理解多米诺效应的物理原理，但通过玩这个游戏，孩子却能够深刻地感知，一个东西发生变化时会引发一系列的变化。

为了更好地帮助孩子进行独立学习，在生活中你还应该这样做：

①对于孩子的反复探索行为，应该学会用欣赏的眼光去看待；

②一段时间之后就可以创建游戏环境，以便帮助孩子反复玩耍或者操作以前掌握的事物或者玩具，继而观察孩子在这几次的探索中有什么不同；

③在操作的过程中，鼓励孩子独立完成，尽可能地减少帮助；

④不要将你的意图强加给孩子，强迫孩子反复练习你认可的某种能力，你必须学会尊重孩子自己的成长规律。

4. 对付孩子"无理哭闹"有妙招

孩子非常喜欢探索，尽管你多次告诫他"这个危险"、"那个碰不得"，但是，他仍然可能对你的警告"置之不理"。倘若是不太危险的东西也就算了，问题是孩子很可能正在玩一件十分危险的东西，比如锋利的刀子、洗便盆的洁厕灵等。这时，你只有采取强制手段及时地从孩子手中"抢"走危险品，并且再次大声地强调"不能玩"。你的"突然举动"必然会吓着孩子，他会哇哇大哭起来。你打算让孩子多哭一会儿，让他记住，但是又很心疼，怎么办呢？

你已经多次告诉孩子不能玩厕所里的洁厕灵，并且强调了"十分危险"，但是不小心还是被孩子拿到了，你不由分说地抢走孩子手中的洁厕灵，甚至还顺手打了孩子一下，以示"强烈警告"。这时，孩子会大声哭闹起来。

对于孩子的这种哭闹行为，你是怎么解决的？

A．不予理会，任由他在那里哭闹，要是实在感觉烦了，就直接将其丢进卫生间，留他一个人在那儿尽情哭，这样做才能让孩子长记性，否则他以后还是会玩的。

B．耐心地劝说，再次告诉他这是个危险品，不可以玩。倘若他还是在继续哭，那么，就任由他在那里哭，对此采取冷处理。

C．耐心地劝说，并且给他一些糖果或者玩具，以此来防止孩子哭得太厉害而伤害自己的身体。

D．不理会他，只是在他旁边摆弄其他玩具，以此吸引孩子主动参与过来，并且，在玩游戏的过程中与他讲明道理，然后要求孩子自己承认错误。

在你的生活中可能没有发生过与上述情景完全相同的情况，但一定有过类似的经历，比如，孩子做了错事，你对他进行批评，甚至惩罚，他就会哭闹；

当你不能及时地满足孩子的欲望时，不管你如何解释他都不会听，总是无理地哭闹……

在面对孩子的这种无理的哭闹时，你是怎样应对的呢？

（1）你与哪种类型的家长相似

1）A类型的家长

你可能属于那种缺乏耐心的家长，当你那样处理之后，结果极有可能就是：从此之后，孩子不会在你面前玩了，但他却会背着你玩。而且，孩子还有可能逐渐变得胆小起来，或许还会毫无缘由地特别依恋你。因为你的这种举动很容易让孩子误认为你不要他了，所以他会变得相当依恋你，甚至有可能随时紧紧地拽着你的衣服，不让你离开半步。孩子还太小，千万不要这样做，你的这种过激的行为，会让孩子不知道该怎样去应对。

2）B类型的家长

你现在最需要的并不是耐心，而是学习一点教育的"技巧"。你的这种处理结果自然会给孩子留下深刻的印象，然而，你需要帮助孩子建立一种更加积极、合理的、能够很好地调节身心的处理方式，而不是任由孩子自己去摸索。有的孩子哭起来就止不住了，会持续很长一段时间，这对孩子而言是非常危险的。

3）C类型的家长

如果你这样处理，你的孩子很可能从此之后学会采用"耍赖"的招数来"对付"你，你必须要小心了！同时也要提醒你，在孩子的教育方面，你应该坚持原则不动摇。

4）D类型的家长

你属于那种十分聪明的家长。这样的处理方式，不仅能让孩子学会自我反省与自我判断，而且还能学会怎样应对现实变化并做出相应的心理调节。倘若你摆弄的玩具或者游戏对孩子的吸引力特别大，以至于孩子十分想参加，但是，他因为做错了事而又有一点儿顾忌，就在这样的"思想斗争"中，孩子对自己的行为就进行了很好的反省。

现在，你清楚该如何做了吧？D类型家长的方式属于最可取的一种方式。当然，在面对孩子的无理哭闹时，你也可以采用其他适合的方法来处理。

（2）面对孩子的"无理哭闹"，你该怎样处理

你一定要忍住怒火，千万不要当时就大发雷霆，否则，你的行为只会教孩子在生气的时候像你一样发火，继而会使孩子的脾气越来越坏。

当孩子"无理哭闹"的时候，你没有必要立即跟孩子讲道理，孩子在那个时候都十分激动，是很难听进去任何道理的。等他平静下来之后，你再告诉孩子错误之处，然后再给予恰当的惩罚，以此来教育孩子对自己的行为"承担责任"。

你可以采取一些积极的方法来让孩子分散注意力，比如，播放孩子喜欢的卡通片，开展新的游戏等。千万不要采用某些消极的方式，更不可以"恐吓"孩子，说什么"再哭就不要他"之类的话，这样会严重影响孩子的心理健康。

当你的孩子"无理哭闹"的时候，你可以让他稍微哭一会儿之后，再采取一定的措施。千万不要因为要制止孩子的"无理哭闹"，就随便给予他一些不合理的承诺及物质刺激。

5. 多让孩子体验"成功"的喜悦

某早期教育中心曾经做过一个游戏，其目的在于测试孩子解决问题的能力：

首先，为孩子准备了一个"小房子"，"这个小房子"的重量很轻，只要是1岁以上的孩子，就能够很轻松地将其举起来；"小房子"的骨架都是用安全的软塑钢材料制成的，以孩子的力量完全可以轻松地使房子发生形变；房子的四周都是网状的，这样一来，孩子在里面能够看到外面，就不会感到害怕了；房子的顶部有一个洞，底部有一个方形的洞，孩子可以从这两个洞口钻出来。

然后，把孩子放到"小房子"里面，鼓励孩子从里面钻出来。观察一下，孩子们都会采用什么样的办法从"小房子"里面出来。

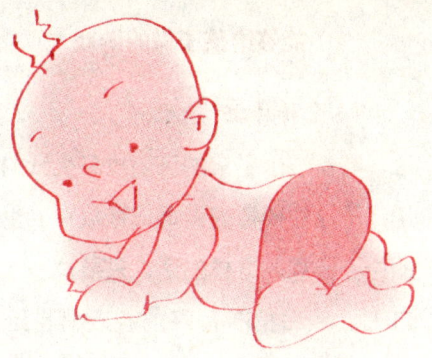

有的孩子尝试着把"小房子"缓缓地推倒，自己的身子也随之倒下，然后，从顶部的洞口慢慢地爬出来；

有的孩子通过观察，注意到底部有一个方形洞口，他把"小房子"慢慢地举起来，然后，再从底部洞口钻出来；

有的孩子努力地将脚跷起来，用胳膊撑住身体，然后，再缓缓地从顶部洞口爬出来；

有的孩子则在惊慌中，无意地把"小房子"弄倒了，发现了一个出口，然后就爬出来。

这一游戏结果表明，尽管每个孩子采用的方法不同，但是，大多数孩子都能够从"小房子"里顺利地出来。并且，再把孩子放到房子里的时候，大部分的孩子都能够尝试着用新的方法从"小房子"里面出来。

这证明通过游戏可以激发孩子尝试用不同的方法解决问题的能力。

倘若可能的话，你也可以找一个大小适当的纸箱子，让你的孩子尝试一下，看看他是如何做的。

在上述的测试游戏中，孩子能够采用多种方式爬出来。让孩子在比较宽松的环境中获得多种尝试的机会，能够提高孩子解决问题的能力。

因此，你应该给孩子提供一个宽松的游戏环境，使其能够去试验不同的想法。倘若你给孩子提供的游戏有很多的限制、有诸多的规则，让孩子的尝试行为频频出现各种"错误"或者"失败"，这样的游戏就无法对提高孩子解决问题的能力提供帮助，反而还会打击孩子的自信心与继续尝试的积极性。

能够让孩子很轻松地获得成功的游戏环境及游戏方式，将会帮助孩子形成一种健康的、积极的学习方式，从而让孩子在游戏中迅速地建立自信。

（1）能够给孩子做的游戏

1）拿棒棒糖

准备一个平常的可以放卫生纸的塑料桶，再准备一根棒棒糖与一根绳子。用绳子拴住棒棒糖，再把糖放在卫生纸桶里面。你最佳的做法是将绳子绑在糖的中心位置，这样的话，只要拉一下绳子，糖就正好可以平平地卡在纸桶的圆口上。然后把准备好的游戏材料给孩子，鼓励孩子把塑料桶里的棒棒糖拿出来。

详细分析

通过设计巧妙的游戏，让孩子尝试用多种方式解决问题，同时，提高孩子的空间想象力与思维能力。

2）引导孩子够东西

首先，把喜欢的玩具放在高台之上；然后，在玩具上拴一根绳子，让绳子自然地垂下来；接着，你主动地引导孩子去拿玩具，但是，不必提醒他去拉绳子，看孩子是否能够通过自己的观察，去拉绳子把玩具取下来。与此同时，你还可以在孩子的身边放一件可利用的工具，比如，小棍子、衣架或者小板凳，引导孩子用工具拨下来或者搬小板凳踩上去将玩具够下来。倘若孩子自己不知道该怎样去做，你也可以使用工具做一次示范，但是，切忌手把手地教。

详细分析

学习使用工具不但能培养孩子的间接思维，而且在游戏中还能帮助孩子逐渐掌握解决问题的方法。1岁以后的孩子已经有了看动作就能理解动作与事物相关联的思维能力，所以要求家长尽可能做肢体动作的示范，而不要过多地进行手把手的指导。

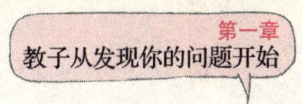

3）绕绳子

首先，将绳子的两端绑在孩子的手腕上；然后，让孩子将绳子从身前绕到身后。看看孩子是否能够自己独立完成，若不能，你再做一次示范，将绳子从脚下绕过去。

详细分析

游戏能帮助孩子学会如何解决问题，促进孩子肢体动作的协调发展。

4）摘水果

你可以在屋子里拴一根绳子，在绳子上拴一个篮子，篮子里放一些水果，让孩子手扶篮子能稍稍跳起一些，把水果够下来；你也可以在四周放一些板子，看孩子是否能够通过动脑筋将板子垫在脚下把水果够下来。

详细分析

2岁以上的孩子大多数都是可以跳起来的，但是，孩子跳跃的时候是十分吃力的，往往跳起之后并没有原来高，而且上身还很紧张，要想跳起来的时候伸手去够水果是十分困难的。因此，你可以准备一些能帮助孩子的工具，但你不要提示，看孩子能否发现。这个游戏的主要目的，就在于在锻炼孩子跳跃能力的同时，培养孩子解决实际问题的能力。

（2）如何给孩子提供宽松的游戏环境

在宽松的环境中做游戏，孩子会尝试用不同的方式来解决问题，这对于孩子独立性的发展有着很大的意义。因此，你应该注意以下几个方面，以便给孩子的成长创造合适的环境：

①你所提供的游戏应该与孩子的认知与动作能力相符合；
②你所提供的游戏应该有多种解决方式，以便更好地鼓励孩子进行多种尝试；
③游戏材料要最大程度地保证安全，这样就可以让孩子独立操作；
④尽量不要给孩子提供帮助。

6. 当孩子问你"为什么"的时候

通常,孩子的好奇心都很大,对任何东西都有着浓厚的兴趣,但是,有好奇心并不意味着孩子就懂得思考问题,只有当孩子对好奇的事物或者现象提出问题时,才真正地开始思考问题。

因此,当你的孩子提出"为什么"的时候,你一定不能敷衍了事或是草率回答,因为这说明孩子已经开始思考问题了。

(1)你是否可以很好地为孩子解答问题

假如孩子向你提出这样一个问题:"为什么汽车会跑呢?"这个时候,你应该如何回答?

A.有一个发动机在汽车的肚子里,而这个发动机最爱吃汽油,吃完汽油之后,它就开始"干活"了,它会告诉车轮子该转动了,车轮子一转动汽车就跑起来了。

B.汽车需要吃一些东西,吃完东西之后,汽车就有力气了,这个时候,车轮子就能转得动了,汽车也就能够跑了。

C.因为汽车身上有轮子,有轮子自然就会跑了。

详细分析

如果你的答案是A,就比较符合认知能力稍强的孩子。你可以运用孩子的语言将复杂的科学道理讲解给孩子听,尽管孩子并不知道发动机究竟是个什么东西,但是,经过你的讲解,孩子基本可以理解汽车大致工作的原理,这样的解释与严谨、真实的科学精神相符。你的回答不仅可以满足孩子的好奇心，而且还能够给孩子留下探索的空间。这样，随着他学习能力的提高，他就会主动去寻找关于"发动机"的信息。

如果你的答案是B，那就与绝大多数孩子的认知水平是相符合的，也是孩子最容易接受的一种方式，因为你用孩子世界的语言对他的疑问进行了解答。而且在你的回答当中，你还可以用最简略的语句说明汽车的工作过程。但是，需要特别注意的是，在引导孩子学习科学的时候，首先要注意应尽可能地使用科学用语，这样的回答才更合理一些，也能够让孩子对某些科学概念的理解一步到位。

如果你的答案是C，那么，就说明你属于那种不善于回答孩子问题的家长。你的解释过于肤浅，没能很好地解释原因，也没有阐明其中蕴涵的科学原理。这样一来，孩子还可能会接着问下去。对此，你千万不能敷衍了事。

孩子的问题也许是千奇百怪的，他会问"为什么"、"怎么样"、"是什么"……孩子对事物原因或目的展开想象之后，才提出了"为什么"的疑问；孩子对事物发展过程与机理进行思考之后，才提出了"怎么样"的困惑；孩子对新事物充满好奇，想要去探索的时候，才会提出"是什么"的问题……无论采用什么办法，当面对孩子的各种提问的时候，你都要尽可能地给予恰当的回答。

（2）面对孩子的提问，该怎样回答

面对孩子的各种问题，你应该做出科学、严谨、合理的回答，并且确保你的回答与孩子的心理与认知水平相符。在回答孩子问题的时候，要尽可能地使用规范的用语，并且，要注意语气应该适合孩子，语速应该放慢一些，在解答孩子的问题时也可以考虑借助一些动作来达到帮孩子快速理解的目的。

倘若对于孩子的提问你也不明白的时候，你可以坦诚地告诉孩子"我也不知道"，然后，引导孩子一起去寻找正确的答案，而不是敷衍了事。你应该培养孩子"打破砂锅问到底"的精神。

假如孩子的问题特别多，你感觉有些回答不过来了，或是觉得非常烦躁的

时候，你千万不要抱怨孩子，更不要说："你怎么会有那么多疑问呢？真是烦死了！"这样会打击孩子思考的积极性与学习的热情。这个时候，你不妨这样说："这是今天妈妈回答你的最后一个问题，我们还需要做很多事情。明天再开始好吗？"如此一来，既不会伤害孩子，也不会打击孩子的热情。

如果条件允许的话，在你回答问题的时候，你可以采取操作游戏材料的方式来帮助孩子更好地理解答案。

在回答孩子的问题时，家长首先应该判断一下，孩子的认知水平、操作能力以及相关的经验，倘若这样回答，孩子是否能够理解。假如可能的话，面对孩子的疑问，你最好不要直接回答，尽量引导孩子自己去寻找答案。

第二章

健康是天大的事

1. 你的孩子真的"健康"吗

孩子作为全家人的太阳、全家人的中心，自从他出生的那一天开始，你最密切关注的可能就是他的小身体是否健康。你非常害怕自己的孩子生病。孩子不好好吃饭的时候你会感觉特别心急，会马上向你周围的朋友或者长辈讨教喂养孩子的好方法；假如孩子身体有什么不舒服，你会立即送他上医院检查；天气要是变化了，你会马上给孩子换上合适的衣服防止孩子生病……总之，孩子的身体健康已经成了全家人的第一等大事。

（1）你的孩子身体健康吗

1) 你的孩子一天的生理活动，比如睡觉、吃饭、大小便等有规律吗？

   A. 有

   B. 有的有规律，有的没有规律

   C. 没有

2) 孩子会经常生病吗？

   A. 很少生病

   B. 大人不注意的时候就容易生病

   C. 经常生病

3) 孩子平常穿的衣服与大人相比薄还是厚？

   A. 任何季节都差不多厚薄

   B. 天热的时候差不多厚薄，天冷的时候就厚一点

   C. 害怕孩子生病，任何季节都穿得比较厚

4) 孩子的脸色是否红润有光泽？

   A. 孩子脸色很好

   B. 脸色还可以但却没有光泽

   C. 孩子脸色偏黄，且无光泽

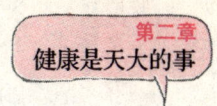

5）你的孩子挑食吗？

    A．不挑食，什么都爱吃

    B．有几样东西不爱吃，其他的还可以

    C．太挑食，不喜欢吃正餐，喜欢吃零食

6）对于新鲜的事物或是进入新环境的时候，孩子的表现是：

    A．立刻就会喜欢新事物并适应新环境

    B．有大人陪同的情况下可以适应

    C．非常害怕新事物，十分胆小

7）孩子经常会出现局促不安、特别烦躁的状况吗？

    A．很少出现

    B．生病的时候才会出现

    C．经常会有这样的情况

8）孩子常常会担心很多事情，像个"小大人"吗？

    A．从来就没有过

    B．他会担心他的东西，比如喜欢的玩具

    C．不仅会担心自己的东西，而且还会为大人担心

9）孩子会常常表现出可怜、不愉快、哭泣或痛苦的表情吗？

    A．不会，孩子很快乐

    B．受到挫折的时候才会这样

    C．经常会这样

10）孩子常常吸吮手指或咬手指甲吗？

    A．没有这种情况

    B．睡觉前或非常紧张的时候才会这样

    C．经常会这样

评分标准

A-2分；B-1分；C-0分

详细分析

总分超过14分的孩子，非常健康！

总分在6~14分之间的孩子身体基本健康，但是你需要注意孩子各个方面的健康状况。

总分不到6分的孩子，你就应该请医生或专业的心理医师给你的孩子做一次比较全面的检查。

在过去，人们认为健康就只是指身体方面的健康，只要孩子身体不生病那就是健康。但是在今天，一个真正意义上健康的人，不仅是指身体上的健康，同时也包括心理情绪上的健康。现在，有很多的独生子女都存在心理障碍，这

往往是家长不重视孩子心理健康的结果。经过科学研究和教育机构的实践表明，心理是否健康对孩子的思想品德、智力发育和学习成绩有很大的影响。心理健康和身体健康这两个要素都是孩子成才的必要条件，缺一不可。因此，家长千万不能忽视孩子的心理健康。孩子的心理健康主要有以下几个判断标准：

①具备和年龄相符的认识水准和智力水准；

②活泼乐观向上，情绪平稳，注意力集中，有很大的求知欲和兴广泛的趣爱好；

③有强烈的自尊心、自信心，能和他人和谐共处；

④承受能力比较强，能适应不同的环境等。

（2）怎样培养一个拥有健康心理的孩子

心理学家经过长期的研究认为，帮助孩子从小养成良好的习惯和行为模式是至关重要的，它可以帮助孩子在成人后拥有一个健全的人格和健康积极的心理。你在培养孩子的过程中需要注意以下这些问题：

①不要给予孩子过分的关心或夸奖；

②不要用金钱来贿赂孩子或过分地重视物质奖励；

③不要强迫孩子做他不感兴趣或是做不到的事情；

④不应该对孩子过于严厉、苛求甚至打骂；

⑤不要哄骗和无谓地恐吓孩子；

⑥对待孩子的态度不要阴晴不定；

⑦要协助孩子解决困难，而不是替代他们去解决困难；

⑧成为孩子的榜样。

2. 做一个合格的"健康卫士"

孩子的健康离不开你时刻的呵护，需要你在饮食上、身体上、心理上等许多方面都给予细致入微的关怀。你有时候也许会抱怨说："养一个孩子真是太不容易了！"但是你依然深爱着自己的孩子，还是心甘情愿地担任着孩子的"健康卫士"。

（1）你是一个合格的"健康卫士"吗

1）你每天是如何安排孩子的户外活动的？

    A．不管什么情况，都至少会让孩子进行一次户外活动

    B．如果天气不好或是孩子生病，就不让孩子外出了

    C．很少让孩子进行户外活动

2）你如何安排孩子平时的饮食？

    A．孩子大了，基本让他和大人吃得一样，再增加一定量的牛奶

    B．经常给孩子吃专业的婴幼儿食品

    C．根据孩子的喜好特别制作，好让他多吃一点儿

3）那些孩子经常玩的玩具，你是怎样清洗的？

    A．经常清洗并消毒

    B．偶尔清洗

    C．没有清洗过

4）除了每次定期地去医院或保健站给孩子做检查，你是否有自己的检查方法和一些相关的检查工具，例如经常给孩子称一下体重、量量身高等？

    A．经常这样做

    B．偶尔这样做

    C．从来没有

5）你会时常陪孩子一起做游戏吗？

    A．无论多忙，每天至少陪孩子玩一会儿

    B．工作太忙，但坚持每周带孩子玩一次，去公园或是游乐场

    C．不一定，有时间就陪他

6）家里的桌子角、插头、饮水机、抽屉等对孩子有潜在危险的东西有没有进行过安全处理？

    A．每天都检查并做过安全处理

    B．告诉过孩子要小心，有的做过安全处理

    C．交代过孩子要小心，但没有做过安全处理

7）你在给孩子购买衣物时最看重什么？

    A．孩子特别爱动出汗多，考虑衣服的质地和舒适感，纯棉、低领最好

    B．孩子经常在地上玩，衣服一定要禁脏、耐磨

    C．孩子还小，只要衣服合身就可以

8）你经常用什么方式来表达对孩子的爱？

  A．经常拥抱或亲吻孩子，并告诉他你很爱他

  B．借表扬孩子的机会告诉孩子，你最喜欢乖孩子

  C．也跟孩子说爱他、喜欢他，但很少有身体爱抚和接触

9）孩子不小心摔倒以后，你会怎么做？

  A．鼓励孩子自己站起来，然后安抚他，并告诉他："虽然有点疼但没有关系，一会儿就好"

  B．坚持让孩子自己站起来，告诉孩子："要做勇敢的孩子"

  C．赶快抱起孩子，并表示出特别的关爱和担心

10）当你生病时，孩子依然要求你陪他做游戏，你会如何处理？

  A．告诉孩子你生病了，需要休息，还需要别人的照顾，并要求孩子帮你做一点儿事

  B．告诉孩子你不舒服，不能陪他玩，并承诺孩子等好了以后一定陪他玩

  C．表现出特别烦躁的样子，让孩子去找其他人玩

评分标准

A-2分；B-1分；C-0分

详细分析

得分超过14分，你就是一位很优秀的"健康卫士"。你不仅可以从身体上关心孩子的健康，还能够关注孩子的心理健康，并能尽最大的力量为孩子的成长创造一个健康的、安全的环境。

得分在6~14分之间，你基本上算是一位合格的"健康卫士"。你对孩子的健康非常关注，但也许关注最多的只是孩子的身体健康问题。你还需要进一步了解全面健康的内涵，不但要让你的孩子保持身体健康，并且要让孩子拥有健康的人格和心理。

得分不到6分，你可能就是一位"马大哈"式的"健康卫士"。尽管你也

非常疼爱你的孩子，但是有些时候，你对孩子的健康问题会疏忽。所以你需要反省自己了。

在孩子的成长过程中要关注的健康问题：

身体健康：是指对孩子身体的关注、疾病的防治、锻炼孩子的身体等。

饮食健康：是指帮助孩子树立一个良好的饮食习惯、保持营养均衡吸收等。

心理健康：给予孩子满满的爱心，帮助孩子树立良好的生活习惯、心理素质和优秀的人格品德等。

环境健康：为孩子提供一个安全、干净、环保的成长环境。

物品健康：一定要保证孩子经常接触的玩具、衣着等的安全、洁净、卫生。

健康教育：对孩子进行健康的、正确的、积极的、安全的生活教育等。

（2）在生活中你有可能会忽视的健康问题

①当你在装修房子或者购置家具的时候，要关注环保和健康。

②在给孩子选择玩具的时候，要注意关注玩具的安全性。

③给孩子准备的服装以及相应的佩戴饰物一定要安全健康，不应该给孩子佩戴太多的饰物，也不必花太多钱给孩子买太贵的衣物，只要质地好、适宜活动的穿着并且做到经常清洗就可以了。

④进行心理健康的培养要根据孩子的实际年龄而定，不要认为严格就是教育孩子最好的方式，在疼爱孩子的基础上适时给予品质和人格方面的培养也非常重要，要让孩子学会去关爱别人。

⑤要经常检查孩子生活环境的工作，杜绝潜在危险的发生。

3. 及时发现孩子的异常行为

在培育孩子的过程中一定要多费心思，尤其对那些自我辨别能力差的孩子更要多加关注，避免追悔莫及的事情发生。下面就有一个活生生的例子：

小琪在出生的时候比预产期提早了2个月，是一个早产儿，因此全家人都格外关心孩子的成长。小琪从小就不太喜欢动，爷爷奶奶还因此经常"夸奖"小琪是个"乖孩子"。可是小琪到了2岁的时候，依然不会走路，她的爸爸妈妈就有些着急了。于是就每天都抽出一些时间来教小琪走路，可是连续教了2个月效果也不是很明显。爷爷奶奶就说："小琪早产，学什么都会晚一些的，该学会的时候不用教自然就会了"。爸爸妈妈一想可能也是这种情况，就没有引起太多的重视。直到小琪的妈妈带着她去参加亲子园游戏班时，在老师的提醒下，他们去医院检查才发现孩子有"脑损伤"现象，导致了至今不会走路，但是这个时候对孩子进行干预治疗的最佳时期已经被错过了。

其实类似情况经常发生，大多都是由于家长粗心没有对孩子的某些异常行为引起重视而耽误了孩子的一生。既然给了孩子生命，家长就一定要承担起自己的责任。下面就给各位家长提个醒，让你从孩子的行走姿势上判断孩子是否健康。

在正常的情况下，1岁4个月以后的孩子就可以行走自如了。另外，绝大多数二三岁的孩子不仅能行走自如，而且已经能够进行跑步、跳跃等一些更为复杂的运动，并将在一年的时间内逐步完善这些能力。

假如你的孩子到2岁的时候走路仍然有困难，那么你就必须马上带着孩子去医院做检查并且要采取积极的治疗措施。因为导致孩子不能走路的原因可能会有多种，也许是脑神经系统方面的问题或者是髋关节的问题，也可能有某些心理因素。下面是2岁以后的孩子或许会出现的异常行走姿势：

①不能依靠自己站立，必须要借助大人或是物体才能站立。

②虽然孩子自己可以走路，但是左右摇摆的幅度过大，非常容易摔跤。

③孩子自己可以走路，但是在迈步的过程中可以明显看出脚尖有方向变化。

④借助外物可以走得很好，但自己走的时候就不会走了。

⑤孩子学不会走路，同时还有语言滞后现象或者智力落后现象。

当然，一般来说，大多数孩子都是健康的、正常的，上述内容在这里仅仅是做一个"特别提示"。

假如你的孩子真有类似于以上所列的情况，你也不必灰心，要有信心和勇气去面对问题，坚强地帮助孩子迈出他人生的第一步。

如果在生活中不小心发生了以下情况，那么就要特别注意观察孩子是否会发生异常行为。

①孩子发生比较严重的意外伤害：例如跌落、摔倒、碰撞等，尤其头部受伤要特别注意。

②孩子生病：例如高烧不退、抽风或者用过一些特殊的药品。

③经历过一些紧急的事件：例如受到惊吓、观看不适宜的电视节目、看到父母过激吵斗场面等。

④有过窒息现象的发生：这些窒息的原因可能是哭闹、过于兴奋激动、疼痛或者吃过大的食物等。

⑤受到过严重的挫折：例如突然和亲人分散、受到家长们过于严厉的批评或是惩罚等。

以上所说的这些情况，有的可能会导致孩子大脑神经系统或身体损伤，有的可能会导致孩子产生严重的心理问题。如果孩子经历过这些情况的话，你就要特别重视了。

你在生活中可能会发现孩子有这种异常行为：

孩子发生痉挛或者呕吐现象，两只眼睛的瞳孔不一样大或者瞳孔对光没有任何反应；孩子睡着的时候非常难摇醒他；孩子的手脚不灵活，容易跌倒，手中拿着的东西容易滑落；脸色异常并持续一段时间；突然之间默不作声，目

光呆滞，性格变得畏畏缩缩；异常吵闹，并且很难安静下来；在睡梦中很容易惊醒，在清醒的时候非常"缠"人，要求大人紧紧地抱住；语无伦次，发音不准，爱大声怪叫；眼神不敢直视别人，显得特别地惊恐不安等。

如果你发现自己的孩子发生这样的现象，应马上带孩子去医院检查，或进行一些积极地观测记录，并分析回忆哪些事件可能造成孩子的这种异常行为，然后主动地告诉医生或者心理医生，以便医生采取适合的治疗方法。

异常行为不会像身体出血那样马上表现出来，它一般会有延后表现，并会持续一段时间，所以这些异常反应往往会被家长忽视。

4. 不妨学几招"走路游戏"

一般来说1岁半以后的孩子就可以走得很好了，当他们在试着做爬楼梯、双足跳、单足站立的时候，肌肉的运动能力也在随着运动继续发展着。所以，你不可以简单地把"行走"当作只要孩子自己会走路就行了，应该是建立在走稳的基础上，指引孩子完成自身的平衡训练、步伐协调训练、节奏训练等，为孩子以后运动能力的发展奠定坚实的基础。

（1）下面这些小游戏不妨给孩子做一下，锻炼孩子的运动能力

1）急转弯走

可以把户外的树、杆等物体当作转弯的标志，也可以带着孩子去有迷宫、隧道等设施的游乐场所，指引孩子做一些急转弯行走的动作。

详细分析

可以训练孩子对步伐的控制能力。

2）躲开"炸弹"

可以准备至少5个球，并且告诉孩子这些是"炸弹"，不能碰到它们。在孩子向着某个目标物行走的过程中，把球用不同的速度朝孩子滚过去，告诉孩

子要避开球，然后看孩子在行走过程中是否会迅速地调转方向。

详细分析

此种方法可以刺激孩子的身体感觉发育和快速反应能力。

3）高低脚走路

可以尝试给孩子的一只脚绑上一个高约5厘米的东西；另一只脚不绑东西，引导孩子一只脚高一只脚低，朝目标物走去。

对于完成情况比较好的孩子，还可以尝试让孩子端一个盘子，并在盘子上放几颗大枣，观察大枣会不会掉出来。

详细分析

可以训练孩子对平衡的掌握能力和专注力。

4）走小桥

用一些普通的书铺成一条特殊的"小路"，如果可能还可以垫高一点儿，也可以铺设成一条有弯道的"小路"，让孩子自己锻炼在上面走走。也可以利用户外的花台、比较窄的小坎引导孩子完成。

详细分析

可以达到训练孩子身体平衡的能力。

5）走走停停

你可以和孩子一边念儿歌，一边做走路的游戏。

"宝宝妈妈走一走，走过大门口，遇到一条老黄狗，吓得他们不敢走，停！"在念"停"的时候，你的声音必须要特别提高，表情要显得很突然、很兴奋。经过反复几次以后，孩子就会记住儿歌，并且会很好地配合儿歌来控制自己的步伐。

详细分析

可以用儿歌的形式来训练孩子学会控制自己的步伐,并且可以增强孩子对肢体的控制能力。

6)听节奏走

您可以利用一些节奏比较明显的音乐,也可以自己来敲鼓点,引导孩子模仿一些动物的姿势走路。例如,老猫走路。

详细分析

可以训练孩子的节奏感,肢体动作的模仿能力以及对步伐的控制能力。

(2)孩子越来越喜欢动了,你注意过这些问题吗

一般1岁半以后的孩子都会有比较强的运动能力,喜欢各种形式的运动。因此在这段时期,你要特别注意:

要给孩子准备一双合适的鞋,不要因为图省钱而给孩子穿大一号的鞋。最好不要买那种系鞋带的鞋,避免鞋带散落绊倒孩子。

处于这个阶段的孩子,他的上衣可以稍微大一些,以免在活动时露出肚子着凉。但是也不要过于肥大,这样也会给孩子的行动带来不便;也不可以太小、太窄,否则会影响动作的伸展。衣领不应该太高,避免影响孩子的呼吸,局限头部的活动范围。最好给孩子穿背带裤,因为孩子这时候没有"腰",松紧带如果太紧会影响孩子的呼吸运动、骨骼发育;太松又害怕裤子会掉下来影响活动。

女孩子不应该穿过长的连衣裙,最好穿短裙,以免摔跤。

因为孩子的骨骼正处于发育当中,所以要经常注意孩子小腿的骨骼,发现有变形的情况要立即进行检查,并采取一些积极的矫正措施。

不应该让孩子行走太长时间或者负重行走。

如果发现孩子走路时出现"八"字脚,要及时有效地矫正。

5. 球类游戏为孩子送去健康

所有的孩子都会喜欢一种玩具，是什么呢？毫无疑问，当然是球了。

球类游戏是一个比较古老的孩子游戏，它不仅可以训练孩子手腕的力量，还可以训练孩子的手控制方向的能力，增强眼手的协调性，提高孩子的快速反应能力。而球所具有的反弹特性，又会使孩子对事物运动方向的改变产生新的思考和认识，从而提高了孩子预测运动方向的能力。下面来看一些精彩的球类游戏：

1）接抛来的球

和孩子隔开一定的距离，轻轻地把球抛给对面的孩子，鼓励孩子自己用手接住。刚开始这个动作可能较难，但是你可以扶着孩子的两只手帮他接住球，让孩子有一种成就感，然后激发他玩游戏的兴趣，经过多次练习之后再鼓励孩子独立完成。另外，注意你和孩子之间的距离要依据孩子的完成情况进行相应地调整。

详细分析

可以训练孩子眼手的协调性和快速反应的能力。

2）接反弹过来的球

我们可以在上一个游戏的基础上，先把球扔在地上，让它自己反弹一下，再要求孩子用手接住。和上一个游戏一样，你首先要协助孩子完成，然后再引导他独立完成。

详细分析

可以提高孩子眼手的配合，让孩子学会对事物运动方向的改变有一定的预测性。

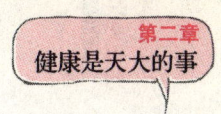
第二章 健康是天大的事

3）打保龄球

可以用家里的废易拉罐来做靶子，让孩子坐在离靶子有2米以外的地方然后把球滚过去击倒易拉罐。要注意观察孩子的滚球动作是不是有方向性。

详细分析

可以提升孩子眼手的协调发展，提高孩子空间感知的能力。

4）用脚推球

让孩子站在距离墙有大约50厘米的地方面墙而坐，然后用胳膊在身体后面支撑着地，放一个球在孩子的脚下，先让孩子练习在原地用脚底板来滚球，等到熟练了以后，可以教孩子用脚把球踢出去，并尽可能要用脚接住被墙反弹回来的球。

详细分析

可以增强孩子下肢的运动能力和控制能力。

5）学原地拍球抱起

有了上面接反弹球的技巧以后，你可以教孩子把球往下拍，然后再抱住球。对2岁多点儿的孩子来说是比较难掌握的，你可以选择把动作分解开，让孩子在你的协助下完成。比如，你来拍球，让孩子来抱球，或者是让孩子来拍球，你来抱球。经过反复多次以后，再教孩子自己连起来做。接近3岁的孩子基本就可以掌握要领了。对于完成情况较好的孩子就可以教他连着拍球了。

详细分析

可以训练孩子进行有难度的连续运动的技巧。

6）对滚球

和孩子相距2米以上面对面地坐在地上，双腿分开。然后就和孩子互相对着滚球。在这个游戏的过程中，你应该配合球的滚动制造出一些声音，可以增加孩子对游戏的兴趣。

详细分析

能够提高孩子手腕的力量和眼手协调性，拉近亲子关系。

7）投球

先给孩子一个可以用单手握住的小球，然后教孩子握球、过肩投掷。在适合的时候可以适当增加球的重量。然后再给一个孩子必须要用双手才能抱起的球，让孩子抛球或是投篮。在游戏过程中，可以指定孩子朝目标扔出去。

详细分析

能够增强孩子手臂的力量，增强孩子身体的协调性和促进眼手的协调配合。

8）手指转球

准备一个和孩子的手大小一样的花皮球，你先来做示范如何用四指配合拇指在地上转动球，然后帮助孩子来完成这个动作，你也可以让孩子模仿你试着用两只手的配合来转动球。在游戏过程中，你同样要配合动作和球的转动制造声音。除了球以外，你还可以把其他的能用手指转动的玩具给孩子玩，比如陀螺等。

详细分析

可以增强孩子手指的灵活性和力量，提升双手配合的能力。

9）"吹"球射门

要准备一个乒乓球并用积木搭建一个小门来做"球门"，然后把乒乓球放在距离"球门"有20厘米远的地方。你可以先给孩子示范如何用嘴吹球进入球门，然后就鼓励孩子自己尝试着做。当看到孩子进球的时候，你就要给予孩子及时的鼓励。这个游戏最好选择在床上或者是在沙发上做，因为桌子太光滑了，球就会到处乱跑。游戏时间也不应该太长，以免影响孩子的健康。

详细分析

可以提高孩子的肺活量，增强孩子的身体素质。

10）"抢"球大赛

要准备一些乒乓球和几把大一点的汤匙，然后把乒乓球放在洗菜用的塑料筐里，你和孩子的手里一人拿一个小碗。等到"比赛"开始以后，你就和孩子"比赛"用勺把球舀到小碗里，看谁舀得多。当然你要让着孩子一点，如果有别的小朋友来玩，最好让他们一起玩。需要特别注意的是，不应该用较小的玻璃珠，因为容易发生危险。

详细分析

可以提高孩子对手的控制能力和眼手的协调能力，帮助孩子建立一种竞赛意识。

在给二三岁的孩子选购球的时候要特别注意，要观察球的材质，不应该太硬，气也不要打得太足，以免球的反弹性过大，会伤着孩子。

由于球类的游戏容易使孩子精神兴奋，所以最好选择在午睡以后再和孩子玩球类游戏，时间也不要过长。其实球类游戏最好的游戏场所应该是室外绿地。要根据不同的游戏，给孩子选择大小不一的球。

6. 与孩子一起跳、跳、跳

自从你的孩子出生以后，你计算过有多长时间没有锻炼过身体了吗？或许你有许许多多的理由——天天带着孩子感觉太累了！工作实在太忙了！……现在，就放下你手头上的工作，带上你的孩子一起来做做"亲子健身操"吧！

你的孩子现在能做到哪个动作？

A．能大步走大步跑，拉双手可以跳离地面。

B．扶栏杆可以自己跳起来。

C．能双脚同时跳离地面一点点，但不能连续跳。

D．能很轻松地跳离地面，而且可以连续跳3次以上。

E．能从原地立定往远处跳，至少跳30厘米。

F．能从台阶末级往下跳，跳下以后能站稳。

G．能从地面跳到高15厘米的台阶上。

你的孩子能够做到什么程度呢？从A~G，动作难度越来越大。

详细分析

针对A、B情况的孩子，你可以选择这样做：

你现在需要做的就是训练孩子下肢肌肉的爆发力，比如，你可以和孩子一起做"拉手跳、跳、跳"的游戏：用4块彩色的地板拼图拼在地上成条形。你的双脚分开站在地板的两侧，拉着孩子两只手的手腕（要注意防止手脱臼）来做左右跳的动作。在每次跳之前要先让孩子自己做好起跳的姿势，然后由你拉着孩子的手配合着口令来完成动作。

除此以外，你同样可以拉着孩子的手用相同的方式，进行前后跳、上下跳等的动作。如果你经常和孩子做这样的游戏，你能够发现有什么变化呢？

你会发现你的小腹变小了，不信就试试！

针对那些C、D情况的孩子，你可以这样去做：

你需要做的就是训练孩子腰腹部肌肉存在的力量，让孩子能够灵活协调自己的身体，可以跳得更好。你可以和孩子一起做"小飞机起飞了"的游戏：你的双脚微微的分开，然后托住孩子的身体让孩子面朝下，然后让孩子的腿一定要盘在你的腰间，引导着孩子的身体由下向上用力抬起。当孩子在用力抬起身体的时候，你也要配合孩子的动作使劲地顶起腹部，当孩子的身体向下落时，你的身体也应该配合着收缩腹部并稍稍地弯腰。如果这个游戏使孩子感到害怕，就不要强迫孩子去玩。在游戏的进行过程中，配合着动作，要告诉孩子"小飞机起飞了"（抬起身体）、"小飞机降落了"（落下身体）。

同时你还可以用同样的姿势和孩子来进行"轴心旋转"的游戏，刺激孩子平衡感的发育。

你会发现孩子的胆子变大了，你的腹部逐渐变得更小了。

针对E、F情况的孩子，你可以这样来做：

指引孩子来完成更为高级一点的肢体协调性的动作。

你和孩子都可以用一只脚跳,只要能够跳起来就已经不错了。对于那些完成程度比较好的孩子,你可以让孩子连续着多跳几下。

你和孩子一起按照口令来完成动作,可以数"单—双—单—双",或者数"1-2-1-2",节奏慢慢变快,可以锻炼孩子的快速反应能力以及肌肉的适应性。

就类似于原地高抬腿动作,你不用要求孩子的腿也必须抬高,需要特别关注的是孩子的摆臂动作是不是可以和腿抬起的动作协调一致。这个动作可以为孩子将来的快速跑动作奠定一些基础。

当你在反复示范和当"陪练"的过程中,你会发现你的身体素质正在提升,你上楼时已经不喘了!

如果你的孩子能够做到G,你应该感到非常高兴,因为你的孩子也许具有比同龄孩子更强大的肌肉爆发力。他以后也许能成为一位运动健将,至少体育成绩一定会很棒。你现在需要做的就是引导孩子去完成一些需要身体其他部位来配合的综合动作。你应该和孩子一起做:

你先给孩子示范怎样跳绳,然后让孩子自己去尝试。如果你的孩子完成有困难的话,你可以把绳对折成一截儿,然后蹲下来沿着地面来甩绳,让孩子配合你的口令完成一系列的跳跃动作。

先让孩子手里拿着一个小皮球,在孩子跳起的同时让孩子把球抛出去。刚开始不用规定孩子抛的方向,等到反复几次以后,孩子的动作熟练了,就要求孩子把小球抛给你。

如果有条件的话,你甚至能够引导孩子模仿你做几个蹲、跳、站、起等带有连贯动作的武术动作或者是舞蹈动作,用来提高孩子身体的协调性。你会发现原来孩子是个天才!

等到孩子可以独立行走以后,就要开始培养孩子难度比较大的运动性技巧和运动能力了,其中跳跃就可以说是一项比较难的运动。一般说来,大部分的孩子在1岁10个月大小的时候就能够做到双脚跳离地面,但是也有一些孩子到了2岁半时还不能够跳起。这主要跟孩子早期对身体协调性的训练有关系,假如孩子在早期的时候身体各个部位不能得到充分的锻炼和相应的身体协调性的训练,孩子领悟这个动作的时间就会晚一些。对于那些会跳的孩子,我们要尽量增加一些具有跳跃性技巧的训练,让孩子能够在起跳的过程中控制方向和身体。跳跃性的训练可以让孩子的感觉综合功能受到良好的刺激。

假如你的孩子到了3岁的时候却还不会跳,你不用太心急。他不会跳的原因可能是:孩子一直以来在运动方面的发展都比较缓慢;遗传原因,爸爸、妈妈小时候在跑跳方面的能力差;因为没有教孩子进行过这样的动作,所以孩子无法克服心理障碍自己来进行完成,一定要依靠外力;曾经一度禁止孩子做类似这样的动作,害怕会对孩子的身体造成伤害;因为脑神经方面产生的问题。

不管是哪种原因造成孩子在3岁时不能跳离地面,你都一定要引起重视。要先花一点时间来教孩子,最好先利用跳跳床来练习。如果不能取得任何进步,建议你去医院或者相关的机构对孩子进行检查。

3岁以前的孩子,由于骨骼的钙、磷比例和我们成年人不同,骨骼的硬度也不相同,所以任何跳跃的动作都不应该长时间去做,以免压迫到孩子的骨骼,造成孩子的骨骼变形。

要增加孩子的安全意识。不要鼓励孩子去尝试做那些危险性高的跳跃动作,比如,由很高的地方往向下跳,要防止没有成人保护的时候孩子自己随便尝试。

7. 让孩子明白"爱"的含义

生活在这个时代的孩子无疑是幸福的,因为每个家里就只有这么一个孩子,爸爸妈妈会疼爱孩子,周围的人也非常喜爱小孩子,在众多"爱"中长大的孩子,他会懂得"爱"吗?如果有人表示喜欢孩子时,孩子是不是也能够知

道呢?

(1) 做一个孩子"情感认识"的指数测试

1)当孩子知道自己做了错事,你对他表现出非常生气的样子时(不可以有太强烈的责骂声),他的表现是:

  A. 不理解,没有明显的表情变化

  B. 理解,会马上抑制自己的行为,甚至会被吓哭

  C. 理解,不一定马上停止自己的行为,有时还会反过来逗大人开心,有点厚脸皮

2)如果在公共场所,当有一个陌生人对孩子送来微笑或者逗弄的时候,孩子的反应是:

  A. 没反应,只是静静地看着陌生人

  B. 表示害羞或害怕,躲进妈妈的怀里,并不时地偷眼看看陌生人

  C. 会回应陌生人微笑,甚至还会主动打招呼或是搭腔

3)将孩子手上正在玩耍的玩具强行拿走时,他的表现是:

  A. 无所谓,转身去找其他玩具或干别的事情

  B. 大哭或大叫,直到你把玩具还给他

  C. 看看你,然后伸手表示要,或直接说"要",或明确地说"这是我的"

4)当你送给孩子礼物的时候,孩子的表现是:

  A. 没有明显的高兴表情,他还是喜欢原来的玩具

  B. 很高兴,然后开始玩耍

  C. 很高兴,而且还会表示感谢,有的孩子会邀请你和他一起玩耍

5)当你拥抱孩子的时候,他的表现是:

  A. 不喜欢,甚至会被吓着躲到经常带他的爷爷奶奶处

  B. 能接受,但不会回以同样的拥抱和亲热

  C. 非常高兴,会给予同样的拥抱,还会顺势提出一些"要求"

评分标准

A-1分；B-2分；C-3分

详细分析

得分不到6分的，说明孩子对于情感的认识和接受程度不是很高。原因可能是：孩子太小了；或者是由于孩子很少接触人，性格有点太内向；再或者就是你平时对孩子的关心太少，你们的关系急需提高。你需要做的就是尽可能多关心孩子一些，让孩子接触更多的人，让他在和他人接触的过程中做出区分，学会慢慢建立和别人的关系。

如果你不确定你的孩子是否能"区别自己"，最好的办法就是：当你在和孩子分开的时候，孩子是不是有强烈的依恋表情。如果有，那么就说明孩子完全可以区别你了；如果没有，那么就说明你给予孩子的感情和爱还不多。你需要引起孩子的重视！

得分在6～11分之间的孩子，他已能很明确地认识情感，也懂得"爱"是什么，但是仍然需要你帮助他来了解情感的表达方式。你需要特别注意的是，在平时的生活中帮助自己的孩子建立起对周围环境或者对他人的信任，同时你也应该反省一下自己以前的行为，是不是曾经对孩子有过特别粗暴的言行，如果有就要马上改变。

另外，这种类型的孩子不是非常容易能够适应新环境，在你带他进入一个完全陌生的环境时，你不要一开始就要求孩子去跟陌生人打招呼，陌生人的热情反而会使孩子更加难以适应。你最好紧紧抱（牵）着孩子给孩子安全感，然后很随意地和你的朋友交谈，但是要随时关注你的孩子，在适当的时候要给予孩子积极的鼓励以及帮助，带领孩子一起参加到新环境的游戏中去，而不能只是简单地进行口头鼓励"去吧！没有关系，和小朋友一块玩儿"，除了语言方面的鼓励外，你最好和孩子一起参与。

得分超过11分，你的孩子一定是一个非常可爱并且非常懂得爱的孩子，这种类型的孩子最容易得到更多人的爱，情感的发育方面会比较健康。你需要

做的就是帮助孩子学会主动去探索、游戏和学习。当他进入到一个新环境时，不是很需要你的引导和示范，你可以给孩子一个目标，指引孩子自己去想办法解决。比如，孩子非常想玩那个穿红衣服小朋友的球，你可以鼓励他自己去，但是该怎么做，你不必告诉他。应该先让他自己去尝试，如果遇到难以克服的困难时再给孩子提供适当的帮助和指导。

情感健康的首要标准就是孩子对于情感的认识、接受以及表达。孩子是逐步通过一个渐渐发展的过程来获得这些能力的。首先，要让孩子认识和接受这些情感，比如，让孩子明白"生气、高兴、讨厌、气愤"等情感应有的表情、行为和其对应的名称；接着，就是帮助你的孩子学会接受他们所体验到的各种感情，学会控制他们自己的情感，并要把这些情感当作是健康的、自然的。只有这样，孩子才能够学会在各种不同的状态下选择合适的方式来正确地表达他们的情感，包括用言语来表达或是借助肢体动作来表达。

（2）你可以和孩子一起做下面的游戏

1）看"哭"脸和"笑"脸

要提前画好两张脸谱图，"哭"脸和"笑"脸。在你给孩子讲故事的时候，要不时地提问，"小姐姐摔倒了，她哭了！哪个是哭了"？让孩子自己来选择。

对于那些稍大一些的孩子，你的脸谱制作就要更加有意思了，你只要画好娃娃脸谱的上半部分，仅仅留下嘴的位置，让孩子依据你的要求贴"哭"脸或者"笑"脸。

在平常的生活中，我们还可以指引孩子来模仿"哭"脸和"笑"脸。

详细分析

可以帮助孩子巩固对"哭"和"笑"的概念的认识，提升孩子对语言能力的把握。

2）相信自己

要刻意给孩子设置一些富于"冒险"的环境，鼓励孩子自己去探索和完成。比如，鼓励孩子自己从书桌上下来，可以告诉他应该怎么做；可以鼓励孩子尝试按按"鳄鱼"（鳄鱼玩具）的牙齿，不要有害怕心理。

翻山越岭：让妈妈蹲下，然后孩子从妈妈的背上爬过去，最后妈妈站起来，让孩子来配合妈妈的动作爬过妈妈的肩头，再由肩头上翻下来，然后头朝下双手触地下来。在此过程中，要不断地鼓励孩子相信自己和妈妈，但不能够强迫孩子。

详细分析

这种方法可以让孩子学会相信自己和他人，是孩子情感健康发展的重要方面，这同时也可以反映出孩子对你的信任程度。

3）学会表达爱

当孩子和小朋友或者他喜欢的人分开时，要鼓励孩子用他们自己的方式和朋友告别。

对于那些依恋程度相对较强的孩子，我们还可以来设计很多有趣的告别动作，让孩子顺利地度过这段分离期。比如"飞吻"、"捏鼻子"、"顶牛"、"拉钩"等。还可以帮助孩子建立一个"依恋"物，比如乖乖狗、芭比娃娃等。

因此你在生活中要结合场景使用各种能表示情感的词汇，在孩子有同样经历的时候，指引孩子用语言来表达他的感受。比如生气、开心、委屈、伤心等。

详细分析

可以帮助孩子控制他们的情感变化，有助于孩子对人和物形成一种积极的、可以信赖的依恋。

4）送礼物

首先利用讲故事的方式来讲述一下全家人的情况，你可以这样说："爷爷非常喜欢孩子，每天都会带着孩子到楼下的花园去玩耍。可是爷爷逐渐老了，他的腿因为有点毛病不能走距离太长的路。所以我们需要送给爷爷一双舒适的

鞋。"然后就让孩子自己从几双鞋里挑一双他认为合适的鞋"送"给爷爷。以此类推,你还能够让孩子送礼物给其他的家人。

在平时的生活中你也许让孩子这样做过,但是你采取的方式也许太过于简单或者直接,你也许会直接说让孩子"把××送给××",而并没有突出让他送礼物的原因。既然是一种游戏,你还能够结合故事让孩子做事情,比如,当你在给孩子讲述《卖火柴的小女孩》时,就可以来问问孩子"想送一个什么礼物给这个可怜的小女孩儿",然后引导孩子做出一个合理的选择。

详细分析

这个游戏可以帮助孩子培养爱心,去理解人类最为复杂的感情。

在生活中营造一个爱的环境,不仅需要你给予孩子爱,同时也要要求孩子懂得关爱你和其他人。

爱具有广泛性,既包括对人的爱,还包括对其他一些事物的热爱。你可以尝试给孩子养一个宠物,然后让孩子在这个过程中学会如何爱护小动物。

爱不只是要挂在嘴边的东西,它更要体现在生活的每一个细节中。尽管这样,你还是应该要用言语的方式去告诉孩子"你爱他"和"爱"的含义,并且大胆地试着用肢体语言来表达爱。

不要去追问孩子"你最喜欢谁或你最爱谁"这样无关紧要的问题,更不能在这样的回答中去贿赂孩子。

如果你曾经惩罚了孩子,那么在他情绪平静以后你就要通过游戏、故事或者其他形式来正面地告诉你的孩子,"你很爱他,惩罚他的原因只是因为他做错了事情,并不是你不爱他",不要以为这只是表面形式,这对孩子来说非常重要。

另外,给予孩子的爱又要有适度的原则,溺爱就是一种伤害了。

第三章

让孩子正确认识自己

1. 认识自己有讲究

孩子从满12个月时就已经慢慢认识、了解和熟悉自己身体的各个器官了。在这一段时间内，你要时不时地这样教导孩子："这是宝贝的手，对不对？这是宝贝的小脚丫，对不对？这是……"总之，你确定孩子可以懂得你的意思，他具备了认识自己的能力。让我们来测试一下，看看孩子是不是真的认识自己：

（1）测试孩子对于自我的认知程度

1）孩子知道几个自己身体的器官？

  A. 8个以下

  B. 8~12个

  C. 12个以上

2）试着叫孩子闭上眼睛，凭借自身的能力，用手分别摸摸鼻子、头、嘴巴、屁股和脚，看看孩子可以独立完成几样？

  A. 只能摸对3个及以下

  B. 可以摸对3~4个

  C. 全部摸对

3）以下列举的8件事中，孩子能够凭借自己的能力，独立完成的事情有几件？脱衣服；用勺子吃饭；自己穿鞋子（可能会左右不分）；正确翻书；穿袜子；梳头发；饭前饭后洗手；收拾心爱的玩具和书籍。

  A. 4件以下

  B. 4~6件

C．6件以上

4）问问孩子自己是男，还是女？

    A．不清楚

    B．孩子知道自己的性别

    C．孩子不但知道自己的性别，还能说出其他人的性别

5）对应孩子知道的身体上的各个器官，看看孩子是不是了解这些器官所具备的功能？

    A．不太清楚

    B．知道一半以上器官的用途

    C．全部了解

6）孩子对你表达过自己的要求吗？例如，想吃什么东西，想玩什么玩具，想穿什么衣服，等等。

    A．很少有

    B．在玩的方面或是吃的方面会表达，其他方面很少表达

    C．经常会提议，甚至能说出自己的原因

7）孩子能在照片中找到自己的家人吗？

    A．只能找出爸爸、妈妈，有时会把熟悉的叔叔、阿姨也当成家人

    B．除了爸爸、妈妈，还可以找出孩子经常接触的家人，比如，爷爷、奶奶、小姑等

    C．基本能分清楚哪些是家人，哪些是外人，甚至能说出称谓

8）在不小心被东西绊倒时，孩子会不会有自我保护的意识？在自我保护的潜意识下会做出什么样的动作？

    A．没有，经常会摔到脑袋

    B．有一点意识，会用手挡一下

    C．有明确的保护动作，很少会摔伤

9）在没有父母提醒的前提下，孩子能够主动做以下哪几件事？饭前主动去洗手；心爱的玩具脏了会弄干净；进屋时会自动脱鞋并要求换鞋；在流鼻涕时会提出要求，让大人帮助擦鼻涕；食物上沾染了脏东西，就再不吃了。

A. 1件

B. 2件

C. 2件以上

10）孩子在参加一些集体活动的时候，能够区分出自己的东西而且能够确保自己的东西毫无损失吗？

A. 不能

B. 能区分一些，但不会负责

C. 能明确区分并随时保护自己的玩具

评分标准

A—0分；B—1分；C—2分

详细分析

最终得分不到7分的孩子，其自我认知能力还比较匮乏，有待进一步的提高。你会认为孩子年龄还不大，根本就没有必要教给他太多的东西，而这些东西孩子长大后自然就会知道了，无师自通的孩子还不算是天才吗？在这里需要提醒你，良好的自我认知能力包括独立性发展，孩子很小时，作为父母的你就该创造机会适当培养孩子的这种能力。

最终得7~14分的孩子，他们对自己是具有一定认识的。但是，作为家长的你可能忽视了对孩子自我认知能力的培养。孩子很乖，但是作为父母一定更希望孩子可以成为一个有思想、有主见的孩子，你说对不对？

最终得分超过14分的孩子，他在自我认识这方面的能力是比较高的，他不仅认识自己身体的各个器官，还具有独立发展的能力，更重要的是，孩子已经明白自己与家人的关系。在日常生活中，如果你可以继续加强对孩子独立能力的培养，你的孩子一定会是一个非常出色的孩子。

自我认识能力的发展是一个形成独立性与对自我及环境控制的过程，它主要包括以下几项发展目标：

①形成积极的身体认识，包括认识自己的身体特征、器官名称、身体各部

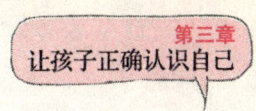

分的作用和相互之间的关系等；

②认识自己的性别并形成性别认同；

③有符合年龄特征的自理能力，例如，2岁以下的孩子可以自己吃饭、喝水，2岁以上的孩子已经具备了简单的生活自理能力，可以脱裤子自行解决大小便等；

④形成对健康的生活方式的认知和安全意识；

⑤理解个人财产的含义并对这些私人物品担起责任；

⑥知道自己与别人的差异，与此同时，在头脑里形成简单的关于社会关系的认知。

帮助孩子认识自我能够塑造孩子的自尊心，促进孩子独立能力的发展。

（2）适合孩子玩的智能游戏

1）洗手

端下一小盆水，准备好毛巾、香皂、海绵、香波以及其他可以玩水的容器，然后鼓励孩子自己去洗手。在孩子学习洗手的过程中，作为家长，你可以帮助孩子做一些事情，比如帮孩子擦香皂。在整个游戏结束之前，你需要引导孩子讨论为什么要洗手，香皂有什么作用，使用香皂时的感觉，等等。

详细分析

帮助孩子形成健康的生活方式，提高他的认知水平。

2）这是哪里啊

拿一块布料或者毛巾蒙住自己的眼睛，装成是"盲人"，之后用你的手摸孩子的各个器官，一边摸一边说："这应该是你的眉毛、嘴巴、鼻子……"在摸的过程中你可以装作故意说错，看看孩子是否会纠正你的错误。而摸的范围不要仅仅停留在脸部，还要有骨骼、肚脐、膝盖、大拇指等一些更具体的身体部位。如果孩子有兴趣，肯配合的话，你也可以与孩子互换角色。

详细分析

通过上面的游戏,可以帮助孩子认识自己身体的各个器官,刺激孩子身体的发育。

3)家族树

把家人的照片找出来,首先让孩子自己说出和他们的关系,认认这些人都是谁,然后用剪刀把人像剪下来。把爸爸和妈妈的头像贴好,再将孩子的头像贴在下边,并告诉孩子为什么这样做。然后做进一步的引导和教育,把家里其他人的照片根据亲属关系粘贴在对应的位置上,最后,形成一棵"家族树"。在全部贴好之后,再给孩子反复讲述这些人之间存在的关系。

详细分析

帮助孩子了解家庭成员之间的相互关系。

4)给玩具洗洗澡

找几件孩子心爱的玩具,让孩子自己先做一下分配,分别挑选出自己的玩具,以及给妈妈的玩具。不能要求孩子做到分配均匀,要尊重孩子的分配结果。如果孩子的语言表达能力比较强,你也可以引导孩子表达一下自己的意愿,类似于为什么会喜欢这些玩具、具体喜欢它什么地方等。

你需要准备一盆水和一块毛巾,让孩子给自己心爱的玩具"洗洗澡",为了引导孩子,你也可以给孩子分给你的玩具洗一洗。如果孩子的情绪不稳定,表示出不愿意,你就应该说:"既然孩子不想给喜欢的玩具'洗洗澡',那咱们就把玩具先扔到一边,留给妈妈洗,那么这些玩具也就是妈妈的喽!"如果孩子是和同龄小伙伴一起玩,游戏效果更佳。

详细分析

通过这项游戏，可以帮助孩子理解个人财产的含义，对自己的私人物品承担起相应的责任。

5）我也可以做许多事情

作为家长，在引导孩子做"可以做的事情"的时候，你可以从这样的话题开始："妈妈可以给花浇水，宝宝呢？你可以做到吗？"然后你把工具准备齐全，为孩子打气，鼓励孩子亲自去做。等到孩子完成所有的事情之后，你继续问孩子："宝宝可以做什么？"用类似于这样的语言引导孩子回答说："我会浇花！"

接下来，做其他的事情。必须确定你让孩子做的事情是可以凭借他个人的力量完成的，而且要保证游戏的项目是孩子感兴趣的。

反复几次之后，你就不要再提供游戏的素材了，让孩子自己来说："我还可以做什么。"

在以后的讨论中，孩子表达完自己的意愿之后，你就应该引导孩子说："宝宝可以做很多事情了，宝宝真棒！"

详细分析

通过此游戏，可以让孩子认识到自己的重要性，增强孩子的独立性与自信心，还能促进孩子的智力发育。

（3）你在生活中还可以这样做

①告诉孩子身体受伤时就会疼痛，还有可能会流血，教育孩子要懂得爱护自己的身体；

②找一些代表身体各个部位的图片，让孩子了解；

③鼓励孩子自己的事情自己做；

④让孩子了解一些安全、健康方面的知识，帮助孩子形成良好的生活习惯。

2. 耳朵的"N+1"种功能

耳朵作为人体的一部分，它有辨别振动的功能，能将外界振动而发出的声音转换成神经信号，传给我们的大脑，从而帮助人们听到世间万物发出的声音。若没有它，人们就听不到动听的声音，也无法了解别人在说什么。若真生活在这样的环境里，人类会多么寂寞呀！除此之外，耳朵还有其他的用处吗？你是否也想进一步了解？现在，不妨带着你的孩子一起来玩下面几个游戏，在玩游戏的过程中，也许你和孩子就会了解耳朵的用处了！

（1）有关耳朵的游戏

1）耳朵也能"看"东西

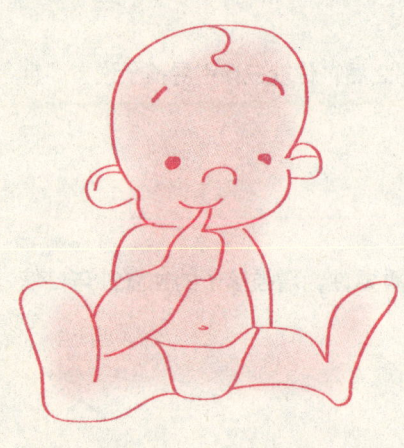

把水、小石子、沙子等物品依次放在孩子的面前，问他："宝宝看，这是什么？"大多数孩子都会给你说出正确的答案。如果你的孩子不认识它们，没关系，你可以告诉他！现在，你需要做的就是：找3个形状、大小相同但不透明的瓶子，把水、小石子、沙子分别放到瓶子里，然后盖好瓶盖，接着，来摇晃这3个瓶子，让孩子听到物体撞击瓶子而发出的声音，然后再问宝宝："瓶子里面装的是什么东西？"

如果孩子没有马上猜出来，不要着急，你可将盖子打开让孩子看看里面的东西，然后再让他听声音。等孩子记清楚了各个物体的声音，游戏就会很有趣！原来耳朵也能"看"东西，真是神奇啊！

2）耳朵也会"找"东西

首先，准备两个盒子，形状、大小、颜色都要相同，把一个能够出声的玩具放入任意一个盒子里。

其次,把两个盒子同时摆在孩子的面前,并不停地交换两个盒子的位置,请孩子告诉你玩具藏在哪一个盒子里面。

请你千万记住,不能让孩子动手。不管你如何交换两个盒子的位置,孩子都可以迅速地指认出来,你就要相应地增加游戏的难度,将音乐盒、钟等声音更小的发音体依次放入盒子里。再让宝宝指认,看看他是不是也可以完成得这样好!耳朵也是可以"找"东西的。

3)耳朵也可以"数"东西

在孩子2~3岁时,他不一定懂得8和10谁大谁小。然而,他却知道1和许多。若条件允许,可以试试让孩子用耳朵来做判断,哪边是"1"、哪边是"许多"。不妨背着孩子将1颗豆子与许多豆子分别装入两个一模一样的瓶子里,使劲摇晃两个瓶子,让孩子听清,来指认哪一个瓶子里装的豆子多,哪一个瓶子里装的豆子少。不管孩子的答案是否正确,你都可以揭开瓶盖让孩子看一看,并通过再次摇晃来强调正确答案。耳朵也能辨别数量,真是太神奇了!

当你和孩子做完上述的游戏后,是否也觉得耳朵很神奇?所以,一定要保护好孩子的耳朵!

(2)如何保护孩子的耳朵

1)给孩子清洁耳朵

不妨用棉花棒、毛巾等清洁孩子的外耳,如果孩子的耳朵有耳屎,最好先告诉医生。

2)怎样去保护孩子的耳朵

①不要使用青霉素、链霉素、庆大霉素、卡那霉素等可能造成听神经中毒的抗生素,这些抗生素很有可能给孩子的耳朵带来伤害,严重的还会导致耳聋;

②为了防止疾病的发生,要特别关注自己的孩子。如乙脑、流脑、麻疹、中耳炎等都有可能损害孩子的听觉器官,使其听觉器官受损;

③避免外界的噪声；

④不可随便帮助孩子挖耳朵，还要防止水流进耳朵；

⑤防止孩子在玩的过程中将小物品放进耳朵里。

3）孩子的耳朵里面进了异物该怎么办

如果孩子的耳朵里进了异物，一定要沉着，应让孩子的耳朵朝下，轻轻地摇晃他的头，也许可以把异物摇出来。如果没有效果，你可以试试以下方法：

①如果异物是小昆虫，你可以把手电打开，试着把它引出来；

②如果是金属物体，可以用磁铁将其吸出来；

③如果是塑料或木材类物质，可以涂点不干胶在直的纸夹子上，用夹子去碰触它。切记，千万不要接触到内耳。等胶水干了，再把夹子拿出来，耳内的异物就会被粘在上面。为了不让孩子乱动，在进行时一定要有人帮助；

④以上方法若没有效果，就去就医吧。

4）孩子得中耳炎后会出现哪些症状

①耳朵痛：孩子会去拉自己的两只小耳朵，或捂住耳朵或摩擦耳朵；

②疲倦、发烧和过敏反应；

③听力下降；

④吞东西或者吸东西时会出现咔嚓声或爆裂声；

⑤耳朵的内部会有液状物流出来。

听觉是人类感知世界的感观通道之一。通过声波对听觉的刺激进而引起外耳鼓膜的震动，当震动产生刺激后，就会传至内耳的耳蜗，而发出震动的物体会存在机体之外。所以，听觉与视觉一样，它们都属于距离知觉。

3. 所有感知觉，一个不能少

海伦·凯勒的故事几乎家喻户晓，她的故事感动了一代又一代人。海伦·凯勒是一位失去了视觉、听觉的"残疾人"。然而，她凭借自己的信念，最终成了一名著名作家。她是用什么来感知世界、进行创作的呢？其实，她依靠的是敏锐的味觉、触觉和嗅觉。所以，人的每种感觉都有非常重要的作用，而大多数人，总习惯用视觉、听觉等感觉器官来感知这个世界，这就使得其他感知形式不能很好地被"认识和利用"。

孩子认识世界，大多是从感觉和知觉开始。那么感觉和知觉的工作原理是什么呢？感觉是感觉器官的各个神经性组织在接受外部世界和有机体内部的刺激后，通过内导神经刺激将信息传至脑中枢的一个过程。感觉是刺激神经接受、登录的过程，通过神经系统及大脑来感知生理、心理现象。而知觉是承担着对感觉信息的解释和对感觉输入的信息赋予意义的一个过程。知觉在人类进化上和个体发展上，都比感觉更高一级。在工作的过程中，知觉会依次将感觉信息编码和脑内已经储存的信息进行匹配，把各种单一的感觉合并成整体的整合活动。这就是知觉解释世界的全部过程，同时，也是赋予感觉含义的全部过程。

孩子出生的几个月内，会逐渐地形成各种感知觉。当你教他认识周围的世界时，就应该引导孩子利用多种感知觉形式来对这个世界进行相应地分析和研究。

（1）你可以陪孩子做的游戏

1）让孩子闻闻醋是什么味道

首先，要让孩子闻闻醋，让他感受醋是什么味道。最好的方法便是拿醋瓶子给孩子闻，并告诉孩子这是醋。然后，再拿两个一模一样的瓶子，在里面分别装上醋和水拿给孩子闻，让他指出哪个与刚才闻到的味道一样，并告诉孩子这也是醋。接着，把水倒掉，再装上某种酸味水果汁，然后让孩子闻一闻哪个是醋，看看孩子能不能分辨出来。

详细分析

陪孩子玩闻醋游戏，其目的是让孩子产生嗅觉记忆。帮助孩子在原有记忆的基础上识别醋的味道。当然，也可以让孩子先闻醋的味道，然后再玩别的游戏，等到孩子的注意力完全被分散后，再接着玩先前的游戏，问问孩子哪

个是醋。

2）尝尝不同味道的东西

先让孩子尝糖水的味道，并告诉孩子这是糖水。接着，将糖水和醋依次装入两个一模一样的杯子，让孩子品尝后指出哪个是糖水。

在此基础上，你还可以将醋替换成一些其他酸甜味道的饮品，继续让孩子辨认哪个是糖水的味道。

详细分析

游戏的目的就是锻炼孩子的味觉，在记忆的基础之上识别哪一个是糖水。

3）猜猜是什么

在口袋里放入一些孩子比较熟悉的生活用品，而且口袋的外面没有可以参照的东西，让孩子把手伸进袋子里，不要让他看见。然后问孩子"你知道袋子里面装的是什么吗"，让孩子自己说出来。

详细分析

利用手的触觉认物是非常难的，接近2岁的孩子基本可以达到了。这个知觉过程是：首先手触觉获得信息——触觉信息传递到大脑——大脑构图——去记忆库里搜寻相似事物——触觉识别——最终判断。这么一个复杂的过程对于孩子来说是比较困难的。这个游戏对于孩子建立空间想象力是非常重要的。

4）不同球的收集或制作不同材料的球

准备一些塑料球、橡胶球、布球、金属球、木球等，鼓励孩子用小手摸一摸，并说说这些球有什么不同。与此同时，还要引导孩子和你一起做滚球、扔球、拍球的游戏，在游戏过程中，让孩子对比它们有什么不一样。

详细分析

通过多种感知觉形式来认识事物的不同。

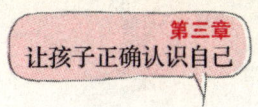

5）把石头找出来

准备一些光滑的石子和一些塑料纽扣,让孩子摸摸、看看,并说说它们到底有什么不同。然后把石子和纽扣放进口袋里,再让孩子摸出石头。

详细分析

在引导孩子区别石头和塑料纽扣的过程中,其温度和事物外表的光滑程度是孩子作出区分的重要依据。通过游戏,可以促进孩子手触觉的发育。

（2）多种感知觉学习

生活中,在教育孩子认识事物时,你可以运用多种感知觉来引导孩子。如在吃西瓜时,你可以先让孩子摸一摸光滑的西瓜皮,然后再切开让孩子品尝;晚餐前,你可以让孩子闻一闻菜的香味,之后再告诉孩子菜很好吃。同时,在教孩子了解新事物时,你可以尽可能地让孩子听一听、看一看、摸一摸、闻一闻、尝一尝,并把一些相似的东西集中起来,与孩子一起来讨论它们的不同之处。

4. 如何帮助孩子"打通"智力通道

几乎每天,孩子都会通过各种各样的活动接收不同的"信息"。有的来自听觉,有的来自视觉、味觉、触觉等等。在"信息接收"的过程中,他开始对周围环境中的各种声音、色彩、气味产生兴趣。同时,也开始了对世界的探索和认知。当各种信息进入孩子的大脑后,孩子就会对这些信息进行"处理",并根据处理而得出"结论和判断";同时还做出一些反应,这就是孩子智力形成的过程。

作为父母,想让孩子拥有高智商,首要任务就是帮助孩子认识自己的感知觉功能,让孩子学会用正确的感知觉功能来"接收、理解"外界的信息,从而"疏通"他的智力通道。

（1）你能很好地帮助孩子"接收"信息吗

1）孩子不小心被热水烫了，你告诉过他是什么原因吗？

　　A．告诉过

　　B．没有

2）你有没有告诉过孩子我们吃的东西都是些什么味道？

　　A．有

　　B．没有

3）孩子大便的时候，你有没有告诉孩子这是"很臭"的东西？

　　A．有

　　B．没有

4）你有没有告诉过孩子不能吃太多冰激凌的原因？

　　A．有

　　B．没有

5）你经常带孩子去玩沙或玩水吗？

　　A．经常

　　B．偶尔

6）炉子上的水开了，你有没有引导孩子听听水开的声音？

　　A．有

　　B．没有

7）你有没有拉孩子的手摸摸爸爸的下巴感觉会扎手，摸摸妈妈的下巴感觉很光滑？

　　A．有

　　B．没有

8）天热了你给孩子减少衣服的时候，有没有告诉过孩子为什么？

　　A．有

　　B．没有

9）你有没有让孩子闭着眼睛摸摸这是妈妈还是爸爸？

　　A．有

　　B．没有

10）你经常鼓励孩子用筷子击打盘子或是碗，听听发出什么声音吗？

　　A．经常

　　B．偶尔

评分

A—1分；B—0分

详细分析

　　以上的问题都是生活中经常看见和经历的，在这些过程中，孩子接受着来自视、听、嗅、触等感知觉渠道的信息。

　　最终得分不到5分，说明你不能够很好地帮助孩子从日常生活和学习中获得有益的信息。也许是因为你工作太忙，以至于忽略了孩子的学习。你已在不经意间引导孩子认知一些简单事物或者现象，但这些信息对孩子来讲根本不够。如果你不注意改变你的教子态度，你的孩子在将来很有可能出现"智力"发展滞后的现象。所以，你要和家人积极地行动起来，尽可能地利用各种机会，引导孩子认识多种事物。

　　最终得分为5～8分，你基本具备了帮助孩子从日常生活中获取一定的信息的能力。你关注孩子的健康成长，同时，你也很重视通过教育来开发孩子的智力。但你有可能忽略了信息获取的多元化，而更注重用"教学"的形式给予孩子大量的认知。所以，你应该进一步了解孩子，通过多种方式获取信息，相信不用过多久，你给孩子的认知游戏就会更加有趣了。

　　最终得分超过8分，你是一位非常用心的家长，你能通过各种方式引导孩子接收各种各样的信息，相信你的孩子在认知水平上会比同龄孩子要高。你的努力不会白费，有了你的正确引导，孩子一定能够成为一个勤于思考、勤于发问的孩子。

其实，孩子获取信息对孩子认知水平的发展是非常重要的。孩子不仅通过听说过某个想法或某个概念来获取信息，他们还可以通过品尝、触摸、操作等各种感知觉形式获得信息。另外，进行参观、观察、探索、体验等多种学习过程也可以帮助孩子获得信息。这样，孩子就能在日常生活和学习过程中，获得大量的信息。如果家长能有计划且系统地引导孩子，那孩子不但可以获得信息，还能获得转化这些信息的能力，从而进一步提高孩子的认知水平。

（2）可以陪孩子做的游戏

1）温水刺激足底

试着用温度差异较大的东西，如热水或冰水配合温水来刺激孩子的足底。在刺激孩子的同时，不妨告诉孩子"烫"、"冷"、"舒服"等词语，经过反复刺激，孩子就会建立起语言和皮肤知觉的神经通道。过一段时间后，家长再给他同样的刺激时，可要求孩子用语言来描述自己的感觉。

详细分析

1岁半以后的孩子对生活中的大部分事物都有非常强的记忆和理解能力，但对情绪、温度和感受等方面词汇的理解还不够准确，这需要有身体器官的切身体会才能理解。温水刺激足底的游戏就是通过皮肤的感知让孩子感知温度并理解描述温度的词语。

2）冷热大不同

在两个杯子里分别装上冷水和热水，接着用一个透明的塑料盒子或玻璃分别放在两个杯子上方，最后用语言提示孩子："奇怪，怎么有一个盒子（或玻璃）变成白的了，这是怎么回事？"语言的提示是提醒孩子去观察，不需要家长向孩子讲解"冷凝现象"。这时，你可以问孩子哪个杯子里的水是冷的、哪个杯子里的水是热的。然后让孩子用手去触摸杯子，通过手的感觉去判知冷热。之后再引导孩子去观察，热的水会让塑料盒子（或玻璃）变成什么样子。

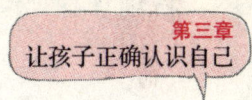

详细分析

孩子对温度的触觉反应是对大脑神经系统的刺激。1岁以后的孩子早就掌握了"冷"、"热"等描述温度的词语，在此时，父母不应该仅仅让孩子通过亲身的体验去验证热的感觉，而可以让他们通过观察发生的现象去分析。通过这个游戏，能让孩子在过程中提高推断能力。

3）神奇的口袋

把尺子、梳子、小棒子等小件物品放入口袋，让孩子从布袋里面把××拿出来。在拿的过程中，不要让孩子看见里面的东西。

详细分析

1岁半以后的孩子会随着智力、空间认识能力的提高，而开始发育空间的想象力。在这个时候，家长在考察孩子空间记忆的同时，也要让他通过手的知觉和想象中的物品形式相互对应，这种综合思维和立体调整能力可以增强孩子对事物的立体认知和记忆。

4）演示沉浮

先准备一些常见的生活用品，如梳子、小勺、杯子、纸片、小木片、钥匙等，再准备一盆水，你先随意拿一样东西放到水里，并告诉孩子是沉是浮。

接着，再把这些游戏材料交给孩子，让孩子自己操作。如果孩子比较配合，在每次放材料前你都可以让孩子猜猜是沉还是浮，然后再放到水里去证实。

对于掌握程度高的孩子，可以让他自己通过实验的过程，把可能浮在水面上的东西找出来，进行分类游戏。

详细分析

通过玩演示沉浮的游戏，可以让孩子通过自己的操作感知沉浮现象，以培养孩子的观察力。游戏的过程要求孩子先判断后观察，这是一个不错的学习方法。即：带着问题去观察，进行有目的的学习。教孩子较早地掌握这种学习方法，可以让孩子在以后的学习中达到事半功倍的效果。其实，问题式的学习更容易吸引孩子的注意力，加深孩子的印象。

5)"涮"火锅

找出家里的电火锅或电磁炉，接着与孩子一起来玩这个游戏。先准备好冰块、肉、竹笋、块状的动物油、豆腐泡、鸡蛋、乌贼等平时吃火锅时准备的东西。在开吃前，先把这些事物两两组合成一组，分别放在勺里煮：

冰块——竹笋（切成差不多的样子），引导孩子发现差别和变化，提问，"冰块哪儿去了"；块状动物油——鸡蛋，引导孩子观察为什么会出现一个煮散漂起，一个却凝固的现象；豆腐泡——乌贼，为什么一个越煮越大，而一个越煮越小。

此外，还有很多食物在煮过以后会发生各种不同的变化，你也可以去引导孩子观察并品尝它们的前后不同。

详细分析

家长有计划地帮助孩子认识事物的不同，认识在"煮"的过程中事物所发生的变化，从而获得非直观信息，以增强孩子对事物差异性的感知能力。

（3）在生活中，你也可以通过这些方式帮助孩子获得信息

①带孩子去动物园、郊游或者进入大自然，增强孩子的感知能力；

②与孩子听一场音乐会，或看一场画展，或参观一下博物馆、科技馆等，以开阔孩子的眼界；

③饲养小动物、种植花卉，让孩子感受到生命的可贵；

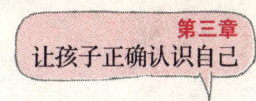

④参加各种体育运动，如打球、游泳等，这些都可以强身健体，增强体质；

⑤让孩子参加一些手工制作，增强孩子的动手能力。

5. 剖析"捉迷藏"的秘密

在游戏就要开始时，告诉孩子，你一会儿要藏起来，让孩子想办法来找你，藏的时候要留一点蛛丝马迹，以便孩子找到你。接着，你可以换一个地方藏。到最后，你可以问一下孩子，"玩得开心吗？好了，现在我们要换一个角色，该轮到你藏了。"

（1）看看孩子是怎么藏的

A．孩子若不会藏，就是没能理解游戏规则。

B．孩子自己会藏，但没等去找，他就自己跑出来了。

C．孩子自己会藏，但没能藏住整个身体，只是把头藏进去。

D．孩子藏得很好，但无论玩几次，他总藏在同一个地方。

E．孩子藏得很好，同时还会变换不同的藏匿地点。

（2）你的孩子是如何玩的

著名心理学家皮亚杰认为，婴儿和幼儿时期心理活动的一个特点就是存在显著的"自我中心化"现象。他认为，婴幼儿时期思维从"我向思维"逐步向"现实性思维"转化；从"自我中心"向"社会化思维"转化，这一过程被称为"自我中心化"现象下降。当孩子到1岁半以后，已逐渐摆脱了那种不能分清主、客体，不能意识到自己的现象。然而，他们还是很难做到对同一事物的认知，他们不会认为还有他人观点的存在，不能从他人的角度去思考和看待事物。他们会以自己的观点、态度或需要作为唯一的衡量事物的标准。

在玩"捉迷藏"的游戏中，家长可以清晰地了解孩子所具备的这一心理

特点。

作为家长,有必要通过一些简单的游戏帮助孩子实现"自我中心"的发展,不仅可以让孩子认识自己,还能帮助他认识自己和其他人之间的相互关系。同时,还能帮助孩子站在他人的立场上思考问题、解决问题,促进孩子思维可逆性的发展。

1)如果你孩子的表现和A、B、C孩子相似

不要以为孩子的智力有问题,可能是因为你的孩子年龄太小,他还不能很好地理解游戏规则。太小的孩子还处于"自我中心"的初级阶段,在认识外界事物或理解游戏规则等过程中都存在倾向性,还不能做到站在别人的立场上看待问题。所以,你不用担心,随着孩子的成长,他会逐渐提高对自我和客体之间关系的认识。

2)如果你孩子的表现和D、E孩子相似

你的孩子已具备了一定程度"自我中心"心理的发展,你会发现孩子越来越"多愁善感"。他时常会因为听到伙伴找不到妈妈而变得着急,也会因为看到小狗被主人"教训"而伤心难过;当你告诉他要同"××一样勇敢"时,他有可能会停止哭泣,让医生给他打针。从孩子会玩捉迷藏开始,"偶像"和"榜样"就会对孩子显现出作用。这时,你对孩子的教育就要注意方法和方式,应该积极地帮助孩子树立正确的人生观、价值观,让孩子学会自我评价和自我约束。

即便如此,孩子的"自我中心"现象仍然没有完全消失。"自我中心"的现象在婴幼儿时期会始终存在,某一时期的自我中心现象消失之后,高一级的自我中心化现象又会随之出现。其实,不同形式的自我中心化现象在一定程度上标志着孩子的不断发展。

(3)可以陪孩子做的游戏

1)神秘的箱子

先准备一个纸箱子,在箱子里放一个张嘴的鳄鱼玩具或是玩具老鼠夹子,接着,你把手伸进去装作非常疼的样子,并用夸张的语言来描述"啊——,里

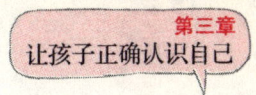

面是什么啊！"然后把箱子给孩子，看孩子怎么做。

详细分析

通过玩神秘的箱子游戏，其目的是为了让孩子通过观察别人的表情和动作，认识到箱子里面可能会有伤害性的东西，促进孩子的思维发展。当然，在游戏中有些孩子不太配合，或是非要自己亲自去尝试才会做出反应，这个都没有关系。经常创设这样的游戏环境，可让孩子在游戏中通过别人的经历去思考问题、推理判断，可进一步促进孩子"自我中心"的发展，让孩子学会角色互换，学会站在他人的立场思考问题。

在孩子一生中，不是每种学习都需要孩子亲自去尝试，还应注重培养孩子思考问题的能力，这种思考应该包括通过观察的方式去发现问题或解决问题。

2）猜猜妈妈看到的是什么

给孩子一张正反两面都有图的卡片，先和孩子一起看看卡片正反两面都是什么，接着把卡片一边对着孩子，另一边对着你，你先问孩子看到什么，然后再让孩子猜猜妈妈看到的是什么。

详细分析

可以促进孩子的空间想象能力以及"自我中心"心理现象的发展，能让孩子通过游戏学会站在对方立场上看待问题。

3）恢复包装

给孩子准备一个层层相套的包装物，如把糖放入一个小塑料袋里，接着把塑料袋放在小药瓶里，再把小药瓶装在纸盒子里。当着孩子的面把包装一层层打开，进而又恢复原貌，然后再让孩子自己来一次。在进行游戏时，可以根据孩子的实际情况增加或减少包装的层数，以提高或降低游戏的难度。

详细分析

促进孩子可逆性思维方式的发展。

4）你该怎么办

在生活中，你在引导孩子观察某一现象或事物后，应向孩子提出问题。即"如果你是××，你会怎么办？"比如，当你发现孩子正在看两个小朋友抢玩具，你可以问孩子："如果你是那个小哥哥，你会怎么做？"当然，也可以经常提这样的问题："如果爸爸在这里就好了，他会帮我们的，他会怎么做呢？"

详细分析

在这里，要特别强调，我们并非要求孩子的回答符合我们的道德规范，只是想通过这样的游戏让孩子学会站在别人的立场上思考问题。当然，在游戏的过程中，帮助孩子建立道德规范也是游戏的一个目的。

6. 孩子的"偶像"在哪里

你的孩子有"偶像"吗？如果直接这么问你，你可能会不太清楚。你可以简单回忆一下，你不自觉中曾多次用孩子的"偶像"来引导孩子的行为：

在医院里，孩子打针之前，你会和孩子说："没有关系，你会和××一样勇敢的，只要一下就不疼了"。这个时候孩子就真的会模仿这个"××"，捏起自己的小拳头，不再哭了。这里的"××"可能就是孩子的偶像了。

给孩子洗头的时候，他总是动来动去，于是你提醒孩子："还记得阿毛是怎么洗头的吗？"这个时候，孩子会模仿阿毛的样子弯下身子。这里的阿毛是孩子在《婴儿画报》中最喜欢的角色。

这样的事例举不胜举，你可能会说："这些就是孩子的偶像？这偶像也太不怎么样了。"但对孩子来说，这些"偶像"却非常的重要。

2岁以后，孩子就开始对角色游戏产生了非常浓厚的兴趣，这就说明孩子的思维及语言的理解力有了突飞猛进的发展。在这个时间段，孩子会越来越多地接触到各种角色，与此同时，就越能够认同被模仿的对象的特点。这时，家长就应该鼓励和引导孩子模仿周围环境中孩子可以接触到的各种人物和角色。比如，让孩子学学警察叔叔怎么站岗、司机叔叔怎么开车、护士阿姨怎么打针、卖报纸的老奶奶怎么吆喝，也可以学学猪八戒被西瓜皮滑倒的样子……无论孩子的"表演水平"怎样，你都要给予积极的赞赏。

通过角色游戏孩子再现了自己的现实生活经验，认识到了自己和别人是不同的，每个人都有自己的特点。同时，家长在和孩子玩角色游戏的时候，可以根据孩子的喜好帮助孩子建立"偶像"，通过引导孩子模仿偶像某些良好的行为、习惯等，加深孩子对角色的认同和喜欢。这样，在孩子以后的成长过程中，你就可以很好地引导孩子了。

孩子的"偶像"也许并不是很完美，也不是唯一的，可能是带着很多缺点的"淘气聪明包"，也可能是贪吃的、善良的"小猪"。你也可以帮孩子多寻找几个偶像，例如睡觉时候的偶像、吃饭时候的偶像等，当然这个偶像必须是孩子特别喜欢、特别熟悉的。

你需要做的是通过讲故事、进行角色游戏等多种形式帮助孩子接触并认识更多的角色，帮助孩子建立"偶像"，帮助孩子把握好偶像的行为对他的影响，产生积极的作用。

可以给孩子做的游戏

1）听故事完成角色

让孩子边听故事，边模仿角色做动作。如果孩子对游戏理解得还不是很深刻，不知该怎么模仿，你也可以把孩子需要模仿的内容讲得更具体一点。在给孩子讲故事时，你一定要根据故事书里不同的角色来选择不同的音调与口气。等到故事讲完以后，你可以适当地引导提问，"小狗怎么和妈妈说的"、"娃娃哭了，她为什么哭了"。不要亲自做给孩子看，要让他通过自己的理解，把情景表达出来。

详细分析

孩子学会边听故事边做动作,说明孩子的语言理解能力已经非常好了。这样讲故事的方法,会让孩子更喜欢看书、读书,还会增强孩子对故事情节的理解。孩子在这样的游戏中会获得我们大人不能想象的各种感情,所以家长不要以为这只是在做戏,就不和孩子玩这样的游戏。尽可能把我们的童真唤醒,陪孩子玩,并且让孩子亲自去表演。

2)学学他们

你应该给孩子准备一些适当的可以进行角色游戏的工具,甚至是相似的服饰,引导孩子和他的小朋友们玩玩"小医生"、"小司机"、"小警察"等游戏,让孩子学学"他们"。

你也可以在孩子观看完一部卡通节目、木偶表演或听完一段故事以后,提供与剧情中相似的游戏材料,引导孩子"学学他们"。

在游戏过程中,有的孩子只能机械地模仿一两个特征性动作或他们感觉最有趣的某个动作。比如,他只会模仿司机转动方向盘,不会模仿更复杂的踩刹车、挂挡等动作;还可能他比较喜欢模仿剧情中小怪物滑稽的样子……这都是正常的。

详细分析

游戏的目的是帮助孩子接触并了解更多的角色,加强孩子的角色认同感。游戏过程中,家长要注意观察孩子的动作和言行能否去除自己身上的特点,并具有被模仿角色的特征,在以后的过程中引导孩子观察。

3)你为什么喜欢他

准备一些家里人的照片,或者是孩子接触过的卡通人物、动物贴画等,把它们整齐地贴在一张大的白纸上面。首先,让孩子说出他(它)们都是谁,之后问孩子"你最喜欢哪一个",并让孩子说出为什么会喜欢他(它)。

这个游戏适合2岁半以上的孩子玩,语言表达能力比较强的孩子也可以尝试玩这样的游戏。对于稍小一点的孩子,不用让孩子说喜欢的原因。但你可以

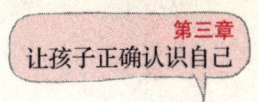

根据孩子的喜好列举原因,让孩子听听是不是。

详细分析

通过以上讨论,可以帮助孩子建立"偶像"意识。在讨论的过程当中,也可以帮助孩子在语言表达方面的发展。

4)娃娃家

在家中不同的墙面贴上"厨房"、"卫生间"、"卧室"等字样或是直接摆放上一些相关物品,给孩子一个洋娃娃,然后你提示孩子"快,快,娃娃醒了该喂奶了",把奶瓶给孩子,或"娃娃要尿尿了,赶快去卫生间"等。观察孩子在你的语言提示下,能否模仿你平时的动作完成。

详细分析

在游戏中,家长要注意用纯语言形式引导孩子去做相关的动作。当然,最好的方式就是家长和孩子一起做,提高亲子关系和孩子的语言表达能力、想象力。之所以在"娃娃屋"上贴字,是让孩子在游戏中轻松地认汉字。

7. 孩子,你要小心点

孩子的年龄还很小,他们还不具备敏捷地远离可能会让他们受伤或受到惊吓的危险的能力。孩子是天真纯洁的,有的时候他们并不能够清楚地认识到环境中潜在的危险。孩子对于世界上的一切都是深信不疑的,他们还不具备阻止成人、陌生人或朋友对他们造成伤害的能力。所以,作为父母,你有必要提供一个安全舒适的生活环境,与此同时,还要通过做游戏的方式帮助孩子了解危险,练习自我保护的技能。

(1)场景扫描

①孩子端着水杯向饮水机走去,开始使劲按压红色的笼头;

②孩子的球顺着楼梯滚了下去，他正手扶栏杆费力地挪动着脚步，想要下楼去；

③你把孩子放在床上，刚转身去厨房给他弄吃的，他就爬到了床边；

④孩子下意识地拉开了抽屉，一拉一抽正玩得高兴。

也许你的孩子曾有过比上述还要危险的动作。你除了尽可能地改善生活环境的安全性外，又能做什么呢？授之以鱼不如授之以渔，就来教孩子认识危险吧！

孩子在自我意识领域的发展包括了解安全、健康的方式和练习各种各样的自我保护技能等内容。在对孩子安全教育方面，作为家长首先要帮助孩子了解危险的存在，可以通过身体体验的形式来帮助孩子做更深层次的认识；其次，要引导孩子掌握一些危险发生时候的处理技巧，主要包括身体适应性以及心理适应性两大类。

尤其要提醒各位家长注意：安全教育主要包括两大方面——人身安全、心理安全。结合孩子的生活环境，主要包括：用电安全、易碎物品处理、危险物品处理、认识危险事物及危险环境、避免危险行为的尝试、交通安全、健康交往、应对独处和紧急危险等。积极的安全教育对形成孩子积极的自我保护概念、尊重自己的身体、更好地与他人交往是有利的。

对孩子进行安全教育时，家长应注意，孩子毕竟还很小，无论你是否对孩子进行过安全教育，有的危险孩子还是不能应对的。所以，家长要尽可能地减少孩子生活环境中的不安全因素，同时，自己也要掌握一些发生紧急危险或事故时的应对技巧，然后才能有针对性地对孩子进行安全教育。

（2）游戏篇——认识危险

1）认识"烫"

用两个一模一样的杯子，在杯子里倒入冷、热两种水，让孩子感受不同的温度，并告诉孩子"烫"的概念。然后把水壶打开，拉孩子的手放在水壶口上方，让孩子感受水汽，并再次强调"烫"及其危险性。你还可以用两块毛巾分别浸过冷、热两种水，把毛巾给孩子的时候，告诉孩子哪个"烫"。

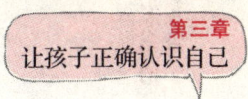

2）认识"高"

你把孩子放在高约10~15厘米的平台上，看孩子的反应。大部分会爬的孩子能马上翻下来，没有特别害怕的表情。然后再把孩子放到90厘米高的桌子上，家长要在一边保护孩子，看孩子趴在桌子上的时候是什么表情，孩子是否会在爬到桌子边缘的时候就停止动作。在游戏结束以后，告诉孩子这很"高"，很危险，孩子不能爬到上面来玩，如果下不来就要喊妈妈。

详细分析

在上述这些游戏活动中，你需要注意观察孩子是否能够判断环境和事物的变化、有没有危险意识，并做出相应的反应。这样的游戏可以帮助孩子理解危险信号的概念，建立相应的安全模式，促进孩子自我意识的发展。

（3）帮助自己

生活中的很多危险是可以避免的。比如，你可以把水壶放到孩子碰不到的地方，那样就可以避免孩子受到伤害了。但同时，你也限制了孩子独立性的发展，让孩子不知道如何帮助自己、保护自己，你一定希望你的孩子有一定的独立性，但又不得不面对危险的"矛盾"，怎么办呢？最好的办法就是帮助孩子练习各种自我保护的技能。

1）学倒水

给孩子准备一把小茶壶，提前在里面装上孩子要喝的水，并把它放在孩子方便拿的地方。孩子玩累了、渴了，你需要做的就是提醒孩子自己去倒水喝。当然，刚开始的时候，你可以适当地帮助孩子完成，以后就放手让孩子自己来吧，不要怕他把水洒得到处都是。

详细分析

游戏提高了孩子的自理能力，同时也训练了孩子眼手的协调性。

2）学用剪刀

孩子的很多危险性行为的产生，与孩子想要探索新事物的思想是分不开的。与其限制孩子的探索，不如放手，虽然有一定的危险，但有了现在的练习，以后就安全多了。

给孩子用安全剪刀，教孩子用剪刀剪开纸。还可以用同样的方式，让孩子学用玩具螺丝刀、夹子等。但在生活中，这些东西还是尽可能不让孩子接触到。

详细分析

提高孩子使用工具的技巧，防止孩子在使用工具时受到伤害，促进孩子自我意识的发展。

3）骑马翻跟斗

当孩子在摇马上骑得高兴的时候，突然从后面轻推，让孩子身体猛地朝前方倾斜并翻倒，观察孩子的反应。这个动作是需要你的保护的，你的手始终都要拉住孩子后背的衣服。刚开始的时候，孩子会有些害怕，不可以强迫他，只是偶尔练习一下。练习的时候要教会孩子用手支撑地，并慢慢爬下来。同样，我们还可以帮助孩子练习如何从箱子里爬出来、如何从床上爬下来等。

详细分析

提高孩子身体的协调性，促进孩子自我意识的发展。

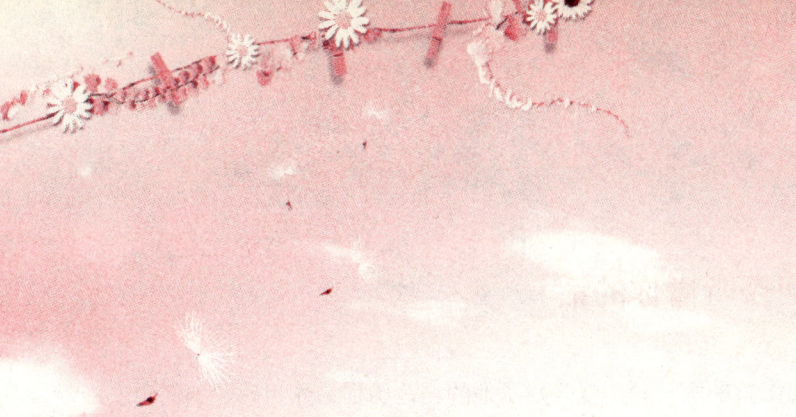

第四章

交流让教子更给力

1. 孩子能否听懂你的话

从孩子脱离母体的那一刻，就开始了他的语言历程，作为妈妈的你会发现孩子在生长的过程中会发出各种声音：孩子会用他那"外星人"的语言与你交流了；孩子会叫妈妈了；孩子已经会学小狗叫的声音了；孩子竟然可以说词语了……孩子每一次说出一个不同的音符都能够被你察觉，并且会令你激动不已。

但是，你在关注孩子说话能力的同时，有可能忽略了培养孩子的语言理解能力。如果你还是不明所以，那么请带着你的孩子一起来完成下面这个小游戏，看看小孩子对你所说的话能够理解几分。

（1）进行孩子语言理解能力的测试

现在，父母需要准备一个漂亮的布娃娃、一个玩具汽车、一个苹果、一盒牛奶，将这些物品依次摆放在桌上。然后对你的孩子下三个指令，让他来完成。

1）游戏的规则

父母在下达指令的时候不能带有任何的肢体语言和暗示性的举动。但是，对于你的要求，你可以向孩子传达两次，每一次传达的语句都要一样，不能做丝毫的改变，中间也不可以稍加停顿，就这样，将句子完整地说给自己的孩子听。明白了吗？那么游戏开始：

2）下达三个指令

小汽车在哪里？

来，宝宝，把苹果递给爸爸！

宝宝，把你的布娃娃抱起来，给他喝点牛奶！

OK，结束了吗？那么孩子的完成情况怎么样呢？

详细分析

1）如果你的孩子将三个命令都很完美地做好了，那么恭喜你，你的孩子拥有很强的语言理解能力。而在日常的生活中，你与孩子的交流方式所使用的必定是正常的言语模式，并没有刻意地为孩子营造一种属于"婴儿"的语言环境，所以在这个游戏中，孩子才会很轻松地将它完成。那么你接下来的任务就是，培养孩子接受更长语句的能力。

2）如果你的孩子只做完了前两个命令，那么在你与孩子的交流中可能就忽略了孩子的语言理解能力。现在就请你回忆一下，在你与孩子说话的过程中是不是常常运用一些比较精短的语句？并且在和孩子说话时很少出现十个字以上的语句？不过你也不必过于担心，只要在以后的过程中稍微注意一点，你的孩子也会像第一种孩子一样拥有超强理解能力的。

3）如果你的孩子只能够听懂你的第一个指令，那么这个问题就需要你额外地注意了。你可以回忆一下与自己孩子交流的时间有多少，或者是在交谈的过程中，言语方式是否比较简单化、词汇化或者是手势化。如果是因为这种原因，那么你就应该好好学习一下怎样和孩子进行有效的交流了。

孩子的语言理解能力随着孩子年龄的增长，会逐渐地成熟起来，但这并不代表孩子的语言理解能力是天然促成的，不需要爸爸妈妈有效的引导和刺激。父母与孩子交流的时间和方式都会对孩子语言能力的发展造成影响。

那么这个时候，为了培养孩子的理解能力，你可以对孩子这样进行帮助：

①帮助孩子发展超强的倾听能力，包括在听、说中精神的集中、记忆力的培养和理解能力的发展等；

②培养孩子对指令有敏捷反应的能力，也就是说，让孩子在得知一定的命令之后，能够很快地给予语言或是肢体上的回应；

③培养孩子在语言训练中的提炼能力，也就是说，让孩子在父母说出一句话的时候，能够很快地明白话中所包含的意思。

（2）陪着孩子一起做游戏吧

1）让孩子根据父母的指令来拿到物品

①在孩子的跟前放上各样的物品，然后你下达命令，让孩子去拿某样东西。但是要选择简单的名词，例如，杯子、书等物品。

②在孩子跟前放上一些相似的物品，例如，颜色不一样的毛巾、大小不一的皮球等，然后再对自己的孩子下命令。

③在孩子的面前放上各种物品，例如球、牛奶、笔等。而你所下达的命令可以是这样的："拿一个可以写字的东西"、"拿一个可以解渴的东西"等。通过孩子认知水平的不同来调整命令的难易程度。

详细分析

综合孩子的实际情况来逐步提升孩子的语言理解能力。与此同时，也要有意识地提高孩子的认知能力和对于语句的理解能力。

2）让孩子根据你所下达的命令来完成动作

①"孩子摇摇头、孩子跺跺脚、孩子笑一笑、孩子挥挥手"等，像这种命令既简单，又可以让孩子直接完成。

②"用小勺喝水、用杯子喝水"等一系列的动宾结构比较简单的语句，在下达命令的时候要尽量不使用肢体语言的暗示，更不可取的是用手直接示意孩子应该拿什么。

③"把笔放到盒子里（不是桌上）、从篮子里面拿出苹果（不是橘子）、拿4块糕点给妈妈（几块？给谁？）、把桌子上的苹果给爷爷（哪里的？什么东西？给谁？）"等更为复杂难懂的句子。

在让孩子做这些训练时，家长在下达命令的时候不要停顿句子或者是将完

第四章
交流让教子更给力

整的语句拆分成孩子易懂的词汇，如果孩子对你的语言无法理解，那么你可以多重复几次。

详细分析

在提升孩子语言能力的同时，要结合孩子自身的实际情况，让孩子对于复杂难懂的语句加深记忆和理解。

3）可以给孩子讲一个糊涂娃娃的故事

可以拿起自己孩子的一个手偶娃娃，然后给孩子讲故事，而在讲故事的过程中故意将一些常识说错，以此来观察孩子是否能够听得出来，例如：

小娃娃自己跑去树林里玩，路上看见了一头牛，于是他就学小牛的叫声——喵、喵！（在此期间，可以暗示孩子牛是怎样叫的）

后来这个小娃娃渴了，于是他便想找一些水喝，于是他跑进了树林里！（这里要暗示孩子，想要喝水应该去哪儿）

冬天就要到了，娃娃感觉特别的冷，于是他便脱掉了自己身上的羽绒服，并且还摘下了帽子。（这里要暗示孩子冬天冷的时候应该怎么办）

详细分析

结合孩子的认知能力来慢慢提高孩子的语言理解能力，与此同时，还要促进孩子的推理判断能力和联想的能力。

4）孩子是高兴还是生气

1岁半时小孩子就已经会"偷偷"地看电视了，这个时候的小孩子，特别喜欢看广告、动画片，在保证没有危害的基础上，可以适当地让小孩子看一会儿电视。尽管孩子并不能完全理解整个节目的意思，但是他却能将这些画面简单地联系起来，这对提高孩子语言理解能力的发展会有很大的帮助。

在陪孩子看动画片的时候，你就可以适当地提出问题，例如，"孩子，这只小猫是高兴还是生气"，这种方法可以有效地提升孩子的语言理解能力。同时，你也可以提出一些更为复杂的问题，例如，"这个小女孩为什么哭啊"。

详细分析

这种基本训练可以提高孩子的语言理解能力。

（3）应该怎样给孩子讲故事

1）什么样的故事书适合孩子

对于小一点的孩子或者是语言理解能力比较弱的孩子，你可以选择一些有图画且画面连续、情节重复的故事书给孩子看。例如，"小鸡拜年"的故事，第一个画面是小鸡给小狗拜年；第二个画面是小鸡给小猪拜年；第三个画面便是小鸡给小兔子拜年等。与此相类似的故事，画面具有很强的重复性，故事情节简单易懂，很容易就能够让孩子理解并且将它复述下来。

而对于那些稍微大一点的孩子或是有很强语言理解能力的孩子来说，那些带有变化的图书则是你最好的选择，例如《卖火柴的小女孩》等。

2）怎么样给孩子讲故事

对于年龄稍微小一点的孩子或是语言理解能力比较弱的孩子来说，在你讲故事的同时，也要有意识地控制你的语速，而在讲述到比较难理解的地方时，可以适量地增加一些暗示性的手势或者是动作上的表演，这有利于孩子更好地理解故事。

而对于年龄稍微大一点的孩子或者是有很强语言理解能力的孩子来说，你可以选择直接朗读的讲解方式。但朗读过程必须严格按照图书上的文字进行，不能任意地根据自己的理解来更改故事原貌，这也有利于孩子加深对书面语言的理解和记忆。在讲解的过程中一定要声情并茂，适当的时候可以增加一些语调的变化和语气的变化，让故事变得更加富有游戏色彩，更好地帮助孩子用纯语言的方式来理

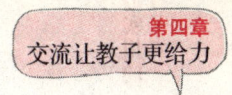

解故事的内容,以此来提高孩子的兴趣。

孩子在语言学习上都有着惊人的天赋。所以,父母不要因为自己的孩子小、不易听懂内容,就将故事情节简单化,这是不可取的。

在讲解故事的过程中要注重重复。对于孩子比较喜欢的故事,你就可以反复地讲给孩子听,但是在重复的过程中不要删改故事中的任何内容,甚至连词汇都要一致。这对于孩子提高对词汇的理解力和记忆力有很大的帮助。

3)让孩子自己学着讲故事

可以从多个方面来表现,比如,当你讲到故事的某一情节时,可以让孩子模仿着你做的动作将它讲解下去。

给孩子更多的鼓励,让他进行创造性的表演。

引导孩子跟着你的步伐来阐述故事,你讲前半部分,让孩子讲一下故事结局。

对于已经讲述多遍的故事,你在讲解中可以故意讲错某个地方,引导孩子自己发现其中的问题。

2. 用游戏与孩子轻松"对话"

你可能会感觉和孩子"对话"太困难,他连你说的句子都弄不清楚,怎么能与你"对话"呢?其实,你应该将这种"对话"看作是与孩子之间的交流,不管孩子的说话能力如何,只要你们之间可以进行交流就已经实现了相互思想表达的过程。你们之间可以选择动作的交流、眼神的交流、言语的交流等方式,但是,最轻松的交流形式还是语言上的交流。所以,这个时候,你便需要掌握一些游戏的方法和孩子"轻松对话"。

(1)怎样提升孩子的语言交流能力

增强孩子语言交流能力的最有效办法就是和他多多进行语言上的交流。学习语言和学习其他的东西是一样的道理,最好可以在孩子注意力集中、兴趣高

昂的时候进行。也可以选择多种形式来对孩子的语言交流能力进行训练,但是一定要灵活多变、趣味丰富、生动活泼,并且还应该把这种训练运用到日常生活和游戏中去。

可以结合身边的生活事件和具体的行动来教孩子怎样说话,例如,早上边起床边和孩子聊天。相互之间的聊天也是一种很不错的交流形式。

短小、易懂的儿歌也比较容易引起孩子的注意。你可以给孩子读儿歌,然后让孩子跟着读。

睡前给孩子讲个小故事或者是让孩子看看图画书,在看与讲的过程中,和孩子聊天并且有选择地进行提问,让孩子模仿、复述。

创造与孩子之间的游戏环境,让他们在做游戏的同时与你进行对话,这种训练形式是学习讲话和增强语言交流能力最自然也是最有效的方法。

(2)可以和孩子玩的游戏

1)耳语传话

你可以在孩子的耳边说出一个词语,例如"汽车、小碗(孩子平时比较熟悉的物品);潜艇(孩子接触不到的物品);毛绒玩具、三维动画、科普知识、恐怖故事(四个字的词语);中国的万里长城、昆明的茶花(多个字的词语)"等,然后让孩子将这些词语再转述给别人,看孩子是否能够传对。

而同样的游戏形式,你也可以尝试给孩子说一个很简单的句子,例如,"我想要吃苹果、橘子,到商店买牛奶、水果(可以并列在一起的句子);天上有5只小鸟、地上有3只小野猪(不断地增加数字);柜子的上面是花瓶,桌子的下面是皮球(有意识地增加空间方位的名词)。"

详细分析

增强与孩子之间的亲密关系,让孩子从小就养成仔细听人说话的习惯,增强孩子的语言瞬时记忆力和理解能力。

2)根据父母提示的语言来完成动作

大人说,孩子跟着做,并且提前准备好一些物品用作道具。

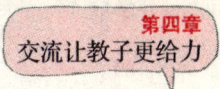

拿纸巾给洋娃娃擦脸。（不是拿毛巾，不是给小熊洗，而是给洋娃娃洗脸）

拿箱子里的苹果给小熊。（是箱子里的苹果，不是盘子里的苹果；苹果是给小熊的，不是给洋娃娃的）

拿书柜上的书讲故事。（不是桌子上的书）

详细分析

在这种游戏中，父母可以结合日常生活来安排。当孩子比较配合时，我们在下命令的时候要仔细想想应该用什么样的语句可以收到最好的效果。

3）它们的走路姿势真奇怪

你在给自己的孩子准备一些应答式的儿歌时，应该让孩子配合你所朗读的儿歌完成一些动作，例如：

"小白兔，真可爱，两只耳朵竖起来，白兔走路真奇怪，白兔怎么走过来？"

"春天到，春天来，洞里的小蛇要起来，小蛇走路真奇怪，小蛇怎么走过来？"

"春天到，花儿开，美丽的蝴蝶飞过来，蝴蝶飞飞真可爱，孩子也学着飞过来！"

家长每读完一句儿歌，就引导孩子一起讨论一下儿歌中的小动物是怎样走路的，教孩子模仿动物的走路姿势。然后，你就可以反复地朗读儿歌，对孩子提问"白兔是怎么走过来的"，指引孩子完成相关的动作，你也可以在旁边为孩子配音"白兔这样走过来"。重复几次之后，可以让孩子自己边做动作，边配音回答。

详细分析

用儿歌的方式让孩子在玩游戏的过程中回答问题，这样可以促进孩子的语言交流能力。

4）听音拍手

你可以任意选择一组词语，要求孩子听见能吃的东西时就拍手示意。

香蕉、大象、青蛙、饼干、蝴蝶、奶油、小狗、面条

桌子、铅笔、牛奶、台灯、果冻、苹果、橡皮、白纸

可乐、哥哥、警察、果汁、医生、酱油、牛奶、工人

详细分析

完全借助语言词汇就可以做出迅速的反应是比较困难的，孩子对词语可能会有一定的印象，但是要想了解它是一个什么样的东西，还需要一个思维的过程。这样的训练形式可以促进孩子对所了解到的知识加以巩固和形象记忆，增强孩子对语言的快速反应能力。父母在列举词组的时候，可以有意地将同类词组放在一起，这样也可以增强孩子对事物类别的理解。

5）玩过家家的游戏

提前准备好过家家的玩具，如果可以叫上其他的小朋友参与就更好了。在做游戏的同时，也可以给孩子做这样的引导："可以把你的小碗借给我一下吗？"看看孩子的反应。孩子可能会说"这个是我的，不能给你玩"，但是也可能会得到痛快的应允："好吧！"

依据孩子的年龄，你可以说一些孩子能听懂的话语，并将其穿插在游戏当中。而游戏的最终目的并不是让孩子对这些问题作出回答，而是应该通过引导的方式让孩子之间或者是孩子和父母之间形成一个平顺的交流模式。这种小游戏比较适合在孩子之间展开。

详细分析

为孩子创设适宜的游戏环境，让孩子在集体游戏中学会与人交流的语言。

3. 让孩子懂得尊重

（1）你遇到过这样"尴尬"的事吗

你曾经要孩子在吃东西时必须待在饭厅里，不能够端着东西到处乱跑，但是朋友的孩子却在你家的客厅吃了，而且还将东西弄了一地……

你不准孩子吃太多的糖果，而你的朋友却拿了一包糖给你的孩子……

你不让孩子穿着鞋在床上或沙发上面玩闹，但是你带孩子去朋友家的时候，却看到他家的孩子带着你的孩子穿着鞋子在沙发上乱爬……

对于孩子的这种坏习惯，你很是担心，同时，你也很矛盾，为什么不同家庭的育儿方式会有如此大的差异呢？

答案很简单，就是"要学会尊重自己的孩子，同时还要坚持你自己的育儿原则"。这不仅是要你和孩子懂得互相尊重并尊重他人，也同样包括让他人尊重你的育儿原则。

所以，对于上面提及的"尴尬"事件，你不必太过担心，你需要谨记的就是：随着孩子慢慢长大，他的社会能力也会有所进步，孩子的适应能力会逐渐增强，很清楚地知道自己该做什么样的事情，不该做什么样的事情。你没有必要在朋友家太过要求你的孩子按照你平时的要求来做每一件事，应让他能从容地融入到这样的环境当中，适应新环境的变化。当别的小朋友来你家里的时候，你也没有必要太"迁就"，你可以告诉他在你的家里，你的要求是什么。即使再小的孩子也会很快适应这样的要求、尊重你的规定的。

懂得尊重，是孩子与人交流、和别人进行合作的基础，同时也是孩子社会交往能力发展的重要一环。在学习尊重的过程之中，要试着让孩子尽可能快地适应当前的环境、适应环境带来的变化，以此来提高自身的判断力和适应性。同时，家长应该带领孩子站在一个更高层面上学会尊重的含义，不仅仅是要尊

重人类，还要学会尊重大自然中的一草一木。在引导孩子懂得尊重的时候，你需要关注以下几个方面：

①帮助孩子懂得一点，那就是所有人在某一方面是具有相同性质的，但是在另一方面又是不同的。比如，在分水果时，孩子很清楚地知道应该每个人分一份，但是你还需要帮助孩子懂得，有人喜欢吃香蕉，而有人喜欢吃苹果，所以在分配上，可以根据个人的喜好来进行分配。

②让孩子学会对别人表达友好、慷慨、同情等情感，学会帮助别人。

③鼓励孩子对别人的需要和要求做出反应。

④学会爱护环境和物品，遵守社会规范。

（2）可以给孩子做的游戏

1）圣诞大餐

你可以准备一些东西，这些东西的数量和人数一样，而且你需要提前告诉孩子，每个人就只能选择一样，要先让爷爷、奶奶来挑选。这项任务要交给孩子来完成，他端着盘子开始"分发"，最后一个就是属于孩子的。如果孩子不喜欢这样东西，你也可以提醒孩子："如果你想要××，你可以去和××换，看看他是不是愿意与你交换。"这项游戏需要家人的极力配合，最大的"妥协"就是交换，不能孩子想要什么就都给他。

这样的游戏可以经常在家庭生活中开展。

详细分析

这项游戏的目的就是让孩子学会尊重别人，懂得对待他人应该大方、慷慨。

2）红灯停、绿灯行

准备好一辆玩具车，与孩子一同玩"交通警察"的游戏。事先告诉孩子游戏规则，然后由你当警察，让孩子开车，反复几次，一直到孩子完全理解了游戏规则为止。也可以让孩子当警察，你来开车。

详细分析

这项游戏主要是让孩子学会理解，懂得尊重别人的要求。

4. 孩子是否喜欢参与"群体活动"

你是否曾经经历过这样的事情呢？

你带着孩子去参加班里的游戏课，你非常希望你的孩子可以和其他小朋友一样，跟着老师一起去参与游戏，于是你鼓励他走进小朋友中间去，可是孩子说什么都不肯，只是待在一边作一个旁观者。鼓励的话你已经说了一大堆，可是孩子还是不肯去，你于是非常无奈地自语："这个孩子怎么这么胆小！"

你带孩子到游乐场去，孩子总是缠着你一个人，除了你，不和别人玩。你鼓励他大胆地和游乐场里的小朋友一起游戏，他就是不答应。刚开始，你还以为他是因为害怕大孩子"欺负"他，但是后来你却发现，即使是面对只会爬的小孩子，他也会"退缩"不前，还是只缠着你。

你自己是一位比较活泼的家长，当你带着朋友的孩子和你的孩子一起玩耍时，你却发现你的孩子就是不玩，他自己在一边无所事事，或者只是自己玩自己的。

你表示无奈，这是怎么回事呢？你的孩子为什么不喜欢和小朋友一起玩呢？是因为他不喜欢参加群体活动吗？有的家长甚至会担心，自己的孩子是不是患了"自闭症"。

其实，在任何的年龄段内，孩子都有可能出现只是旁观和无所事事的一种游戏状态。你对于孩子的这类问题不要急于做出消极的反应。随着孩子的慢慢长大，社会性游戏的数目也随之在增加。然而，在不同的时间或是不同的地点，孩子总会有种对多种类型游戏的需要。他们有的时候需要的就是一个独立的空间，可以一个人待在那里，甚至发呆。这样，孩子就不会由于经常待在集体活动中而感到内心不安了。

如果你发现自己的孩子不喜欢参加到小朋友的游戏中，而只是愿意待在一边看的时候，你完全可以采取策略大声地说："小朋友们的游戏非常好玩，谁愿意来当小观众呢？"尝试用这样的形式来提醒孩子——他也是一份子。

所以，家长不必惊慌，孩子出现类似这样的状况是非常正常的，尤其是对3岁以下的孩子，因为他们年龄还比较小，所以经常会害怕进入到"群体活动"中，要给孩子一些时间来慢慢适应。

要帮助孩子用积极的方式和别人交往，要帮助孩子学会自我控制，要帮助孩子学会靠自己来解决矛盾。你可以尝试给孩子做以下这些游戏。

1）小熊家做客

可以让爸爸装扮成"熊爸爸"，妈妈带孩子去"熊爸爸家里做客"。妈妈拉着孩子的手敲敲门，这时里面的熊爸爸就问："谁在敲门啊？"要教孩子自己回答，然后等待熊爸爸来开门。等到开门进入之后，给孩子示范如何问候、如何拥抱等。

详细分析

通过这个游戏，示范如何进行人际交往，可以提高孩子对于交往的认识。

2）美丽的春天

准备一个胡萝卜、一节藕、一个柿子椒，并且把它们都切成两段；然后准备各种各样颜色的颜料，示范如何用这些"菜"蘸上颜料印在纸上，画出非常漂亮的花；最后用彩色笔来帮助孩子把花"加工"得更加漂亮。如果还有其他小朋友一起来完成，效果会更好。在这个游戏过程中，你可以告诉孩子们要互相交换手中的"画笔"，观察孩子们是如何进行"协商"的。

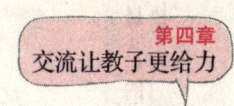

详细分析

通过创造游戏的环境,来帮助孩子学会用积极的态度和别人进行交往。即使是不喜欢参加游戏的孩子,在这样的游戏里也能够找到自己的位置,使他的"作品"可以融合到大家的"作品"中。

3)找朋友

可以让孩子和你一起唱《找朋友》的歌曲,边唱边拉着孩子的手来完成动作表演。"找啊找啊找朋友,找到一个好朋友,敬个礼来握握手(握手),我们都是好朋友(点头)"。另外,还可以教孩子们唱《礼貌歌》。

详细分析

通过儿歌的形式,可以帮助孩子来理解那些简单的社会道德规范。

4)交换

当孩子在进行自由活动的时候,可以让孩子随便拿一件玩具。如果他想玩其他小朋友的玩具,你可以告诉孩子要把自己的玩具和他们去交换。观察孩子会怎么做?

在刚开始的时候,你要先充当"另一个孩子"的角色,假如孩子想要玩你的玩具,那么就要和你进行交换。然后,再去引导他和其他同伴交换。

详细分析

通过这种游戏的方式,可以教孩子学会用适当的方式来解决自己的交际问题。

5. 养个"能说会道"的孩子

天下所有的父母都希望自己的孩子"能说会道",拥有绝佳的口才,那么,想要培养孩子的说话能力,应该从哪里做起呢?

（1）孩子咬字不清楚，怎么办

孩子1岁半的时候，你会常常对他快速发展的语言能力感到惊讶。在这段时期里，你每天都能够发现孩子的成长，从单字的表达，到词语的表达，甚至有时还会说出多词句。但在这段时期中，你也会发现孩子在说话时常常会有一些发音上的错误，你应该怎么办呢？

你要很仔细耐心地倾听孩子的"语言"，懂得欣赏孩子的话语，并且要对孩子作出愿意与他交流的暗示，以示鼓励。

不要抓住孩子的发音错误不放，这样会抑制孩子想要表达的欲望；更不要模仿孩子的发音问题，否则会让孩子感觉错误的发音是正确的。

和孩子交流的时候，尽可能地使用标准的普通话，在孩子时常发错音的字符上，父母可以选择放慢自己的语速。

给孩子多进行一些口舌上的练习。

要有足够的耐心，在孩子长齐牙齿之后，这种状况会有所改善。

（2）为了纠正孩子的发音问题，可以给孩子玩这些游戏

1）口舌游戏

你在孩子的面前重复地表演弹舌头或者是连续吐舌头的动作，引导着孩子自己学习。在这种学习的基础上，你可以选择用夸张的举动来鼓励孩子连续地发出"啦——"或者是频率比较快的"啦、啦、啦、啦"。父母也可以选择儿歌"啦、啦、啦、啦，我就像一朵小红花"或者是《卖报歌》，来训练孩子的学唱能力。也可以加强孩子在学弹舌发音的时候，对"哒、哒""踏、踏""纳、纳"等的练习，让孩子更快地掌握如何连续弹动舌头。

详细分析

设计这种游戏的目的就是让孩子学会连续地弹动舌头，让孩子对于连续的音节掌握有一定程度上的提高，而在发音问题上也可以发出频率较快的音节。

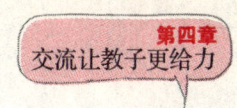

2）吹口哨

准备一个小口哨，让孩子在学习吹口哨的同时学习发音。然后，你可以用夸张的口型来训练孩子发"发、富、风、佛、飞"等发音比较相似的单字。

详细分析

做这种游戏的目的就是为了让孩子掌握控制气流的要素，然后学会发辅音"f"、"p"。

3）吹纸条

将信签纸贴在孩子的额头上，然后你给孩子做示范，让孩子将额头上的纸条吹起来，了解吹纸条的时候所需要的气流爆发力。然后，再慢慢引导孩子发"怕"、"拍"、"扑"、"皮"等辅音为"p"的单字。

详细分析

发"p"的单字，就是为了让孩子更快地学会用嘴唇控制气流的流动，增强孩子迅速发音的能力。

4）模仿发音

双手捂住嘴巴，然后教孩子发长音"eng"，让孩子仿照你的样子进行模仿。如果孩子模仿得比较好，那么大人们也可以引导着孩子发"梦——"、"冷——"、"能——"等一些后鼻音。而对于那些发音能力比较强的孩子来说，还可以教导孩子发"礁——"的音。

详细分析

鼻音发音是很难掌握的一种发音方式，前鼻音和后鼻音是最不容易分辨出来的。所以，我们都期望在孩子刚开始的学习生涯中，就教给他标准的发音方式。

5）引导孩子模仿动物的叫声

准备很多不一样的毛绒玩具，不要直接教孩子学习某种动物的声音，这样的教学形式会让孩子感觉枯燥无味。在给孩子讲故事的过程中，将各种动物的

叫声融入其中。

详细分析

有一些"不爱说话"的小孩子对这种发音的教育已经产生了厌倦的情绪,所以,在给孩子创造良好学习环境的同时,要使其变得自然,让孩子自愿跟你学习,而不是强迫着孩子去学。

第五章

左脑右脑一起开发

1. 左脑风暴，锻炼孩子的"知性脑"

左脑负责人的身体右侧的一切活动，一般左脑具有语言、概念、数字、分析、逻辑推理等功能，掌管语言文字、逻辑分析、推理判断，强调细节。左脑，又称"知性脑"，比较偏向于理性思考，能够将复杂问题进行分析，化繁为简，从而探究事情原因，线性思考，最后逐一解决。

下面的几个小游戏可以很好地锻炼左脑的功能：

（1）模仿发音

抱起孩子，在他面前做出张嘴、吐舌或其他各种表情；用亲切温柔的声音与孩子"谈话"，让他注意到你的口型和面部表情，逗他发音；逐渐地，孩子就会发出应答似的声音来和你"交谈"。

详细分析

父母对着孩子"说话"，久而久之，孩子也会主动地模仿父母的声音，从而锻炼孩子的发音能力。这也是增进亲子感情的有效方法。

（2）放童谣

选择节奏欢快的童谣CD，随时放给孩子听，每次放几分钟就行；你也可以自己学会童谣，然后唱给孩子听。

详细分析

让孩子听童谣，就相当于将孩子置身于一个音乐的世界，长期坚持，耳濡目染，孩子也会跟着"唱"起来，这样，可以很好地锻炼孩子的听力与发音能力。

（3）摇响铃

先摇动铃铛、拨浪鼓等发声玩具，吸引孩子的视线，让孩子把注意力集中到你的脸上；同时，你要叫他的名字，对着他说话；在不同的方向弄出声音来，让孩子去寻找声源。

详细分析

利用玩具发声、叫孩子名字、转换不同方向弄出声音，这些方法可以很好地锻炼孩子的听力、发音能力以及分析能力。

（4）模仿动物的叫声

你可以用夸张的表情，模仿小动物的叫声给孩子听；同时，在模仿时还要配合不同的动作。

详细分析

模仿动物叫声与动作，孩子也会跟着你学，这样就可以有效地锻炼孩子的听力与模仿能力。

（5）听妈妈讲事情

用亲切的声音、变化的语调，跟孩子讲他当前面对的事物与事情，比如，对他说"孩子在摇小铃铛"，"妈妈正给你换尿布呢"等。坚持下去，每天重复这个游戏1~2次。

详细分析

妈妈坚持在孩子面前讲事情，能够促使孩子去思考妈妈所说话的含义，从而锻炼孩子的语言能力与理解能力。

（6）拍拍手、点点头

和孩子面对面坐好，握住他的两只小手，教他对拍，一边拍一边说："拍拍手"，然后不握他的手，看他能不能自己拍。同样的方法，可以教孩子做点头的动作。

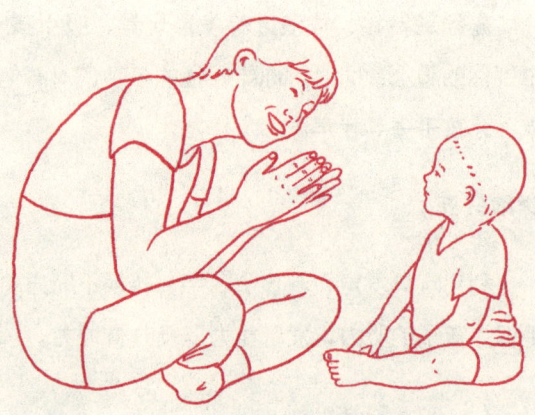

详细分析

一边教孩子做动作，一边对孩子说话，可以有效地训练孩子的语言能力与模仿能力。

（7）小动物如何叫

准备小鸡、小鸭等小动物的图片；出示图片，同时模仿小动物的发音；重复几次，让孩子模仿。也可以教他模仿相应的动作，或者让孩子指出哪一张图片是小鸡，哪一张是小鸭子。

详细分析

此游戏可以很好地锻炼孩子的模仿能力、语言能力及逻辑能力。

（8）你的鼻子在哪里

你和孩子面对面坐好，让他看着你；让孩子按照你的语言提示，指自己的身体部位，例如"你的鼻子在哪里"等。

详细分析

一边对着孩子说话，一边用手指着身体的部位，让孩子也跟着指示练习，

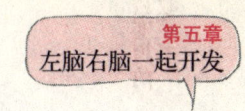

这样，可以训练孩子的听力、语言能力及推理判断能力。

（9）妈妈指挥我来做

说一个指令，让孩子去做，比如，"宝宝，把妈妈的拖鞋拿过来"、"把积木拿出来，和妈妈一起玩积木吧"。每天重复此游戏1~2次。

详细分析

妈妈说一个口令，让孩子做出相应的动作，长期坚持，可以很好地锻炼孩子听指令做动作的能力。

（10）念儿歌

选择一首容易理解、每句最后一个字容易发音的押韵儿歌，念给孩子听。念的时候，你故意将最后两个字的发音间隔拉长，比如"小娃——娃"，加重每句最后一个字的语气，以强调押韵的那个字。

详细分析

可以将发音间隔拉长，可以让孩子听得更清楚，从而锻炼孩子的发音能力与模仿能力。

（11）学说简单的句子

当孩子遇到事情来求你帮助时，你可以要求他用简单的话语表示。比如，孩子要喝水，你可以教他说："宝宝喝水。"他也许说不出来，也许说的只是"水水"等儿化语，这都没关系，慢慢来。

详细分析

根据具体的事情，教孩子说简单的句子，长期坚持，可以很好地锻炼孩子的发音能力与模仿能力。

（12）情景的再现

带孩子到一个地方去玩。回家之后，问问孩子今天他都看到了什么，比如，你可以问他："今天妈妈带你去哪儿了？""看到什么了？"让孩子用简单的词回答："动物园"、"老虎"等。也可以用动作表示出来。

详细分析

通过提问将孩子看到的情景再现，可以锻炼孩子的语言能力与记忆能力。

2. 右脑攻略，培养孩子的"艺术脑"

右脑负责人的身体左侧的一切活动，具有音乐、绘画、空间几何、想象等功能，掌管想象直觉、韵律空间等感性思维，着重全貌，具空间感。右脑，又称"艺术脑"，比较偏向情绪性或者直觉式思考，需要负担较多的正反情绪感受。

下面的几个小游戏可以很好地锻炼右脑的功能：

（1）踢腿与伸腰

放舒缓的音乐；帮助孩子做身体的动觉训练：头颈运动（前、后、左、右），手臂操（前、后、左、右、伸及绕环），腿部运动（坐下，双脚做内收、外展、屈、伸、绕环）等练习；一边教孩子做操，一边看着孩子的眼睛，念口令：一二三四，二二三四……

详细分析

让孩子跟着音乐踢腿与伸腰，可以锻炼孩子身体的灵活性与协调性，培养孩子的空间概念。

（2）跳跳舞

放一段音乐，带领孩子根据音乐节奏跳舞、拍手或者做各种各样自己喜欢的动作。你也可以抱着孩子做跳舞的动作，或者跟着节奏舞动他的手脚。

详细分析

让孩子根据音乐的节奏跳舞，能促进孩子右脑思维，活跃右脑功能。

（3）到底像什么

让孩子面对一面没有过多视觉刺激的墙，你手里拿着图画、卡片或者积木等，从孩子的左耳后方进入他的左眼视野，问孩子："你看这个像什么呀？"让他用自己丰富的想象来回答问题。注意：一定不要问"这是什么"，这样的问题很容易得到单一答案，禁锢了孩子的想象。

详细分析

此游戏可以锻炼孩子的想象能力与观察能力。

（4）寻找朋友

摊开几张字母卡片，让孩子将两张相同的字母卡配对。如果孩子把外形相近的两个不同的字母混淆，你可以在纠正错误的同时，形象地指出它们的区别。如在解释字母B时，可将其描绘成孩子的一只耳朵，而把字母P解释为爷爷的一根手杖。

详细分析

利用字母卡片教孩子配对，可以很好地锻炼孩子的归类能力。

（5）扔纸球

拿一个篮子，菜篮或者洗衣篮都可以。然后，拿一些报纸，把报纸裹成一团，做成一个一个纸球，你和孩子轮流扔纸球，每人扔10个，看谁扔进篮子里的球最多。

详细分析

可以锻炼孩子对空间距离的判断能力。

（6）神奇的纸盒

把家里使用过的纸巾盒留下，往里面放一些玩具、糖果、水果等；让孩子摸一摸，请他在拿出来之前说出名称，或者给他指令，请他按指令拿出东西来。对大一点的孩子，你可以给他否定的指令，如"请你把不可以吃的东西拿出来"、"请你把不是圆的东西拿出来"等。为了增加趣味性，也可以使用一些奖励的方法，比如，拿对了糖果，就把糖果奖励给孩子吃，拿错了，糖果就归你吃等。

详细分析

此游戏可以锻炼孩子的触觉与视觉，促进右脑的发展。

（7）石头、剪子、布

事先准备一些玩具，与孩子用左手玩"石头、剪子、布"游戏，谁赢得多，玩具就归谁。

详细分析

可以锻炼孩子左手的灵活性，促进右脑的发展。

（8）大家唱起来

把生活中的事件编成歌曲，然后，与孩子边唱边玩。比如刷牙、洗脸、吃饭等，我们可以把这些活动和我们熟悉的旋律，如《生日歌》，编在一起来唱："我们-快-来-刷-牙，我们-快-来-刷-牙，我们-快-来-刷--牙，天天-都-要-刷----牙。"

详细分析

让孩子在唱歌与玩耍中，记住生活琐事，可以培养孩子的节奏感与创造能力。

（9）箱子也会滚动

把家里买回来的电视或者其他大件物品的纸皮包装箱留下，让孩子钻进纸箱缩紧身体，然后滚动纸箱，孩子会乐不可支。在每次滚动箱子之前，大声问他："准备好了吗"，确定他做好了准备才开始，滚动的幅度也可以根据孩子的适应情况而调整。

详细分析

此游戏可以很好地训练孩子身体平衡感，促进右脑的发育。

（10）看看多了什么，少了什么

给孩子看一张图片，上面有动物、食物、用品等，让孩子指出哪些是食物，哪些是用品。然后，再换另一张图片，上面的图像比第一张有增有减，让孩子说说少了什么，多了什么。

详细分析

通过具体实物让孩子在说出其中的变化,可以很好地锻炼孩子的形象记忆力。

(11) 猜一猜,找一找

准备几幅虚线图,让孩子猜一猜是什么,然后,再做连线练习,看看猜得对不对;也可以让孩子找一找隐藏起来的图形,如图片上有蝴蝶隐藏在蝴蝶花中,让他找找;或把一张复杂的图片给孩子看,里面有多种人物、动物和色彩,先让他看整体,再把局部给他看,让他说说这是整体的哪一部分。

详细分析

可以锻炼孩子的右脑,促进其发育。

(12) 漂亮的手镯

利用用过的信封,将其横剪成一个一个环,然后,和孩子一起在环上画自己喜欢的图案和颜色,把它套在手腕上当手镯。你先做一个以引起孩子的兴趣,然后,放手让他自己来做,以鼓励为主,不要计较孩子做得是否漂亮。

详细分析

教孩子动手做手镯,可以促进孩子右脑的发展。

第六章
培养高智商孩子有办法

1. 语言助推孩子智力向前冲

活泼好动的小家伙总是喜欢用肢体语言来表达他的需要，聪明的爸爸妈妈会从小就训练他听的能力，因为倾听是交流的前提，孩子学会倾听后，就会开始对表达产生兴趣。在交流这一"双边活动"中，信息的传递是双向的，听和说就像一对孪生姐妹，不可分割。对于孩子，有活跃的思维，就要有大胆的表达；反过来，充分的自我表述和情感抒发又会进一步刺激大脑，从而使语言更加有力，思维更加活跃。

现在的爸爸妈妈往往不知道应该如何让孩子多开口，如何让孩子自己表达出意愿。让我们一起来看看下面的两个事例，或许会给你一点启发。

涛涛是一个2岁的可爱孩子，但是他还总是"嗯嗯啊啊"地说不出完整的话，涛涛的妈妈看着同龄的小朋友都已经能说出完整的句子了，很是着急，于是就带着涛涛去找到了早教专家。专家一下子就找到了孩子的问题，原来，涛涛总是喜欢"嗯嗯啊啊"地指向他想要的物品，每当这时，涛涛的家人就会二话不说，立马拿起来递给他。那么，孩子有什么理由非要把物品的名称说出来呢？久而久之，孩子的嘴就这样在找不到任何开口理由的情况下，被家长勤快的手"照顾"懒了。

2岁的丽丽口渴了，指着杯子要水喝，这时，丽丽的妈妈为了让正在语言发育阶段的孩子多说两句，故意不把杯子递给她，想让丽丽自己说出"想喝水"的话。但遗憾的是，还没坚持多久，丽丽就发起脾气哭了起来。这样一来，丽丽的妈妈马上就"投降"了，赶紧送水。然而，孩子哪懂家长心软的原因，以后遇到相应的情况更加变本加厉地"嘴硬"起来，结果，除了语言发展缓慢外，还养成了任性的坏毛病。

看来，孩子语迟，有时并非孩子自身的问题，家长也有着不可推卸的责任。教育家蒙台梭利这样说："一个高明的家长，首先要做到的就是管住自己的手和嘴。"看来，在刺激孩子语言发展这件事上，家长"懒"一点儿、"狠"一点儿，对孩子还是有好处的。

无论遗传生物因素，还是环境教育因素，它们对孩子智力发展的影响，都必须通过自身的能动活动来实现。

曾有心理学专家做过这样一个测试：把两只孪生的小猫养到能独立行走时，给它们提供在食物、视觉刺激等方面相同的环境因素，之后一只被放在筐里好好养着；另一只经常被人拉着到处跑。一段时间后，对它们进行生理、运动、视觉的检查。被拉着到处跑的猫，它的生理、运动、视觉各方面能力都很好，而被放在筐里养的猫，各方面能力的发展都表现出明显滞后。

这个实验充分证明了，如果孩子到了能说、能表达的时候，不给他足够的机会去表达、去尝试，那么，他的语言、思维等方面的发展就会受到阻碍，甚至逐渐退步。

马丁·塞利格曼曾经说过："即使孩子天生不擅于表达自己，那也是可以后天培养的。当孩子不敢表达的时候，不要误以为他胆小如鼠。要想提高他的自信和勇气，就要试着引导他走出自我。那么，他不只会变得勇敢，也将变得善于表达。"

宠爱孩子的爸爸妈妈，平时和孩子多说说话，也多给孩子一些说话锻炼的机会，你的孩子说不定就会变成口才大师！如果你还是不知道要怎么做，就看看下面的例子吧！

爸爸："告诉爸爸，你长大后想当什么？"

儿子羞涩地说："不知道。"

爸爸："爸爸在你这么大时，想过当一名探险家，还曾经想过要当一名宇航员。想想看，你一定也有自己的梦想。"

儿子想了想："嗯，其实，我想当一名飞行员。"

爸爸："噢，这个理想不错。不过，飞行员能做什么呢？"

儿子骄傲地说："飞行员能在天空中自由自在地翱翔！"

爸爸："是的，太棒了！可是，万一有一天，你的飞机飞到太平洋上空，所有引擎都熄火了，那该怎么办？"

儿子停顿了片刻："我会先告诉飞机上的乘客绑好安全带，然后我背上降落伞跳出去。"

爸爸："亲爱的，你的这个想法很特别，能告诉我，你为什么要这么做吗？"

儿子的回答让爸爸意想不到："我必须赶紧去拿燃料解救我的飞机。"

多么奇妙的想法，一个循循善诱的父亲，不仅诱发出了儿子的心里话，也诱发出了一个不同寻常的梦想。

下面就介绍一些能让孩子提高语言交流能力的小游戏：

（1）听话音拍手

①随意选择词组，要求孩子听见能吃的东西就拍手，例如：

a 葡萄、大象、青蛙、饼干、蝴蝶、奶油、小狗、米饭；

b 电视、铅笔、牛奶、电话、风筝、苹果、橡皮、白纸；

②在设计词组的时候，可以把同类词组安排在一起，促进孩子的分类和归纳能力。

详细分析

可以训练孩子的思考和反应能力。

（2）耳边悄悄话

先在孩子耳边说一个词汇，比如"大吊车，热气球"等；让孩子传话给其他人，看孩子能否传达正确。

详细分析

此游戏可以训练孩子听与说的能力。

2. 请给孩子以温暖、尊重和宽容

当你的孩子慢慢长大，他渐渐会有自己的"秘密"。大多数孩子都会把"秘密"放进自己的日记里，或者是画一幅只有自己才能看得懂的画。但也正因如此，孩子们新的烦恼又开始了……

小龙和小朋友们在外面玩，忽然想到今天有自己想看的电视节目，于是急忙往家跑。当他进入家门，却看到妈妈正从自己房间里走出来，脸上带着不自然的表情。小龙走进房间去，一推门就愣住了，他看到自己书桌的几个抽屉全部敞开着，自己的日记本和收藏的各种玩具手枪、新年收到的贺卡等乱七八糟地堆在桌子上。

小龙非常生气地质问妈妈："你为什么翻我的抽屉？"

没想到妈妈却比他还生气："怎么了？看看儿子的东西还有错吗？"

"可是你应该经过我的允许才能看！"小龙也毫不示弱。

"小孩子有什么允许不允许？别忘了我是你妈妈。好了，快看电视去吧！"妈妈毫不在乎地对小龙说。

后来，小龙把书桌的抽屉都上了锁，就连日记本都换成了带锁的。

生活中，这种父母不尊重孩子隐私的现象并不在少数。在大人看来，这些都是些小事，"你的生命是我给的，看看你的东西有什么大不了，这也是为了你的成长考虑"。可对孩子来说，大人的这些行为，都是对他们的不信任、不尊重，而且严重伤害了他们的自尊心。

其实，在大多数孩子的"秘密"中，很少有什么"不可告人"的事情，更多的是孩子的一些思考和心里话。

心理学家认为，儿童期的孩子有秘密，说明孩子有着丰富的内心世界，这是智商高、情商高、主意多、主见多的表现。这样的孩子往往是"孩子王"，

他甚至会编造出一些"小秘密",以吸引同龄的伙伴。而年幼的孩子有秘密,说明了他正从幼稚走向成熟,在思考中成长,自尊心也在增强。所以,父母应该允许他有"秘密",并为他有"秘密"高兴才对。

然而,令人遗憾的是,父母对孩子隐私的不当处理,酿成过很多大家都不愿看到的悲剧:因为父母偷看他的东西,孩子从此对父母不再信任;因为父母拿偷听他打电话不当回事,孩子一气之下离家出走。人人都有自己的隐私,孩子也不例外。父母应该尊重孩子,允许孩子有自己的世界和天地,才能让你的孩子快乐成长。

那么,过分敏感和热心的爸爸妈妈,想要和你们的孩子和睦相处,应该怎么做呢?

(1)尊重孩子的自尊心

孩子是有自尊心的,如果家长在孩子的同伴面前或外人面前数落孩子的不是、责骂惩罚孩子,使孩子在同伴中抬不起头、没有地位,这样会大大刺伤孩子的自尊心,不仅不能达到教育、规劝孩子的效果,反而会激起孩子的憎恨、敌对和紧张情绪。

自尊心、自信心是孩子成长的精神支柱,是孩子向上的基石,也是他们发展的内在动力。如果家长经常有意或者无意伤害孩子的自尊心、自信心,那么,孩子的心灵从小就会受到打击和摧残,会失去进取的动力和精神支柱。因此,不管什么情况下,伤害或者诋毁孩子的自尊心、自信心,都是违背教育规律的愚蠢行为。

(2)尊重孩子的独立人格

孩子再小,也有自己独立的人格。尊重孩子是教育孩子的前提,孩子往往不喜欢那些动不动便以打骂相加的父母,而喜欢那些尊重他的人格、但又不失权威的父母。

所以,父母在管教孩子的时候,要把握一个度,只是一味地限制和责骂无济于事,让孩子能自己认识到错误或是不足才是家长最应该做的。

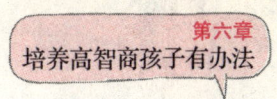

（3）给孩子自由发展的空间

好动、贪玩、好奇等是孩子的天性，然而，有些家长却认为，玩是"旁门左道"，唯有学习才是孩子最应该做的。其实，家长一刻不停地让幼小而贪玩的孩子学习，只会使孩子的抵触情绪不断攀升，从而使孩子厌学。

下面再来看看这些聪明的家长是怎样来教育他们的"小淘气"的吧！

3岁的妞妞突然对玩水产生了浓烈的兴趣，妈妈让她去洗手，她却用手堵住水龙头的出水口，让水溅得到处都是，还哈哈大笑；小区的园丁给草坪浇水，她却时不时地跑去捣乱；越是下雨天，她越是往外面跑，并且在雨中边唱歌边玩得不亦乐乎……

后来，妞妞的爸爸想了个办法，下雨时，不再强迫妞妞留在家里，而是为她准备好雨衣、雨鞋，让她去水中玩个痛快。但不知为什么，妞妞竟然慢慢对玩水失去了兴趣。

当淘气孩子的好奇心得到满足后，他们的兴趣就会慢慢地转移。这是由于孩子的淘气行为往往是他好奇的表现，一旦好奇心得到满足，他就会对这种行为失去兴趣。但是，也有一种情况例外，那就是当父母越关注他，越拿他当回事，越是要管束他，他的好奇心就会越来越强烈。结果，他的淘气行为就会在父母的管束下越来越变本加厉。

小武是个精力充沛的孩子，他总是喜欢搞点小破坏，比如，把女生的芭比娃娃偷出来，玩海盗游戏，跟小朋友抢积木……他的调皮捣蛋让爸爸妈妈伤透了脑筋。这不，因为和隔壁邻居的小孩吵了架，他又把人家新买的冰棍扔到水坑里了。

小武只是个5岁的小孩子，他怎么会有钱赔人家呢？但是，人家的妈妈带着孩子已经找到家门口了。在征得孩子同意的情况下，小武的父母先帮孩子把冰棍买了还给人家，然后，将本来买给他小汽车玩具的计划滞后了。

虽然孩子有调皮、爱玩、爱捣乱等特性，但做父母的绝不能对孩子一味地迁就。当孩子闯祸后，父母一定要让孩子自己产生内疚感，正确对待闯祸后应该承担的责任。父母要切记，为了让你的孩子成长为一个真正的大孩子，你一定要从小给孩子灌输"自己闯的祸，自己负责"这一原则，要从小就培养他的责任感。

当你尊重孩子时，孩子也同样会尊重你，从而把你当成他的好朋友。当他们遇到什么事情或者心中有秘密的时候，才有可能主动向你谈起。爸爸妈妈只有与孩子建立一种相互尊重、相互信任的关系，孩子身上所包含的巨大能量才能被最大程度地激发出来，才能更有利于你的孩子健康、快乐地成长。最后，让我们一起来记住下面这些要点，因为这对家长们来说，这些无疑是开启自己和孩子心灵之间的钥匙。

①尊重孩子的隐私，不强迫孩子公开自己的小秘密，不得到孩子的允许，不随意翻动孩子的东西，不强硬掏孩子的衣兜，让孩子有独立感；

②不随意代替孩子回答问话，不当着其他孩子的面议论自己的孩子，在公共场所或客人面前，要给孩子留面子，使孩子自己看重自己；

③如果家长错了，要主动向孩子认错，并诚恳地表示歉意，不要遮遮掩掩，不要羞于启齿，更不要欺骗孩子；

④批评孩子时，更给孩子解释的机会，允许孩子申辩，切不可对孩子说损伤其自尊心的话语，让孩子正视错误但不自卑；

⑤不要随意给孩子下消极的断言，如"你真笨"，不要经常将孩子和别人相比较，特别不要以他人之长比孩子之短，不要让孩子相形见绌；

⑥放手让孩子自己去解决伙伴间的争端，一般情况下，大人不要插手，尊重孩子的独立性，孩子会从解决争端中受益良多；

⑦宽容孩子的意愿，尊重孩子对朋友和活动的选择，大人可以向孩子提供意见，但不要强迫孩子接受，让孩子意识到自己是独立的个体；

⑧尊重孩子的气质特点，尊重孩子的兴趣爱好，不将自己的兴趣强加于孩子，可以引导，但不能主观替孩子做决定；

⑨要顺其天性，不逼着孩子去做他力所不能及的事情，不将自己过高的期

望强加给孩子,让孩子总是自我感觉良好。

3. 不要强迫孩子

每个孩子都有自己独特的心理,他们渴望自己能被父母理解。然而在绝大多数父母的观念中,自己的孩子永远都只是小孩子,于是,总是用一种高高在上的态度去对待孩子、了解孩子,致使自己无法真正进入孩子的心灵世界。由于有些父母对孩子的不理解,致使他们总是用自己的主观理解去强行要求孩子,例如不许弄湿鞋袜、不能玩泥沙、不要爬树等。尽管这些规劝都是家长认为必要的,但是谁又愿意教出一个"盒子里"的孩子呢?

上幼儿园的女儿:"妈妈,你知道苹果里面有什么吗?"

妈妈:"苹果里面有又甜又水灵的果肉,还有吃到最后剩下的果核。"

女儿:"苹果里面还有星星!"

妈妈:"净说傻话,星星在天上,不在苹果里。"

星星为什么不能在苹果里?如果改变一下常规的切法,把苹果横着放,拦腰切开,就会看到里面奇妙的图案:一颗清晰的五角星!拒绝"傻话",可能永远无缘看见隐藏在苹果中的秘密。

下了美术课的儿子:"妈妈,看我今天画的画!"

本来喜笑颜开的母亲见了儿子"漆黑一片的作品",眉头顿时锁了起来:"花那么多钱就学会了画这个?"

儿子:"妈妈,你听我讲……"

妈妈:"不用讲了,下个月不去学了!"

其实,孩子想要告诉他的妈妈:"我画的是,一个漆黑的夜晚,伸手不见五指，动物园里的猴子趁着管理员睡着了，正在逃跑。"有谁会想到，这么"漆黑一片"的涂鸦作品中竟蕴涵着如此生动的故事？拒绝倾听，哪儿会领略到一幅烂漫童真的美妙风景？

读了上面的故事，我们都能很自然地感觉到：孩子被剥夺的不仅仅是童真，更是一种创造力。由小及大，大人的社会中总是需要创新型人才，然而，

创新在哪里？创造力在哪里？难道不是来源于成长中的每一次自由思想？不是来源于儿时那种天马行空的想象？正如佛罗里达州教育咨询服务专家波肯女士所说："创造力在婴儿早期就开始展露了。"每个孩子天生都具有创造的潜质，一次调皮的表现，一个可爱的"鬼脸"，都不失为一次创造。尽管在他接下来整个成长的过程中，创造力需要不断培养，但孩子身上"原生态"的创造往往最为宝贵。

就这一点来看，国外的"思维开放式教育"远远领先于我们。二十几年前，美国一位母亲将一位幼儿园老师告上了法庭，原因只是这位老师教自己的女儿认识黑板上的圆圈是"零"的意思。这位母亲的理由是：老师残酷地剥夺了孩子创造的权利，在被告知圆圈为"零"之前，她本可以认为它是一个纽扣、泡泡、眼睛……

这是一件真实的事，曾在美国教育界引起轩然大波。孩子的母亲虽不免有些极端，但提高教育的质量，有时确实需要点儿勇气，告不告上法庭暂不讨论，可没这点儿打破常规的勇气是很难助长创造力的，因为创造活动本身往往就是打破常规、独辟蹊径。

那么，作为家长，作为孩子最亲近的爸爸妈妈，我们要为孩子的"创造力"做些什么呢？

（1）还给孩子自由

沙滩上，妈妈和亮亮一起玩沙子。亮亮正在往瓶子里装沙子，他先用小

铁铲盛满沙子往漏斗里倒,接着用指头堵住漏斗口慢慢把漏斗挪到瓶口,让沙子流进瓶子里。尽管亮亮使劲用指头堵着,沙子从漏斗口漏下的速度还是太快了,每次对准瓶口时,沙子都剩不下多少。可亮亮并不泄气,不厌其烦地装着。终于,他在一次次反复中开窍了!这回,他先把空漏斗口对准瓶子,再用小铁铲往里倒沙子,沙子一粒没漏,很快,瓶子就装满了!这时,他身后一直不做声的妈妈按捺不住喜悦的心情,高兴地给儿子鼓起掌来。

妈妈给儿子鼓掌,我们是不是也该鼓鼓掌?给亮亮,也给这位没有因为孩子一开始的行为太过愚蠢而横加干涉的妈妈。一切是那么自然,一点儿自由而已,却成全了一次创造。

(2)肯定你的孩子

晚饭后,甜甜画了一个方形的苹果,兴致勃勃地给妈妈看。妈妈看后,充满好奇地问:"苹果不是圆的吗?你怎么画成方的了?"甜甜回答道:"爸爸刚才把苹果往桌上放,不小心没放稳,苹果滚到地上摔烂了。苹果要是方形的该多好呀,那样就不会到处乱滚了。"妈妈听后,高兴地说:"你的想法太棒了!等你长大了一定会培育出方形的苹果。"

谁敢说若干年后不会有方苹果问世呢?一句简简单单的肯定,很可能会造就奇迹的诞生!一点儿肯定,对于家长来说,是那么轻而易举,可对于孩子又是那么难能可贵!给孩子一个可以让他勇敢、自由、自信地发挥、创造的空间吧!

(3)"纵容"孩子的想象力

很多爸爸妈妈都对于孩子"异想天开"的想法哭笑不得。其实,孩子由于年龄小,对于生活中的很多事物的认识积累得都不够。更加有意思的是,4岁左右的孩子对于有生命和无生命的事物,也不能够区分清楚,在他们眼中,只有有生命的事物才会像他一样活动,比如,他们看到小汽车玩具会说它是有生命的,"因为它能跑";而山是没有生命的,"因为它什么事情也不会做"。

芳芳对画画产生了浓厚的兴趣,总是拿支笔东涂涂西抹抹。一天,美术班老师布置了"大树"的作业。在妈妈一再催促下,芳芳终于完成了她的"大作"。可是,当妈妈跑来"鉴赏"的时候,却发现芳芳画得乱糟糟的,大树东倒西歪,颜色也不对,居然用了灰色!妈妈挥着画大声吼:"哪有这样的树?"芳芳似乎很委屈,想说什么,欲言又止。妈妈一瞪眼:"还不赶紧重新画!"芳芳只好很不情愿地画起来。一会儿,芳芳把画再次交给妈妈,妈妈一看,跟刚才的几乎一模一样。于是,妈妈更加恼怒了:"你是不会画,还是不想好好画?"芳芳的眼圈红了,支支吾吾地说:"妈妈,我画的是刮台风时的大树……这些细线是大雨,还有很多沙土,所以大树变得灰蒙蒙的,看不清楚了……"

妈妈愣了,赶紧拿起画来仔细看。是的,当大人用孩子的眼光、用一颗童心来看孩子的画时,才会发现他们所描绘的世界这是一幅如此富有想象力的作品!于是,妈妈抱住芳芳,诚恳地对她说:"宝贝,对不起!你的画是最棒的!"

孩子的想象力可以说是天马行空,而且他们很容易就会因为爸爸妈妈的理解而感到开心。但与此同时,一些害怕、恐惧也会随之而来。在孩子表现出这些情绪变化时,家长们可千万不要不理不睬,因为,这时的孩子是最需要你的帮助的。比如,很多孩子都怕黑,他们认为天一黑,屋里就会有大野兽,所以,他们都要开着房间里所有的灯才能入睡。其实,这就是他们丰富的想象力造成的。而爸爸妈妈,这个时候可千万不要说"你再不睡,大灰狼就会吃了你"之类的话,强行哄他入睡。如果孩子说怕黑,可以在他睡前给他开个小灯,多陪陪他,也可以经常和他一起玩一些闭上眼睛的摸人游戏,让孩子在游戏中消除对黑暗的恐惧。

爸爸妈妈,请停住你们扼杀童真的手,孩子有属于自己的天地,有属于自

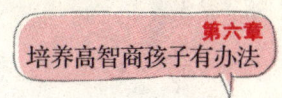

己的思想。当他们用自己的语言或方式向你展示他的世界的时候,请你大声地鼓励,大声地赞美,因为这些天生的创作者缺少的仅仅是你们的一句"你真棒"。

4. "淘"出孩子的创造力

爱玩、顽皮、淘气本是孩子的天性,幼儿园和学校都不能给孩子提供释放精力的机会,如果在家里,家长再要求他"停下来"、"安静"、"学习去",那会影响孩子的创造力。

20世纪80年代以前,由于经济水平有限,物质生活比较匮乏,那时的孩子通常没什么像样的玩具,但恰恰是有限的条件造就了孩子无限的想象和创造,并赋予了每个孩子一双灵巧的手。比如,几张用过的彩纸,孩子就能将它们变成栩栩如生的纸鹤、小飞机;几张硬纸板和几块碎镜片,孩子就能将它们变成万花筒;几根筷子和一个图钉,孩子就能把它们变成有趣的小风车;一个简单的铁棍、简单的铁圈却风靡了几十年……这些玩具虽简单、质朴,却能给孩子带来许多愉快的享受,不仅是身体和心理上的享受,更有头脑中无拘无束的创造享受。

发挥孩子的创造力,从而发展孩子的智力,这原本就是玩具应该承载的重要功能之一。然而,遗憾的是,现在商场里出售的玩具,大多都有指定好的一种或几种玩法,没给孩子留下多少发挥想象和创造的空间,尽管价格不菲,但是对孩子的身心发展其实并不能起到很好的作用,游戏性也趋于一般。所以,如何让孩子在成长中能时时刻刻有好玩具"陪伴",着实成为了许多家长的难题。

我们不得不承认,玩具是人类智慧

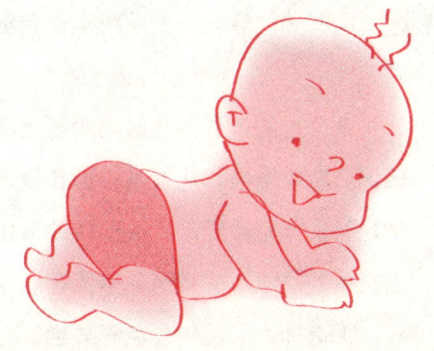

的启蒙工具，利用玩具，可以刺激孩子思维的发展、潜能的开发；可以启迪智慧，培养孩子的动手能力；还可以培养孩子的思考力及想象力，从而增强孩子的学习能力。充分借用玩具，有目的、有意识地培养孩子，对他们的智力发育与提升非常重要。

早教专家表示：
①玩拼图可以使孩子得到对颜色、形状、大小和重量的初步感觉。
②模型类游戏可以提高孩子考察和领会事物的能力。
③棋牌游戏有助于孩子集中注意力。
④积木可以让孩子学习有关平衡、选择、决定等观念。而且，当孩子发现他必须经常做出改变时，孩子还学会了适应和变通。在将一块块积木组合成新的形状时，孩子的创造力和适应性也得到了发挥。
⑤充气棒和拳击袋可以用来在孩子发怒或遇到挫折时发泄心情。
⑥拼板玩具可以让孩子学习分类、选择，学习拼接各种形状，提高对不同形状及互相之间关系的认识，还有助于孩子区别不同的颜色。

既然玩具作为游戏的好帮手，对孩子的成长发育有这么多的好处，那么家长们如何为自己日渐成长的孩子选择玩具呢？

(1) 第一阶段：6个月内的孩子

在六个月内的婴儿就开始喜欢颜色鲜艳的、可以摸的东西，如小娃娃、动物气球以及会发出响声的小响铃、转风琴等。他们喜欢用小手去捏，也会把东西往嘴里送，所以，应选择体积稍大一些的玩具，以免发生婴儿吞下去的危险，同时要注意玩具的颜料是否无毒以及是否可以洗涤，以保持清洁卫生。

1) 为1～3个月的孩子选择玩具

3个月的孩子清醒时间明显比原来增多了，感觉能力得到进一步发展，眼睛调节功能增强，能看清较远和较近的物体，耳朵的灵敏度有了提高，被成人抱起时头部稍微竖起，头部转动自如。见到成人逗引会报之以微笑，嘴里会发出轻微的"嗯"、"啊"等语音。

①选择造形优美、色彩鲜艳、有利于促进孩子视觉发展的玩具。

a 悬挂直径约为15厘米的彩色气球。

b 悬挂形象各异的小动物或是小飞机。

②选择有利于促进孩子视听协调发展的玩具。

a 音乐旋转玩具或音乐拉响玩具。这些玩具既可以发出动听的音乐,又有随节奏转动的美丽色彩,孩子可看可听。

b 会发出悦耳声音的花铃棒、彩色小铃、可拴在手上或脚上的小铃铛。

2)为4~6个月的孩子选择玩具

4~6个月的孩子感知能力较原来有了进一步加强,双手功能有了提高,手里拿到东西就会抓住不放,躺在床上已不老实,自己就能翻身了,听到成人讲话,就会"嗯"、"啊"发音,欲与人交流。开始认识妈妈爸爸,见到生人会回避。

①选择有利于发展孩子感知能力的玩具。

a 可用松紧带拴在床沿的玩具小动物。孩子清醒时,就会伸手抓取这些玩具小动物玩,甚至会放到嘴里啃。

b 机械或电动玩具。

②选择有利于锻炼孩子手的抓握能力的玩具。

发展抓握能力的玩具有容易清洗、消毒、孩子又能捏响的塑料玩具、橡胶玩具,如塑料动物,橡胶娃娃等。

③选择有利于发展孩子身体动作(翻身、俯卧、抬头、支撑胸部)的玩具。

a 吹塑玩具、发响玩具,可用于逗孩子翻身。

b 在孩子俯卧的前方悬挂或摆放有趣、好看的动物、娃娃玩具等。

(2)第二阶段:6~12个月的孩子

6个月至1岁的婴儿往往喜欢将拿着的东西胡乱地摔摔打打,或者乱咬乱丢，因此，必须注意玩具不能太硬太重，要没有尖角的，以免婴儿弄伤自己。此外，是否会发生断裂、零部件脱落等都应在留意之列。

1）为7～9个月的孩子选择玩具

7～9个月的孩子自己已经能坐起来了，也会用手膝着地爬行，看到东西伸手就去抓，近物、远物都看得见，能听懂成人的简单指示，嘴里呀呀学讲话。

① 选择有利于孩子认识能力培养的玩具。

 a 家中的物品，如桌椅、橱柜、电视机、收录机等。

 b 玩具餐具，玩具小动物、汽车等。

② 选择经得起孩子甩、敲的玩具。

 a 不倒翁。这种玩具推、拉、甩、敲始终不会倒，孩子会感到很新奇。

 b 木块或积木。它们经得住甩打，敲击时还会发出声音。

③ 选择帮助孩子练习坐和爬行的玩具。

 a 带有滑轮的孩子圈凳。

 b 孩子喜欢的小皮球。

2）为10～12个月的孩子选择玩具

10～12个月的孩子已会站立，迈开脚步要学走路，小手喜欢抠洞，会认五官，会叫爸爸妈妈，看见客人会招手、挥手。

① 有利于促进孩子语言和认识能力发展的玩具。家长可以为孩子选择如下的玩具：

 a 小狗、小猫、小鸡、小鸭等动物玩具。

 b 人物玩具。除引导孩子认识家里和周围的成人以外，还可利用玩具巩固认识，并利用这些玩具教孩子学讲话，学招手、挥手等礼貌动作。

② 有利于发展孩子的动手能力的玩具。

 a 积木或光滑的木块。

 b 干净的纸盒子。

③有利于促进孩子站立和行走的玩具。

    a 可推式小围栏。

    b 小推车。

    c 拖拉玩具。边走边拖,增加孩子学步的兴趣。

(3) 第三阶段:1~3岁的孩子

1~2岁的孩子喜欢研究周围的事物,对任何东西都很好奇。动物玩具仍然是孩子们所欢迎的,但体积则要大一些了。当婴儿开始爬行时,适宜给他们稍微会滚动的玩具或塑胶类动物玩具。

孩子接近2岁时,兴趣转向小汽车、小飞机、小铃、小桶等玩具和色彩鲜明的图画书。这个阶段的儿童最喜欢将一样东西放进另一样东西里面,并且推着或拉着它到处走。因此,有轮子的玩具、可以放东西的容器都会成为儿童心爱的玩具。

2~3岁是儿童最喜欢试验的年龄,这时,对于玩具的爱好比较趋向于技巧方面,对拼搭积木玩具、装拆玩具、会动的东西,如汽车、火车、水枪之类的玩具及童车都兴趣浓厚。多数孩子也同时喜欢彩色笔和白纸,或者粉笔和小黑板,乱涂乱抹,以满足他们的"原始艺术本性"。

为1~3岁的孩子选择玩具

①选择有利于孩子语言发展的玩具。

    a 图书、图片。图书和图片色彩鲜艳,孩子既可看到图片中的画面,又可认识色彩、学说词语。

    b 镜子。家长抱着孩子一起照镜子。家长可以教孩子说出五官和身体的某个部位,如手、脚、头等,

    c 录音磁带。孩子收听磁带中的儿歌、故事和歌曲,语言和乐感可以得到发展。

②选择有利于孩子认识能力的玩具。

    a 沙滩玩具。如铲子、筛子、瓶子,孩子随意玩耍,从中获得感性经验。

    b 套叠玩具。如套碗、套盒、套杯、大小瓶盖等。孩子在摆弄中获得对

大小概念的感性认识。

③选择有利于孩子动作发展的玩具。

　　a 促进手部动作发展的构建玩具。如积木、塑胶拼搭玩具。孩子把玩具叠高、接长，手的动作更加灵巧。

　　b 串珠。训练手眼协调。

　　c 运动器具。如滑梯、摇船、攀登架等。爸爸妈妈可带孩子到公园的儿童乐园去玩运动器具，既可锻炼胆量又可发展动作。

　　d 会动的小火车、小汽车等。

（4）第四阶段：3～4岁的孩子

3～4岁，这是孩子模仿最盛的时期，也富于幻想。他们想象自己是"大人"，成人生活的一切都喜欢模仿。而且，到了这个年龄，家长就不能仅以培养孩子多项智能为标准来为孩子挑选玩具了，而是要更多地考虑到孩子的感受和喜爱程度。

　　为3～4岁的孩子选择玩具

①选择能促进动作发展的玩具，如大皮球、手推车、三轮童车等，使孩子在活动中得到全身的运动，使其动作协调发展。

②3～4岁的孩子心里具有明显的随意性和情绪性的特点，孩子的自我控制能力差，缺乏目的性，因此，为3～4岁孩子选择的玩具必须颜色鲜艳、造型优美、形象生动有趣，以激起孩子的兴趣，吸引孩子积极主动地玩。

③3～4岁孩子对事物的认识仍依靠直接感知，他们凭借颜色、形状、声音等具体形象、表面特征来认识事物。因此，家长可为孩子选择一些侧重发展孩子感知的玩具。如色彩鲜明、差别明显的彩圈、彩色套碗、各类娃娃、动物玩具及供孩子观赏的会发出各种声音的电动玩具等，让孩子能充分感知和反复辨认物体的颜色、声音、形状、大小、空间对比、材料特点等，使孩子逐步掌握感觉标准及其语言表达方法。

④3～4岁孩子的认知发展还保留了相当大的直觉行动思维成分。这一时期，孩子的小肌肉群发育还不完善，手眼协调能力较差。因此，家长为孩子

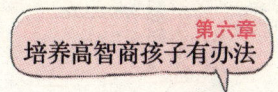

选择的玩具要能看、能拼，让孩子自由运用双手，培养其开、合、套、穿、敲打、装拆等操作能力。如打桩床、穿珠、套桶、穿线板、中小型拼图类、镶嵌类、配对类玩具等。

（5）第五阶段：4~6岁的孩子

4~5岁的孩子比以前更活泼，喜欢骑三轮重车、小自行车等，喜欢做集体游戏，简单的游戏玩具对这一阶段的儿童开始适宜了。

5~6岁，孩子们开始阅读，游戏的方式趋向复杂，集体游戏在他们的生活中占很重要的地位。手工玩具、绘画玩具、较高级的积木和装拆智力玩具也是适合的。这个时期的儿童多数都喜欢户外活动，所以对跳绳、球类、溜冰、公园内的翘翘板、秋千、滑梯、大型游艺机等大型玩具更感兴趣。

4岁以后是孩子接受各种事物的最佳年龄，形象知觉发展最敏感，机械记忆能力也较强，抽象、逻辑思维能力开始发展，好奇心、求知欲望较强烈，肌肉的灵活性及用眼的协调性增强，运动量及注意的持久性加强，玩玩具也有了一定的目的性、计划性。因此，爸爸妈妈为4~6岁的孩子选择的玩具范围应更广泛，难度也相应增加。

为4~6岁的孩子选择玩具

①体育玩具的种类应多样化、复杂化，且能挖掘每一种体育玩具的潜力，发挥更大的作用。如圈，可用身体各部位转圈、套圈、跳圈、滚圈、做圈操等；绳，可单人、双人、多人跳绳。

②各种玩具及结构材料应更加丰富，每一种玩具及结构材料的数量应增加。此时的孩子，概括、分析能力也逐渐提高，能从不同角度、按不同标准对玩具进行分类。如将自己拼搭出的各类汽车、轮船、飞机归纳为交通工具；把自己用各类材料制作的大象、狮子、鹿等归纳为野兽，羊、猪、牛归纳为家畜等。因此，爸爸妈妈为4~6岁孩子选择的玩具，可包括能装、拆、组合成多种形状的塑料胶粘、建筑模型、积木、插板及可塑性较大的油泥等。

③为了进一步开发智力、训练思维的敏捷性、扩大知识面，家长还可为孩子选择各类读物、磁带及变化多端的魔塔、魔块、棋类、牌类、游戏棒、大型

拼图等智力玩具，让孩子在操作、竞赛中获得成功、获得满足，可不断提高孩子参与智力活动的主动性、积极性。

5. 锻炼孩子的空间知觉能力

空间知觉能力是智能中的重要方面，那么，什么是空间知觉能力呢？有专家指出，空间知觉能力指的就是准确观察世界并对其进行解释或者把那个世界的方方面面传达给别人的能力，其焦点在于观察和设计。那些有出色的空间智能的人对于视觉非常敏锐，可以一目十行。而这项智能在孩童时期就已经可以有所体现。

（1）具有高度空间智能的孩子具有以下特质，家长可以针对孩子的这些特质加强训练

1）对色彩有敏锐的感受力

首先，家长要在家中帮有这方面特长的孩子布置一个色彩协调、美丽的生活环境，来提供他足够的视觉刺激。

其次，可以让孩子用不同色彩的笔画图画、写笔记，或是用不同颜色的纸、卡整理笔记、写报告，让色彩引导孩子的记忆路线，归档、整理他们阅读的资料、所汲取的知识，也易于孩子做复习的工作。

年龄层愈小的孩子，愈需要这种多元鲜艳色彩的刺激，来引发他们学习的兴趣与效率。这也是为什么幼儿绘本是孩子主要的学习工具之一的原因。

2）喜爱绘画，喜爱各种不同的色彩、图形，能将文字转换成图画呈现

达·芬奇、爱因斯坦、莱特兄弟，还有一些世界闻名的专业人士，你知道他们所做笔记有什么共同的特色吗？他们的笔记、文思记录，都是图文并存，用许多图案、图形、色彩、影像来呈现、表达他们的思路。那么，你可曾为孩子在作业簿或是课本空白的地方画图而大发雷霆呢？其实，孩子是运用他视觉空间的智能，把文思勾勒成图画，来帮助他学习呢！

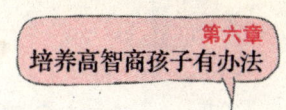

3）喜爱空间感、视觉刺激，能整体化地呈现

我们可以利用孩子的这项特质，善用各种图表来促进孩子学习。

想象，你在公司开会时，是给你一堆统计数字印象深刻，还是用不同的曲线图、统计图表，加上各种不同的色彩更好呢？很显然，后者不仅让你印象深刻，而且一目了然。

这些是不是你在日常生活中，实际运用的记忆法与学习法呢？

4）能将构思转换成立体图形，在脑海中用不同的角度透视一个物品

从具有视觉空间智能的专业人员身上，就可看到他们如何利用这个特质来帮助他们思考，做理念、构思的呈现，如物理学家、电脑工程师、土木工程师、城市设计师、服装设计师、建筑师……他们会将他们的构思用手绘或是用电脑图形呈现出来，然后，制作成立体的模型，在实际呈现中，帮助他们作更深层的思考，改进他们原有的创意。

这是一般具有高度视觉空间智能的人士长久以来一直普遍运用的学习法，即综合所有视觉空间智能的特质，以及开发全脑智能，而研发出来的心智地图学习法。

心智地图学习法，结合了色彩、图形、创意、归纳、立体成型，兼具左右脑的全面运用，普遍地运用在欧美的教育体系里，也是他们教育体系中不可缺少的一个学习、记忆的工具。从幼稚园的学习阅读，小学的课程学习，到中学的研究报告，大学、研究所的毕业论文，心智地图学习法均有应用。

它的日常运用，可以从如何读故事书、音乐欣赏、心情日记、创意思考、课程的预习复习、书写研究报告，到常用的病人治疗记录、生活规划、教案设计、专题演讲……

它可以把一本书，甚至几十本书、上百篇的研究报告，浓缩在一张纸上，成为使用者最快捷、最有效率的学习与记忆的工具。

视觉空间知觉能力可以通过让孩子辨别物体、触摸与视觉相结合，以及运动与视觉相结合的方式来训练。只有在多感官协调活动中，才能让孩子更准确地感知物体的各种特性。

而视觉空间知觉能力发展不足的孩子一般有以下的表现：

①写字时，部首经常张冠李戴、左右颠倒；

②写字笔画顺序颠倒，不正确；

③阅读常跳字，抄写常漏字、漏行；

④对形状辨认有困难；

⑤画不好图画；

⑥经常看不全老师在黑板上书写的内容；

⑦日常生活中，外出时经常会迷失方向；

⑧阅读有困难，在下一句或下一页书中认不出与前面相同的字。

家长对孩子的视觉空间知觉能力训练应注意：孩子想象的发展具有从无意到有意、从再造到创造的发展趋势。从想象的数量看，随着年龄的增长，想象事物的细节更完备；从想象的质量看，事物的结构安排更合乎现实、合乎逻辑。3~4岁是孩子空间想象能力发展的加速期或关键期。

（2）能够锻炼孩子空间知觉能力的趣味小游戏

1）声音在哪里

拿一个彩色的、较大些的花铃棒，一边摇一边慢慢移动。摇动要从孩子左边到孩子右边，再从右边到左边，要求孩子的眼跟着玩具转，而后是头随着玩具从左到右，从右到左。

详细分析

可以训练孩子的视听定向能力。

2）造街

让孩子利用积木做成车站、商店、站牌、家、大楼及自己家周围的各种建筑物，你担任协助者，可提出建议，但不要插手。最后，你可将汽车、火车、

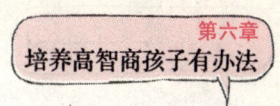

洋娃娃等放在街道上，和孩子谈谈现在街上发生了什么。

详细分析

利用积木做成各种东西，可以提高孩子的构成力、想象力。

3）挑小棒

爸爸妈妈带孩子围坐桌边，其中一人抓一把小棒，一头立在桌上，放开手，使小棒散落。然后，手拿一根小棒，把桌上的小棒一根根地挑起来。挑棒时，不能碰到其他小棒，否则，就让给另一人挑棒。如此循环，直到小棒完全挑完，谁挑得多就算谁胜。

详细分析

可以培养孩子的耐心，锻炼孩子空间位置的判断能力。

4）跑动接球

准备纸篓2只，乒乓球10只，乒乓球拍2块，小皮球10只，相距2米划两条白线；孩子手拿纸篓与爸爸妈妈面对面站在两条线外，妈妈将5只皮球分别抛入篓中，爸爸将5只乒乓球分别打入篓中，进球多的一队为胜。孩子可以前后左右转动身体接球，但不可过线。

详细分析

可以培养孩子空间位置的判断能力。

5）曲线、垂线

家长拿一个绳子，让孩子抓紧绳子的一头，把绳子拽紧，然后告诉孩子这就是直线，把绳子抛在地上，绳子弯曲在地上，告诉孩子这就是曲线，站在高处让孩子把绳子垂直往下放，告诉孩子这就变成了垂直线。让孩子看一看周围哪些是垂直线，教孩子如何检查线是不是垂直的。让孩子在绳子上挂上重物，那么，绳子就会垂直于地面，带重物的绳子可用来检测物体是否垂直，让孩子用带重物的绳子去检测一下桌子腿、橱柜门、房门是不是垂直的。如果桌子腿不是垂直地面的，带重物的绳子就不会贴着桌子腿。让孩子回答问题：如果建

筑队不垂直地砌墙会怎么样？（告诉孩子，如果不垂直砌墙易倒塌）

详细分析

此游戏让孩子了解几何基本知识，并培养孩子的空间知觉能力。

6）绘制地图

读一个故事，如《一个小煎饼人》。"他的生命开始于一个老婆婆阁楼上的煎锅里。他从煎锅上跳到地板上，溜出厨房，跑出门去，然后沿着小路逃跑。他穿过花园，看见一个园丁正在干活。之后他跑到田野里，看到一头牛和一匹马。因为所有的动物和人都在追他，他就跳进了一条很深的河，一只狐狸救起了他。"当家长讲故事时，鼓励孩子参与到讲述中，可以不断地重复这句很有名的对白："跑啊，跑啊，你能跑多快就跑多快，但你追不到我，我就是小煎饼人。"让孩子画一幅图来表现事件的顺序。当他描述每个事件发生的地点时，家长要强调正确的词汇的说法。

详细分析

用讲故事的方法来激发孩子绘制地图，培养孩子的空间意识。

7）比重量

①运用公园或游乐场所的跷跷板：

a 你和孩子各坐在一端，让孩子体会倾斜的感觉，并告诉孩子"重的一方会往下沉"；

b 同年龄的孩子坐两端，一个个坐，让孩子比较哪一端较重。他将会观察到，重的一方会沉下。

②先放一支铅笔，上面再放一支铁尺（支撑物），两端各摆上大小相同的小杯子：

a 在杯中注入等量的水，让孩子观察其情形；

b 在杯中注入不等的水，让孩子观察其情形；

c 在杯中注入等量的水，其中一个杯子里加入弹珠、象棋、小石子等物。这时候，孩子应该会了解，如果在等量水的两个杯子中任何一个加入任何物品，加入东西的那杯水就会变重；

d 当天平完全变成平衡状态时，妈妈不加入弹珠，而是让孩子将手指头稍微伸进去，他就会明白伸入手指的一方就会下沉。

详细分析

从跷跷板游戏中，让孩子了解重量的概念。

6. 锻炼孩子的观察能力

可爱的孩子一出生就对于周围的事物充满了好奇，他的眼睛咕噜咕噜地转；他喜欢观察周遭环境；他用小手触碰着他好奇又陌生的事物；随着阅历的丰富，他开始尝试许多新鲜的活动，在追逐、游戏中，在观察、思考中，学会了成长。

所有的感官能接收的讯息都是一种观察力，而观察力对于孩子究竟有什么帮助呢？一个孩子对于世界产生好奇，于是主动地去看、去听、去触摸，而在这些观察的人、事物中，一定有某些是孩子感兴趣的，于是形成一种循环的过程。

小孩子都很喜欢通过各种方式，去摸索、了解在他四周的人、事、时、地、物。这是年幼孩子的共同特征，经由好奇、寻找，可以使孩子更加了解已知与未知的世界。由观察产生兴趣，从兴趣中又开始思索，再从思索中学习，在学习中获得知识，由知识中了解这个事物，就此周而复始，一次次的循环，一次次的了解、学习。观察力虽然只是生活中的小细微，但是却掌控着孩子成长学习的成败。因此，良好的观察力是孩子学习、工作、解决日常问题的基础。

敏锐的观察力，是想象力、创造力的源泉，对于孩子今后的智力发展十分重要。培养观察能力的最佳方法是：孩子看见什么、听见什么、触摸什么就应告诉他什么，用简短、清晰的语言说出事物的名称。例如认各种玩具、餐具、家具、小动物等，从孩子感觉事物开始，让他认识的东西越多越好。只要能引

起孩子的注意，衣食住行、鸟兽虫鱼、花草树木、日月星辰、砖瓦沙石，甚至生老病死都应当教，让他们认识的事物越来越多，表象越来越丰富，好奇心和求知欲越来越强。

德国哲学家黑格尔认为，训练人们精细的观察力的最好方法是教他们学会在万事万物中寻求事物的"异中之同"或"同中之异"。如让幼儿区分橘子与柿子的异同，通过比较了解橘子和柿子都是水果，其不同点是橘子表面不光滑、皮质较硬，而柿子的表面光滑、柔软，两者内部结构也不一样。这样，通过比较观察，不仅可以使幼儿对事物的异同更加明确、印象深刻，而且可为幼儿抽象逻辑思维的培养和发展奠定良好的基础。

在日常生活中，家长也可以经常采用这种方法。如带孩子散步时，看见来往的各种车辆，可引导孩子比较车的大小、颜色、轮子的不同；带孩子去动物园时，可引导孩子仔细比较不同类动物有什么异同点，进而让幼儿的观察逐步深入。

接下来，就让我们一起来看看能够锻炼孩子观察能力的趣味小游戏吧！

（1）颜色的名称

准备好图画纸、彩色笔、水果等。游戏中，你可以利用水果、弹珠、邮箱、红绿灯等日常生活中的物品，询问孩子颜色的名称，然后将图画纸剪成圆形、三角形、四边形等各种图形，——给孩子指示："在这个图上，涂和橘子一样的黄色。"接下来，可以让他涂红色、蓝色、绿色、茶色等。

详细分析

孩子一边进行绘画游戏，一边辨别颜色，并记住颜色的名称，可以培养孩子的观察能力。

（2）找出同类

①列举出一些生活用品，如泳衣、碗、救生圈、铅笔、原子笔、面包、洋娃娃、水壶、锅、蔬菜、水果、菜刀、脚踏车、炒菜锅等；

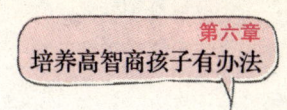

②你可以问孩子以下问题:

a 这些东西当中,哪些放在厨房?

b 哪些东西能吃?

c 哪些是玩具?

d 游泳时,要使用什么?

详细分析

让孩子说出日常生活中常用物品的用途,可以培养思考能力,学习生活常识。

(3)模仿游戏

首先做动作给孩子看,然后让孩子跟着做。

①模仿螃蟹:

a 四肢着地,慢慢走;有时候要快步走路;

b 四肢着地,横向走;

c 仰躺,四肢朝上;

d 用积木或坐垫做成洞穴,钻进洞穴时必须迅速,由洞穴出来时必须警戒周围有什么东西,慢慢移动身体。

②模仿天鹅:

a 双手往两旁举起,单脚站立,另一脚则抬起到膝盖的高度;

b 单脚站立,另一脚往后弯曲,以单手握住这只脚,另一手往横向举;

c 让孩子和你比赛谁站得较久。这个游戏,孩子也可以和其他小朋友一起做。

③模仿喷汽机:

a 两手横举当机翼,在屋中绕行2~3分钟;

b 使用两个房间,制造2~3个飞机场,让飞机着陆。

详细分析

让孩子模仿动物,从而培养孩子的运动能力。

(4) 神探亨特

准备10种孩子喜爱的东西,如水果、糖果、巧克力、小玩具等;把10种小东西放在桌子上,用一分钟时间让孩子记住桌子上的所有东西,然后把孩子的眼睛蒙上;这时,把桌上的小东西偷偷拿掉一个,藏起来,然后让孩子睁开眼睛。通过让孩子观察,让他发现桌子上什么东西没有了,猜对的话,就可得到这种东西作为奖品。

详细分析

可以培养孩子的观察能力。

(5) 冰箱里寻宝

先打开厨房的冰箱,让孩子看看里面东西的分布情况。当孩子看完以后,你可以把部分东西从冰箱拿走,然后,再次打开冰箱问问孩子什么东西不见了。在开始时把范围缩短,不需要整个冰箱。待孩子喜欢上这个游戏后,可以逐渐扩大范围。

详细分析

此游戏可以教孩子学会观察和记忆。

(6) 孩子洗澡

先准备一个可以脱衣服的娃娃,各种洗澡工具,教孩子怎么样给娃娃脱衣服,并准备给娃娃洗澡。引导孩子给娃娃涂肥皂,并用洗澡工具给娃娃刷身体。你可以让孩子一边洗,一边说出身体器官的名称,如这个是手,那个是脚;你也可以在这个时候给孩子灌输一定的性别意识。

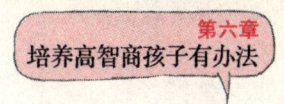

详细分析

此游戏可以教会孩子认识自己。

7. 锻炼孩子的记忆力

成年人有成年人的记忆方法,孩子有孩子的记忆办法。所以,我们经常看到,年龄小的孩子,却有超强的记忆能力,成年人不能记住的东西,孩子却可以不费吹灰之力将其记住,并储存在大脑里。

其实,孩子的无意记忆占有很大优势。孩子利用这种方法,可以获得大量的记忆材料。无论是看电视、还是听收音机,都能把其中的音乐和插曲储存到大脑。不论在家里,还是在幼儿园,孩子都可以自然而然地去记录成年人的语言、儿歌、歌曲、故事,在与成年人的交往中,所记忆的词汇往往令家长吃惊。有很多小孩子还不到3岁,就能说一些大人的话。孩子们能把美术展览、影片中、画册上、生活用品中的图形都如实地反映到自己的个体意愿中来,这就创作出了属于他们的作品。聪明的孩子们,既不会写字,也不会识字,却能熟练而生动地讲一些故事。

孩子的这种超强记忆,其功劳在于家长和老师的培养。在家中或学校中,家长和老师可根据孩子无意记忆的特点,使用大量直观而形象的教具,以吸引孩子的注意力,进一步加强孩子的记忆。同时,在讲故事前,不妨制作一些相应的图片,以便生动活泼地讲出令孩子入迷的故事。讲不到3遍,孩子就能将其记住。另外,还可以教孩子做一些科学小实验,让孩子在动手的过程中,去观察千变万化的现象,在富于趣味性的学习中,把各种现象记在脑海里。每学一首儿歌,既要教孩子唱,也要教孩子跳。因为,在舞蹈动作的配合下,可以更好地记忆歌词。在学习计算时,要提前准备好各种绒布图片、实物,接着,要教会孩子运用实物运算,最后,还要给孩子一只袋子,让孩子伸手触摸,而里面装的东西应该是孩子平时喜欢玩的小瓶盖、小石头、计算筹码等,让孩子动手操作，3个加上2个，等于几个？如此，孩子便能很快地记住10以内的加、减法运算。

在有计划的目标下教育孩子，能帮助其记忆能力得到发展，使记忆和智力发生质变。有意记忆的发展，标志着孩子语言系统的调节机能出现了新的水平。

根据孩子的实际情况，家长可以不断地向孩子布置新的识记任务。如当孩子讲完故事后，要问孩子：故事里的人物都有些谁？他们说了些什么？若是做实验，可问孩子：水变成了什么？它是怎么变的呢？在不断提问的启发下，孩子的记忆力得到突破性的进展。

从记忆的方法来看，孩子的无意识记忆要好于机械记忆，而那种认为孩子死记硬背可以彰显能力的方法，是靠不住的。

在孩子的理解过程中，会有很多的实际经验参加。这样，就能使各种神经联系之间形成连锁反应，并能经过大脑活动进行概括性处理。这样的记忆，远比孤立的记忆联系更加巩固。所以，不妨先教会孩子理解，然后再教孩子记忆，这样可以记得更牢。在教孩子唱儿歌时，不妨先联系孩子自身理解和经历、认识，给孩子讲明白内容，然后再教孩子朗诵，就会起到事半功倍的效果。再如，若教孩子学数字，可以利用形象的记忆方法：1字，像小棍子；2字，像一只小鸭子；3字，看起来好像小耳朵；4字，就像飘起的小旗子；5字，好像一把小钩子；6字，长得像豆芽；7字，好像一把小镰刀；8字，就像一团小麻花；9字，如同一个小勺子……让孩子能在形象化、趣味性的记忆中，快速掌握数字的外形和写法。

在孩子的天空中，孩子的形象识记法要好于词汇记忆法，因为形象识记法具有形象鲜明的特点，能起到直接感知的效果，还能在头脑中形成一种表象。而词汇通常比较抽象，属于第二信号系统，这在孩子的天空中还不能起到主要支配作用。当然，随着孩子年龄的增长以及语言能力的发展，词汇的记忆能力也能在无形中不断增强。

现在，让我们一起来做一做能锻炼孩子记忆力的趣味小游戏吧！

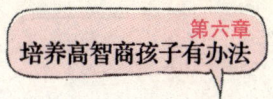

（1）从哪儿开始

给孩子讲一个感兴趣的故事，因为孩子对于感兴趣的事物总能不厌其烦地去关注。同样，好听的故事也是百听不厌。每天讲到故事的哪个部分让孩子记住，在第二天开始讲故事前，先问问孩子："昨天讲到哪里了？""今天要从哪里开始呢？"在故事中训练孩子的记忆力。

详细分析

可以培养孩子的记忆力。

（2）谁不见了

准备一些小动物的模型或卡片，然后让孩子指认一遍这些小动物。接着蒙住孩子的小眼睛，说："小动物要捉迷藏了。"从中抽掉一张卡片或模型，让孩子睁开眼睛，仔细观察，谁不见了？哪个小动物在和孩子捉迷藏呀？让孩子说出不见的卡片或模型。

详细分析

可以训练孩子的短时记忆能力。

（3）听故事回答问题

在和孩子讲故事前，可以先提一个关于故事的问题，让孩子带着问题去听，问题不宜过多，不然孩子会记不住，增加他的挫败感。然后，开始讲故事。故事讲完后，请孩子回答问题，一般而言，问题的答案就隐藏在故事的内容里。

详细分析

可以训练孩子的有意注意和记忆力。

（4）猜声音

你可以准备几个茶杯或吃饭用的碗等可以敲出声音的容器，让孩子用筷子敲，并记住相应的声音。然后让孩子转身，这一次要换你敲，让孩子猜是哪种容器的声音。准备四个相同形状的杯子，每个杯子加入不同量的水，同样，让孩子先记住敲出的声音，再猜。

详细分析

通过玩猜声音的游戏，可以提高孩子对声音的关心度，培养节奏感。

（5）文章内容的记忆

让孩子看文章中出现的各种人物及物品的卡片，告诉他："这里有很多东西，仔细看！"接着告诉他："现在认真看，待会儿要问你问题。准备好了吗？""星期天，小红、小美跟着妈妈，一起到百货公司买东西。小红买了足球鞋和足球。小美买了洋娃娃和图画书。接着，她们到百货公司的饮食部喝果汁、吃快餐，然后就搭电车回家了。"看完这个故事，问以下问题，让孩子用手指头指出正确的答案：

① 小红去了哪里？
② 谁和谁一起去？
③ 小红买了什么东西？
④ 小美买了什么东西？
⑤ 她们在饮食部吃了什么？
⑥ 她们搭乘什么交通工具回家？

家长可以把孩子带到百货公司，让他获得购物的经验。

详细分析

孩子在阅读文章时，家长要针对内容提出问题，可以培养孩子的记忆力、集中力、注意力。

（6）猜一猜

在报纸上摆出适当的物品，例如，橘子、苹果、杯子、画本、彩色笔、洋娃娃等，然后用一块布盖起来。提醒孩子注意听，当孩子集中注意力后，你再清楚地发指令："画本，洋娃娃。"取开盖布，要孩子拿出刚才你说过的物品。

详细分析

利用一些小孩知道名称的物品，可以帮助孩子增强记忆力、注意力。

（7）记住动物的名称

准备好彩色笔和卡片。你可以对孩子说："现在我要说出各种动物的名称，你仔细听。要记下来！猴子、章鱼、马、狮子……"每四种动物的名称说两次。接下来，让孩子看卡片，然后跟他说："把我刚才念的动物指出来。"让他指出来，并用彩色笔画上圆圈。针对图画中的动物，你要按照顺序问孩子："它住在哪里？喜欢吃什么食物？长得大还是小？"让孩子说得详细些，若孩子说得不完整，你可以进行补充，等孩子有了经验后，可以再次与之进行对话。若是会出声的动物，你可指着那幅图画，问孩子："这个动物是怎么叫的呢？"让孩子模仿动物的叫声。

详细分析

可以提高孩子的集中力、记忆力。

8. 锻炼孩子的思考能力

美国康乃尔大学的维克教授做过一个实验，他把一只玻璃瓶平放在桌子上，让瓶底朝向窗户，也就是亮光处，瓶口则朝向幽暗的室内。然后，他放了

几只蜜蜂进瓶内,结果蜜蜂一直朝亮光处的瓶底碰撞,丝毫没有注意到瓶口在另一边。经过几次努力,蜜蜂终于明白亮光只是出口的假象,于是,它们就停在亮光处,不再尝试。

维克教授把蜜蜂抓出来后,放进去几只苍蝇,瓶底依然朝窗。没想到一下子苍蝇就飞出瓶口,逍遥地展翅一飞,踪影不见。为什么苍蝇可以飞快地找

到出路?原因无他,因为苍蝇多方尝试,往左往右、往上往下、往前往后地试,而不局限于蜜蜂所执著的亮光处,所以一下子就能发现瓶口的出处,获得自由。

维克教授的结论是:这个实验说明了惟有勇于冒险、不断尝试、不被假象迷惑,才能帮助我们面对变化万千的局势。

的确,很多时候,答案往往隐藏在不为人注意的幽暗角落,显而易见的答案不见得就是真正的答案。蜜蜂的思维方式是单向的,苍蝇的思考模式是多变的。乖巧的孩子往往就像蜜蜂一样,一个口令一个动作;而拥有独立思考能力的孩子,可以看破众人执著的假象,经由思考撞击、行动尝试,最后找到通往成功的大门,就像成功逃脱的苍蝇一样。

所以不要只训练孩子往亮光处飞,让他有自己想象的空间。即使一开始孩子的看法有点幼稚,父母还是不要压制他,反而要引导他。这样,孩子长大才不会如蜜蜂一样不知变通,只会往特定方向尝试。这样的孩子长大后,一定会很不一样。

说到底,父母怎样才能使孩子养成明辨善思的思考习惯呢?早教专家认为,作为父母,创造出一种"家庭思考环境"非常重要,其具体做法是:

①父母应注意引导孩子对思考采取认真的态度。聪明的孩子可能懒于思考,他们常对事情不加思考地发表看法,对此,应引导他们认真思考。

②培养孩子独立思考越早越好，小孩子往往有千奇百怪的想法，要引导孩子自己去思考。

③随时给孩子出一些思考问题。无论是带孩子上博物馆，陪他们看书、看电影，父母都可提一些问题，激发孩子的想象力。

④全家参与。家长在一起谈论问题时，即使年龄很小的孩子，也会有自己的看法。

⑤培养孩子的幽默感。有幽默感的孩子，往往比较灵活，也会从不同角度看待事物。

接下来，就让我们一起来看看能够锻炼孩子思考能力的趣味小游戏吧！

（1）图画组合

准备好卡片、旧绘画本以及剪刀；将旧绘画本中的植物、动物、人物或器具剪下来，每样图各剪成两半；将几组对半剪开的画卡混在一起，让孩子将上下的图画组合起来；大一些的图画可以剪成三份，一张图画剪成十张左右也可以。让孩子自己剪也是一个方法。

详细分析

进行绘画组合，可以培养孩子的构成力、思考力。

（2）身体部位的用途

告诉孩子："伸出你的手。手可以做很多事。它会做什么事呢？"让孩子尽情地说出手的用途。接着问："那么嘴巴呢？它会做什么事？它应该会做很多事吧！请你说出来！"让孩子思考嘴巴的用途，说出越多越好。

详细分析

借着指出日常生活中通常不太会注意的身体部位，可以培养孩子的思考力、创造性。

（3）感觉水果

准备好镜子、水果、积木、玩具、布等，将水果、积木、玩具等排在镜子前，拿布挡在它们与孩子之间，让孩子从镜子中看到物，而不要让他看到实际的东西。让孩子看着镜子，从布下面伸手去拿你指定的物品，孩子将物品全部拿到之后，你可让他将这些物品排列出来。

详细分析

这个游戏可以发展孩子的反射神经运动能力、思考能力、知觉能力等。

（4）猜谜语

家长以孩子曾经历过的事情为题材设计问题。如果问题较困难，就给他一点儿提示。

①它有长针和短针，会发出嗒嗒的声音。你猜它是什么？

②吃饭时需要它，长得长长的，一次用两根，你猜它是什么？

③它有四只脚，耳朵长长的，跑得非常快，而且喜欢吃胡萝卜。猜它是什么？

④下雨天时将它打开，天气好时就将它收起来。你猜它是什么？

⑤它是一种细细长长的黄色水果，猴子很喜欢吃，你猜它是什么？

⑥动物园中有一种鼻子长长的、身体非常巨大的动物，你猜它是什么？

详细分析

通过猜谜语，可以丰富孩子的思考力及想象力。

（5）社会生活问题的解决

问孩子下列问题，让孩子回答：

①在路上捡到钱时，你该怎么办？

②看到火灾时，你该怎么办？

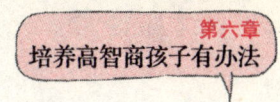

③陌生人叫你跟他走,你该怎么办?
④看到别人的东西掉了,你该怎么办?
⑤迷路时,你该怎么办?
让孩子详细说明遇到上述问题时的处理方式及理由。

详细分析

此游戏借由日常生活中面临的困难,培养孩子解决问题的能力,从而锻炼他的思考力。

(6) 折纸游戏

①准备好彩色纸、剪刀、胶带和糨糊;
②将一张正方形彩色纸拿在手上,问孩子:"这是什么?"然后对孩子说明,这是"四边形";
③将"四边形"依对角线对折,对孩子说:"现在形状改变了。这是什么形状呢?"然后跟他说明,这是"三角形";
④再将正方形彩色纸边与边平行对折,告诉孩子,这是两个相同的"长四边形"(长方形);
⑤让孩子手拿彩色纸一起折,让孩子边折边说"三角形"、"四边形"、"长四边形"(长方形),从而让他理解这些形状;
⑥彩色纸折好,用剪刀剪开,做出许多"三角形"、"四边形"、"长方形";
⑦剪几个圆形,问小孩:"这是什么形状?"并说明这是"圆形";
⑧"圆形"及"三角形"、"长方形",或"四边形"及"三角形",圆形及圆形用胶布粘起来。虽然表面上看起来没有什么特别之处,但这个游戏对3岁左右的孩子而言,非常有趣;
⑨全部完成后,你可将这些图形一一并排在桌上,并问孩子:"这个看起来像什么?"孩子会有许多联想,让孩子尽可能多地回答。例如,眼镜、麦芽糖、单杠及稻草人等;

⑩当一张彩色纸剪成两张的游戏完成后，你可以让孩子把一张彩色纸剪成许多张，将一张"四边形"做成几个"三角形"或"正方形"、"长方形"等。

详细分析

从折纸游戏中可以帮助孩子理解三角形、四边形、长方形、圆形等图形。

9. 锻炼孩子的理解能力

理解，指的是对任何一件事物的了解的能力。比如，平常我们讲知识时常问学生："都理解了吗？"理解、判断、推理能力的发展，都属于人类高级认识阶段的抽象逻辑思维的发展，在心理学中称之为理性认识过程。人类掌握知识的过程，必须在理解的前提下进行，而理解能力是在孩童时期逐渐培养和发展起来的。

要帮助孩子去理解事物，首先要引导他们分辨事物的异同。事物的最基本认识就是颜色、形状、大小、长短和种类。

在家里，家长应该经常利用各种时机有意识地对孩子提出一些"为什么"，让孩子进一步思考、动脑筋，久而久之，养成孩子自己发问的习惯，这样的方法可以逐步加深孩子对事物的理解。

家长还可以检验一下孩子的理解水平。比如，如果总是把寓言和一般的童话故事混为一谈，孩子听完以后看不出寓言的意义和隐喻，理解不到寓言所包含的意义或教训，理解水平就不能提高。较高的理解水平，是要能看出寓言中的教训和意义，并能把它转移到自己的身上；更高的理解水平，是能立即理解

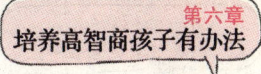

寓言的含义或隐喻，并能把抽象的教训意义转移到生活中来。可以从孩子对故事中人物的理解及其因果关系、矛盾关系，以及对数学题意思的领会等方面，来综合考察孩子理解能力的发展水平。了解孩子的理解水平以后，就能更有的放矢地针对孩子的理解水平做进一步启发。

接下来，就让我们一起来看看能够锻炼孩子理解能力的趣味小游戏吧！

（1）动物的食物

准备动物类卡片，依次指着卡片中的每幅图，问孩子图中动物的名称；让孩子指出什么动物喜欢吃什么；让孩子谈谈与图中信息相关的种种常识，让孩子把他所知道的尽量说出来；让孩子谈谈其他动物喜欢吃什么东西。

详细分析

通过介绍各种动物的食物，可以更好地丰富孩子的知识。

（2）了解各种行业的人

准备好画着各种职业工作者的卡片，指着卡片，问孩子："这个人称为什么？他的工作是什么？"让孩子说明，如果他不知道，就详细地告诉他。然后问孩子："除了这些人做的工作，其他还有什么职业？"让孩子就他所知道的回答；有机会就带孩子去看看各种职业的人工作的情形，让孩子知道工作的重要，而且让他懂得应该尊重每一种职业的人；让孩子了解父母所从事的职业。

详细分析

让孩子说明各种职业从事的工作，从而扩展其社会生活的视野。

（3）交通工具的知识

准备好画着各种交通工具的卡片，指着卡片，问孩子这些交通工具的名称；可以问孩子："在地面或海上行走的是什么？在空中飞的是什么？"让孩子指出来，并针对这些交通工具，让他说出一些相关的知识；"你现在最想乘

坐的是什么？妈妈最想搭直升机……"你可以和孩子谈谈梦想；找机会让孩子看看实物是更好的方法。

详细分析

借由各种交通工具的知识，培养孩子的理解力，激发他的梦想。

（4）日历的秘密

准备一个大日历；与孩子一同看日历，了解日期和各种节假日等，让孩子了解时间的概念。注意：由于日历的内容很广，要按孩子的兴趣和理解力，选择适合孩子的内容，不要过分灌输。

详细分析

家长教孩子认识日历，从而培养孩子的时间概念。

（5）狩猎小能手

在屋里进行"三角形狩猎"和"圆圈形狩猎"，看孩子可以在屋里找到多少个那种形状的物体。你可以特意安排几种形状让孩子来发现，也可以让孩子自由设计并粘贴成各种形状，或从杂志上剪下特殊形状的图片。

详细分析

可以发展孩子的逻辑能力。

（6）空气能助燃

点燃一支蜡烛放在桌面上，一般要蜡烛烧完了，火才能熄灭；如用杯子罩在蜡烛上，很快蜡烛就灭了，为什么？告诉孩子，空气有助燃作用，当杯子里的空气用完以后，蜡烛就灭了。

详细分析

可以帮助孩子了解空气能够助燃，提高他的理解能力。

（7）摩擦生热

让孩子两手摩擦，会感觉到双手发热；划根火柴时能着火，向孩子解释为什么；向孩子解释生活中哪些情况下能使物体生热。

详细分析

可以让孩子了解热的产生，提高他的理解能力。

10. 锻炼孩子的判断力

培养判断力，与培养责任感一样，从小就可以开始。比如，一个玩具怎样好玩，孩子肯定比你懂得多，因为你已经失去了对细小事物的知觉和童心，你会觉得索然无味，只有孩子知道它的魅力，玩具全在他的掌握之中。既然在他兴趣的世界里，他才是主宰，他知道这样好玩，那样不好玩，那他就有自己的判断力了，这是培养判断力的基础。

怎么进行培养呢？比如，有的孩子会在房间里把书本、积木、盒子等等叠起来，叠得高高的。这时候你应该当个求知者，问："孩子，为什么叠这么高呢？"也许他回答不出来为什么，只是说"好玩"。OK，这是他的一个理由，就是好玩，他成为这个好玩游戏的发明者。你继续讨教："为什么妈妈叠到你那么高就倒下来了呢？"这样，他就会来教你怎么叠得更平稳、更高，他的判断力得到极大的实践。整个过程中，他就会非常自信，他发明了一种游戏，又掌握了方法，并且还有人来讨教，这给他建立了一种培养判断力的模式：这个自己发明的游戏是很有乐趣的，也有别人玩，自己掌握了技能。如果你换一种态度，看见他把房间的东西折腾乱了，训斥他怎么能把这些东西叠在一起，去

反对他。这时候他可能认为自己感兴趣的一件事是不被认可的，无形中对自己的判断力产生怀疑，根本谈不上对判断力的培养。

不光游戏，和孩子逛街，你说，今天妈妈不饿，只是口渴，妈妈该吃些什么呢？他可能会给你推荐一些饮料。千万不要认为这是一种很浅显的提问，孩子的判断实践在这里得到很强的锻炼，因为他给你的建议果然能解决你的问题，他敢于为大人做出判断。这种能力以后运用到社会上，那就不得了了，决策人才可是社会的稀缺人才。

还有一种情况是，孩子在游戏的过程中确实会出现错误的举动。比如有的孩子在家里玩，喜欢爬阳台，这时候最好用探讨方式来指出不良后果，然后纠正他的观点，让他明白这个行为是错误的，明白正确的判断应该如何。你的话语方式应该是：孩子，这样做是不是不对？是不是会出现什么后果？你说呢？让他得出自己的判断。因为毕竟你是成人，随时纠正孩子的错误判断与随时支持他的正确判断一样重要。

总之，讨教式交流培养他的判断力，探询式交流纠正他判断中的错误，坚持这样，你的孩子很快会举一反三，掌握他的世界里的原则，很自然地能做出正确判断。对于有判断力的孩子，你的教育要轻松很多，而这种决策能力，有可能成为他一生中最重要的能力。

其实，对这么大的孩子进行锻炼，不必想得很复杂，只要用心，一次游戏，一次对话，一次逛商场，都可收到效果。

孩子2岁以后，拿一本关于兔子的画册，画册上有白兔、黑兔、黄兔、灰兔。问一问孩子，这些兔子一样吗？孩子会摇摇头说不一样。那么兔子们有没有一样的地方呢？在家长的启发下，孩子就能找出长耳朵、红眼睛、短尾巴等特征，概括出兔子都这样。显然，孩子由此知道了"兔子"这个概念，而这个概念已舍弃了具体兔子的个体不同，如白、黑、黄、灰等。认识"兔子"以后，可以用同样的方法帮助孩子认识"狗"，认识"猫"，再带孩子逛几次动物园，进行实物跟概念之间的对照。

依此类推，很快，孩子的脑海里就会不断嵌入"水果"、"蔬菜"等越来越多的事物印象。为了检查孩子是否清楚这些不同概念之间的界限，可以和孩

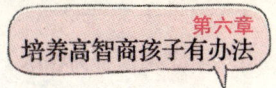

子一起做游戏：列出壁虎、葡萄、葱头、蝴蝶、西瓜、茄子等事物，要求孩子分别把它们归入"动物"、"水果"、"蔬菜"大类里，孩子很快就能做得很准确。这种训练方法，可使孩子初步判断掌握事物的属种关系，粗略地知道它们之间的区别与联系。

为了让孩子掌握的概念更加丰富，还可以一起做亲子游戏：确立一个属概念比如动物，然后每人用交叉的方式，分别说出一个个体类概念，比如说兔子、猫、狗、猴……一次只说一个，不要重复，谁最先说不出来谁就输了。这种对话有时候可以持续很长时间。在说完"鱼"以后又说"泥鳅"，孩子如果明白，会立即抗议说泥鳅也是鱼。显然，孩子已经感到鱼属于动物，而且又包含着泥鳅，为孩子懂得属种概念在一定条件下相互转化的逻辑知识做准备。

接下来，就让我们一起来看看能够锻炼孩子判断力的趣味小游戏吧！

（1）交通工具

准备好印着交通工具的彩色卡片。指着卡片中的图案，问孩子："这是什么？"让孩子说出名称，并且问孩子这种交通工具的移动方式。搭乘这些交通工具时，有哪些必须注意的事项？要怎么样才不会发生危险？你要仔细为孩子解释；你也可让孩子说说搭乘交通工具时的经验。除了图画中的交通工具，让孩子说出他所知道的其他交通工具的名称。

详细分析

和孩子谈各种交通工具，可以增加其社会常识，并让孩子做出明确的判断。

（2）谁的东西

拿一些妈妈最常用或工作上使用的物品、孩子拥有的东西、爸爸的物品等，每三个排在一起，问孩子：

①哪一个是妈妈的东西？

②哪一个是爸爸的东西？

③哪一个是你的东西?

问孩子某项物品有什么用途,如果孩子不知道,就教他。

详细分析

借由全家人所拥有的物品,可以教孩子各项物品的名称及用途,并让孩子做出明确的判断。

(3) 分水果

首先准备一些常见的水果,如苹果、香蕉、橙子等,一个篮子,一个玩偶。将盛着各种水果的篮子放到孩子的面前,再拿出一些玩偶,对孩子说:"大熊要吃苹果,孩子请你帮它拿一个苹果。"随意说出篮子内的水果,或叫孩子拿不同的水果。当孩子熟悉游戏玩法后,可增加水果的种类以增加游戏难度。也可以角色互换,由孩子发出指示。

详细分析

可以教孩子学会认识水果,提高孩子对不同水果的判断能力。

(4) 叮叮当当的声音

首先将孩子带到厨房,为孩子演示切菜、炒菜、洗菜、刷锅碗等动作,要注意安全。在演示过程中,提醒孩子注意听各种声音的区别。你还可以让孩子到厨房外面仔细听,猜一猜听到的是什么声音。在这个游戏进行时,你还可以让孩子形容一下声音有什么不同。

详细分析

通过厨房里发出的不同声音,可以让孩子学会辨别不同的声音。

(5) 摸一摸、学一学

首先准备一支铅笔、一把尺、一块橡皮等。准备好以上文具后,放在桌

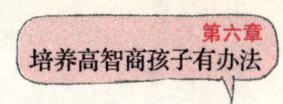

上，先让孩子看看桌子上的东西，同时告诉孩子这些物品的名称。然后替孩子带上眼罩，先让孩子自己摸一下物件，然后猜猜这是什么。

详细分析

可以教会孩子认识日常用品，并让孩子做出明确判断。

（6）堆石头

收集各种大小的石头，洗净后晒干再玩。练习区别石头的大小、数目，依照各个类别教导孩子。此外，你也可以依照孩子的喜好分类，教他数的概念。孩子投石头时，应注意安全。

详细分析

通过颜色、形状的比较、判断，可以让孩子对数产生兴趣。

（7）怎么办

准备好几个问题，让孩子自己做出判断：

①家长在适当时机提问："如果口渴你会怎么办？"孩子会回答："我会找开水或饮料喝。"

②"你饿了怎么办？" "找吃的。"

③"你困了怎么办？" "睡觉。"

④"感到太热怎么办？" "脱衣服，吹风扇，洗脸等。"

⑤"感到冷怎么办？" "穿衣服、盖被子、生炉子等。"

可以让孩子多讲几种办法，鼓励孩子出新点子。有时家中遇到突发的情况，让孩子想解决的办法。例如，傍晚正当全家人在看电视时突然停电了，大人让孩子想办法解决，这时孩子会摸到桌子前，打开抽屉找出手电筒；或者爬到爸爸膝上摸他的兜，从兜里找出打火机来让爸爸点亮。

详细分析

通过学习解决问题,可以锻炼孩子的判断力。

11. 锻炼孩子的语言能力

语言能力是现代人才必备的基本素质之一。对于这种能力,孩子在出生时就已经具备其潜能了。但是,这种潜能必须有一个先决条件才能得到有效地发挥,那就是让孩子生活在社会中,要用社会环境来发展他的语言智能。

经研究证明,孩子的语言智能需要一个自主学习的过程,并非亲人教或认的结果。只有当孩子有一定的兴趣和主动性时,其语言智能才能得到充分的发展。有时,父母的强求只会令孩子的精神更加紧张而影响学习效果。所以,一定要为孩子创造一个良好的语言环境。同时,还要适当加入一些亲子小游戏,让孩子的语言能力得以良好的发展。

在训练孩子语言能力前,需要了解孩子的表达倾向,到底属于不喜欢说话的孩子呢?还是很喜欢说话但无法说到重点的孩子?

若是不喜欢说话的孩子,父母要多鼓励孩子说话。一般来说,可以找孩子有兴趣的话题引导他。比如说,如果孩子喜欢飞机,你可以向他请教有关飞机的问题。对此,孩子可能会滔滔不绝地说,这样就能达到训练孩子的表达能力的目的。需要注意的是,孩子一向很敏感,如果父母只是假意问他问题,并没有专心听他说话,那么孩子就不会继续说下去了。还有一点,就是不要去打击孩子的信心。

对于那些喜欢说话但没有说到

重点的孩子，家长可以引导他。当孩子的思考方式呈现跳跃式前进，父母可以就某一方面深入问题，如为什么会发生这样的事情？为什么要这样做？别人对你这么做会有什么看法？还有其他更好的做法吗？其实提问训练可以锻炼孩子的思考整合能力和分辨能力，还可以增强孩子表达能力。

家长也可以鼓励孩子讲故事给自己听。你可以对孩子说："妈妈已经讲了很多故事给你听，你也给妈妈讲一个你最喜欢的故事好不好？"

下面，就让我们一起来看看能锻炼孩子语言能力的趣味小游戏吧！

（1）念童谣

可将孩子抱在怀里，轻轻地摇，或让孩子坐在旁边，一边口中念儿歌："摇啊摇，摇啊摇，摇到外婆桥，我给外婆行个礼，外婆夸我好宝宝。"不需要明白孩子懂不懂，只要他在听。

详细分析

声音柔和，琅琅上口的押韵儿歌反复地重现，可以培养孩子的语感。

（2）反向类推

对孩子说："现在我要说一个短句子，但我说到一半就会停止，所以你要仔细听，看看接下去要说什么。"然后问他："砂糖是甜的，那么盐呢？"引导孩子回答："咸的。"如果他答不出来，就让他尝尝实物的味道。也可让他回忆以前的经验，从而思考相反的意思。

可参考下述问题：

①冬天冷；夏天……

②白天亮；夜晚……

③热水热；冰水……

④绿灯行；红灯……

⑤火车快；三轮车……

⑥苹果红；香蕉……

⑦鸟在空中飞；鱼……

⑧山高；海……

⑨大人大；小孩……

也可以是以下的内容

①白天起床；夜晚……

②海绵柔软；石头……

③山高；谷……

④铁很重；羽毛……

⑤坐在椅子上；睡在……

⑥国王是男的；王后是……

详细分析

让孩子进行相反词的类推，可以提高思考力。

（3）读文字

开始时，让孩子读一些简单文字。文字卡上最好有注音，同时有图画，让孩子比较文字和图画。孩子认识某个文字后，将相应的图片剪掉，好让孩子仅看文字。

详细分析

家长使用文字卡，可以让孩子读出一个一个的文字，从而提高其对文字的关注度。

（4）学习语言

指着书写用的铅笔、钢笔、圆珠笔等其中一种，问孩子："这怎么用呀？"让孩子将笔拿在手上，体验一下如何使用。让他随便画，画出什么样的形状、图画、文字都没关系。孩子应该对此会很有兴趣。

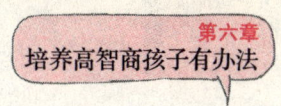

详细分析

让孩子观察写字用的器具，教他使用的方法，可以很好地丰富他的常识。

（5）唱歌

牵着孩子的手散步时，可以让孩子唱自己喜欢的歌；孩子在书本上画大象时，可以让孩子唱有关大象的歌。尽量找机会唱唱歌，使其心情愉快。你也可以唱自己小时候唱的儿歌给孩子听，孩子一定会觉得很新鲜。

详细分析

利用唱歌，可以让孩子表达自己的心情。

（6）工具的名称与用途

将孩子所熟悉的家中用品一一指出来，问孩子："这是什么？"让孩子回答。再问他："这个有什么用处？"让孩子详细说明。孩子不懂时，就解释给他听。在超市或商店购物时，可将商品一一指给孩子看，并告诉孩子其名称和用途，回家后再让他和家中的物品比较，让他指出不同点。

详细分析

可以让孩子了解每天使用的物品的名称、用途，从而丰富其生活常识。

（7）身体各部分的名称

问孩子："你的鼻子在哪里？用手指指看。"让孩子正确指出鼻子的位置。接着问他："妈妈的鼻子在哪里？你摸摸看。"让孩子示范给妈妈看。用同样的方法进行眼、耳、头发的触摸。或者不用手指，说眼睛时就眨眨眼，谈到嘴巴就张口再闭起，这也是个好方法。

详细分析

让孩子指出自己身体的部分,可以使其熟悉人体生理常识。

(8) 看图说故事

可以选一本孩子喜欢的故事书,并念给他听。之后,开始一句一句地教他记住书本中的内容,让他准确地记住。若只由父母单方面讲给孩子听,他就没有办法记住,一定要把握机会,让孩子记住书中的内容,在其他人面前背诵,然后在家人、朋友面前对着孩子说:"宝贝,你真会讲故事。连姐姐的故事书你也会看呀!"如此一来,孩子一定会得意,还能培养他在人前说话的习惯。

当买回一本新的故事书时,不要立刻念给孩子听,多留些时日以便让孩子自己先看看这本故事书。在这一时期,孩子会一页一页地翻阅故事书,以自问自答的方式思考故事内容。当他独自看完以后,你就可以针对书本的内容提出各种问题。这样,可以让孩子有机会表达他自己看过、用心感受过的故事。

详细分析

通过讲故事,可以培养孩子的语言表达能力,增加词汇。

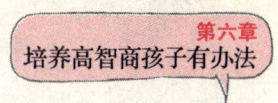

12. 锻炼孩子的分析能力

现代的父母一般都比较重视孩子的学习，忙于为孩子进入学校学习阶段做必要的准备，但大多都存在认识上的误区。有些父母要求四五岁的孩子会认、会写大量的文字，甚至个别的还要求孩子能够分辨"八、人、入"或"己、已、巳"等相近文字的细微差别。这种生硬的机械记忆，对这个年龄的孩子来说不仅是承受不了，而且会挫伤孩子的学习兴趣。

学龄前的孩子认识多少字并不重要，如果能在平常的生活中、在兴致盎然的游戏中锻炼和提高孩子的思维能力，一定会为孩子以后的学习打下良好的基础。

接下来，就让我们一起来看看能够锻炼孩子分析能力的趣味小游戏吧！

（1）动植物的知识

准备好彩色的动植物卡片，并依次指着卡片中的每幅图，要小孩子说出其名称，画中的东西会不会发出声音？发出什么叫声？接下来问他：

①在海里生活的是哪些？

②在河里生活的是哪些？

③在山里生活的是哪些？

④在田野里生活的是哪些？

这些动物与植物有没有其他特征？让孩子就他所了解的回答。

详细分析

通过观察动植物，可以培养孩子的理解力和分析能力。

（2）交通工具的今昔之别

准备好彩色的古今交通工具卡片，依次指着卡片中的每幅图，问孩子：

"这是什么？"让他将其知道的说出来；取古今交通工具卡片各一张问孩子："两幅画中，哪一幅是以前的交通工具，哪一幅是现在的？"你也可以回忆自己小时候各种不同的交通工具，讲给孩子听；你和孩子可针对今昔不同的交通工具进行交谈。

详细分析

可以让孩子知道今昔交通工具之别，培养知识。

（3）名称、形状、味道

准备好积木、水果、玩具等材料；让孩子蒙住眼睛，手放到身后，经由提示的形状，让孩子猜出东西的名称；如果准备了水果或食物，可让孩子蒙住眼睛，吃一点儿准备的东西，问他："你现在吃的是什么？"让他回答食物的名称；可制作温、冷、热三种食物让孩子吃，然后，让他说出他的感觉。

详细分析

借由手、肌肤、舌头的感觉，可以让孩子接触各种事物，从而培养他的辨别力。

（4）袋中掏宝

首先准备一个深色布袋、一个色子、一把钥匙、一个小圆球。把色子、钥匙、小圆球3种东西放入布袋里。放好以后，可以叫孩子把指定的其中一种拿出来。检查孩子是否拿对，如果错误及时指正。

详细分析

通过接触不同的物品，让孩子学会用触觉进行判断，从而培养他的分析能力。

（5）米缸淘宝

首先准备一个米缸和各种小物件，如钥匙、小玩具车、汤匙等。教孩子认识各种小物件的名称，然后，把东西放进预先准备的米缸中。再让孩子用手去摸米缸中的物件，并说出摸到了什么。当孩子能够顺利完成以上游戏后，可以增加难度，要求孩子把眼睛蒙上再来识别。

详细分析

可以让孩子学会用手去感觉事物，分析事物的区别。

（6）品尝味道的区别

首先准备好厨房的调味料，如盐、糖、醋、酱油等。将准备好的调味料放置在小碗中，然后指示孩子用手指蘸一下调味料并放进嘴巴尝试味道，同时告诉孩子这个调味料的名称。接着，可以给孩子蒙上眼睛，叫孩子用刚才的方式来试味道，然后说出尝到的是什么。在游戏过程中，需要讨论材料的味道，但是不要谈论调味料的颜色，让孩子能全神贯注地辨别味道。还要注意每尝试过一种味道后，要让孩子喝口水。

详细分析

通过品尝不同的调味料，可以让孩子学会辨别各种味道。

第七章

培养高情商孩子有学问

1. 对孩子赏罚要分明

家长应该结合事例对孩子进行诱导，告诉孩子，人生的快乐在于自己去创造一切。家长不要以为给孩子很多东西他就会快乐，给孩子的东西太多，往往会让他产生"获得就是得到幸福的源泉"这样一种错觉。而父母无节制地给予，无异于向孩子"行贿"。

当孩子得了高分或有较好的表现的时候就用金钱或物质来奖励孩子，其实，这就是"贿赂"孩子。事实证明，当孩子出于兴趣或进取心而表现出良好的行为时，家长若给孩子过多金钱或物质上的表扬，反而会削弱孩子的兴趣和上进心。比如，孩子自己喜欢画画，他并不需要家长的表扬和物质奖励，而只要获得认可就足够了，如果孩子画出很美的画，家长只要关注一下就可以了，但如果父母说："宝贝真棒，晚上给你做好吃的。"这样反而使孩子厌烦。孩子可能会这么想："我的努力和成就就只是为了一顿晚餐吗？"这样反而不利于孩子成就感的培养。

而且，即使依靠物质来奖励孩子的办法有效，这种效果也是暂时的，因为人在物质方面的欲望是永远不能满足的，"欲壑难填"这个成语就道出了人性的这种弱点。

心理学研究发现，孩子的某些行为，在靠单纯的外在刺激来维持的时候，刺激一旦减弱或消失，行为也就随之消失。所以"贿赂"孩子，不利于孩子养成良好习惯。当然，我们并不是绝对拒绝物质奖励，但是前提是要适当、适度。

下面这位家里有三个孩子的母亲的办法可以值得借鉴：

第七章 培养高情商孩子有学问

为了培养孩子的阅读兴趣，我在厨房的冰箱门上贴了一张纸，分别写了三个孩子的名字，举行阅读比赛。我规定孩子们每读完一本书，要在笔记本上写简短的文字，五行或六行，将摘要、主人翁和有趣又特殊的地方记下来。

每次，当他们将已经读过的书和写好的笔记拿来给我时，我就在冰箱门上，在他们的名字下划上一条线，根据线的多寡，可以看出谁读的书最多、字写得最好。每两个月结算一次，最多、最好的可以得到一样礼物。

即使一支铅笔、一块橡皮擦，对于得到它的孩子来说，最大意义是一种象征，象征某方面或某个行为受到肯定和欣赏。孩子都有好胜心，如此一来，他们变得非常勤快。

这个方法，除了可以用在培养阅读能力上，其他像"习字"、"培养良好的饮食习惯"等都行得通，用途非常广泛。而通过这种"图表"记录的方式，孩子可以从中知道自己努力的成果。所以，这种方式不仅可以鼓励某一良好行为，更能使孩子心理上产生朝目标努力的欲望。

奖励孩子，若能同时让他了解获得奖励的原因，不但能使他更加高兴，也使得他的心智随之成长！

（1）用正确的方法奖励孩子

作为家长可以这么做：

①3岁以前的孩子，他们对某些精神奖励方式缺乏体验，而看重他们所熟悉的某些物质奖励，比如，好吃的糖果、点心，漂亮的衣服、玩具等。所以，对于这个年龄阶段的孩子来说，父母就可采用物质奖励的手段，来强化孩子的好习惯和好行为。

②根据孩子的性格特点"因人施奖"，切忌千篇一律。对性格外向、活泼好动的孩子不宜过多地奖励，防止滋长他的骄傲情绪和虚荣心；对性格内向、不多语、不好动的孩子则应及时予以表扬和奖励，以增强孩子的自信心。

③随着孩子年龄的增长，可以慢慢过渡到诸如口头表扬、赞美、点头、微笑、关心或认可等精神奖励。例如，对三四岁左右的孩子，父母对于其良好表

现，可以把给他讲一个有趣的故事、带他到户外或公园游玩、和他一起玩游戏等作为奖励。

④父母在奖励孩子时，还要注意奖励的方向性和教育性。奖励孩子一定要掌握好方向性问题，不宜单纯为奖励而奖励。要让孩子明白，对他的奖励绝不是针对他做的事情本身，而是奖励他做事情的态度。例如，对于孩子助人为乐的行为进行奖励，要让孩子知道怎样做人、做什么样的人。奖励的教育性是指应通过奖励使孩子有光荣的感受，有幸福的体验，从而增强孩子的自尊心和自信心。

家长在奖励的时候，应做到精神奖励与物质奖励并重，且精神奖励要重于物质奖励，不能用金钱去奖励孩子，尤其是当孩子取得好成绩的时候，要让孩子自己觉得喜欢学习，把学习看成是一件有趣的事情。喜欢表扬与荣誉是孩子的天性，特别是低龄孩子，对物质奖励的需要是能够满足的，而对精神奖励的需要却是无穷无尽的。

（2）需要适当的惩戒

如果孩子生气时砸了杯子，即使他是无心的，也要让他知道自己的过错，为自己行为的后果负责。对孩子惩罚时要实事求是，偏离事实的指责，只能让孩子更不服气，从而产生强烈的逆反心理，达不到惩罚的效果。家长惩罚孩子之前，一定要向孩子解释一遍惩罚的原因。否则，孩子懵懵懂懂地受了惩罚，心里会很不平衡，从而产生叛逆的行为。如果孩子犯了错，需要被惩罚，而且你事先也警告过了他，那么，在他犯错后，就一定要实行惩罚的诺言。假如不处罚，你以后便难以下达命令，你的惩罚也就失去了作用。

（3）不当面袒护自己的孩子

很多家长，在孩子与别的小朋友发生争执的时候，会不管孩子是否有错误而偏向、袒护自己的孩子；在很多家庭里，每当孩子受到惩罚时，爷爷奶奶就会站出来替孩子说好话，时间长了，孩子就会把爷爷奶奶当成是自己的"保护伞"，最终性格变得扭曲，是非观念混淆，严重的还会影响到家庭的

和睦。

　　奖赏和惩罚的目的不是为了展示父母的教育艺术,更不是宣泄父母的感情,而是为了孩子能更健康、向上地成长。奖励和惩罚是两种相对的教育孩子的方法,父母对孩子奖罚,要以奖赏为主,孩子有进步就应该得到父母的奖励。同时,孩子也需要适度的"惩罚"教育。这种教育手段是让家长在适当的时机对孩子进行惩罚,罚得口服心服,才能起到抑制孩子不良行为的效果。

2. 用公平、公正的态度待孩子

　　诚信是一个人立身行事的根本。孟子曾说:"人而无信,不知其可也。"一个全无信用可言的人,一定会为众人所不齿。遵守诺言是每个人的立身之本,对教育孩子也同样适用。在家庭生活中,家长与孩子应像与成人的交往一样认真对待,这不仅是与孩子交流的一种合理形式,也是培养孩子健康人格的一种教育手段,这是孩子成长中所必不可少的。

　　大约在半年前,梅梅的妈妈带梅梅去姨妈的单位,在那栋办公楼里,有个又宽又直的楼梯。

　　昨天,妈妈又带女儿去找姨妈,没想到刚走进办公楼,4岁的梅梅就说:"妈妈,我想从扶手上溜下去。"梅梅的妈妈立即拒绝了梅梅这个危险的提议。然而,梅梅抗议道:"但是你答应过我!而且现在人又不多。"这时,梅梅的妈妈才恍然大悟。原来大约在半年前,梅梅第一次想要从楼梯上滑下来时,妈妈为了安抚她,曾经答应过,下次人少时可以这样做。没想到半年过去了,梅梅依然记得这件事,弄得妈妈无言以对,只能推说着急回家,带着梅梅匆匆地离开了。

　　小孩的记性,是说不清楚到底好还是不好的。但无论何时,家长都应该记得曾经对孩子的承诺,即使孩子忘记了,家长也要如约履行,这不仅是对孩子的尊重,也是对身为家长的自己的尊重。如果家长经常忘记对孩子的承诺,久而久之,孩子对家长的话产生了怀疑,甚至认为父母说的每一句话、每件事都不可靠,都是假的,不再相信父母的话。有时哪怕是父母真诚地说一件事,遇到的却是孩子冷漠的不屑一顾的神情,他无言地告诉你"我不相信"。

一位外国妈妈带着6岁的女儿,应邀到一位中国妈妈家来做客。

晚饭时,擅长烹饪的女主人说:"今天我做冰激凌给你们吃,你们尝尝中国人做的冰激凌好不好吃。"那个6岁的外国孩子认为中国人做冰激凌肯定不好吃,就说:"我不吃。"后来,女主人做好了冰激凌端上来的时,小孩子发现那冰激凌漂亮的造型,一看就知道会很好吃。孩子开心地说:"妈妈,这么好看的冰激凌,我要吃。"

中国妈妈是按份做的,并没有准备小孩子的那一份。于是,她说:"这样吧,你吃我这份。"没想到,外国孩子的妈妈说:"不,我的女儿她今天说过了她不吃冰激凌,因此,她今天不能吃冰激凌。"她女儿急了,赶忙说:"我今天特别想吃冰激凌,我今天一定要吃冰激凌。"外国妈妈还是不同意。小孩子哭得是鼻涕一把泪一把,但她妈妈就是不让吃。中国妈妈说:"给她吃吧,孩子嘛,哪能什么都跟她较真。"外国妈妈坚决不让她吃,一点余地都没有。于是,小孩子只能看着妈妈和女主人开心地吃掉了那些漂亮的冰激凌。

这位外国母亲选择了正确的教育孩子的方式,但并不是每一位母亲都有如此理智的做法。亲子之间的信任,很多时候并不是相互的,孩子由于年纪小,经常会改主意,而家长出于对孩子的爱,很可能忽略了自己的纵容言行所带给

孩子的深远影响。并且，如果家长也这样说话、做事，孩子会认为这样的做法是可行的，甚至是正确的，这将会对孩子良好品格的形成造成极坏的影响。所以，家长要在孩子还小的时候，逐渐培养他言出必行的责任感。家长也要以身作则，要说到做到，让孩子渐渐对自己说过的话负起责任。

（1）孩子的诚信教育应从家长做起

在教育孩子时，如果家长认为孩子年龄小就可以马马虎虎地对付，那就错了，家长的一言一行都会深深地刻在孩子的脑海里，而且他会随时翻出来照着做。如果有一天，当家长发现孩子言行不一时，回想一下自己以往的言行就可以得出结论，因为孩子的行为大部分都来自于家长的言传身教。承诺太多而又不能兑现，会使家长在孩子心目中的地位大大降低。在家长教育孩子"守信用"时，家长不妨先对自己的行为做一次剖析。当你答应了孩子的合理要求时，是否真的兑现？言行一致才能获得孩子的信任，建立相互理解、十分融洽的关系。同时，这也是为孩子上了一堂生动的诚信课，比起无数次的说教更有效果。

（2）"失信"后的做法很关键

当家长答应了孩子某件事，却因客观原因不能实现时，家长要有极好的耐心，以孩子能够理解的方式对孩子说明原因，指导孩子分析当前情况，明白道理，并引导孩子做出让步。在有必要时可向孩子道歉，并寻找适当时机完成自己的诺言，切记不可威胁孩子服从。如果家长总是用所谓的"权威"强迫孩子就范，孩子就越是怀疑或不相信家长，从而与家长之间出现矛盾、隔阂，影响亲子的感情交流和相互信赖，甚至出现逆反——家长越是让孩子往东，孩子越是要故意往西，使很多原本不该出现的矛盾毁掉了家长与孩子之间的亲密关系。孩子暂时的不情愿的答复便是以后不相信父母许诺的导火线，同时也为孩子变得信口雌黄埋下了伏笔。

（3）给孩子承诺要三思后行

家长的承诺是要坚守一定的原则的，所以，在家长接受孩子的要求或主动提出以某种奖励作为孩子努力的回报时，请三思后行。家长的承诺必须要以有利于孩子的健康成长为前提。家长不应在孩子面前夸口，胡乱许诺。如果孩子提出一些不应该提出的要求，这时父母要搬出原则，即把握好一个"度"。家长要清楚地告诉孩子，可以还是不可以。这样就会让孩子渐渐懂得在生活中还有"可以"、"不许"、"应该"等一些概念，是非分明才能促进孩子心理健康发展。

其实，爸爸妈妈为了保护孩子，大多会尽量美化现实，有时也因为不忍让孩子受苦，总是会说些善意的谎言。但当这一切的谎言被戳穿的时候，当孩子认清现实的时候，恐怕他们很难再全心全意地相信家长——即使你这次说的是真话。假如，你告诉女儿："宝贝，妈妈出去一会，很快回来。"但是，女儿根据过去的经验，认为母亲这句话的意思其实是说："孩子，妈妈要出去了，你要乖乖的。"那么，即使今天你只是出去扔垃圾，然后马上回来，孩子也不会相信了。如果父母在告诉孩子事实的时候都加以美化，孩子会想，家长是不是无法接受负面的信息，进而造成孩子隐瞒事实的习惯。你想保护孩子，但孩子形成了说谎的习惯以后，你又能从他那里得到什么样的信息呢？所以，家长一定要让孩子了解，你可以告诉他他想知道的事情。

此外，家长要教导孩子如何面对现实的生活。虽然有时现实的社会不如他想象中的完美，但要逐渐培养孩子接受不完美事实的真相。虽然有时候现实会让孩子伤心、沮丧，但是，家长在事后可以表扬孩子，告诉孩子在这次的事件中他做得是多么勇敢，或是做得多么棒，帮助孩子做好心理调节。

3. 对孩子不要过度溺爱

著名教育学家陶行知认为，孩子的成长和发展需要有一个宽松的、开放的、积极的环境，需要在父母的热切期望和等待中来引导孩子的成长。孩子的发展，要遵循天性，不能任意抹杀孩子的创造欲望和玩乐心态，要给予孩子自由的空间，要让孩子自由地发展。

孩子的成长不仅包括他身体增长，更主要的是他的语言、精神、气质、思想以及为人处事能力的提高和发展。可为了使孩子的成长迅速一些，许多父母往往采取一些过于积极的教育措施，例如请家教、报特长班等，根本无视孩子的兴趣。

不可否认，孩子多掌握点知识、多学点本领，本来没有什么坏处，但关键是要孩子自己愿意。否则，只能适得其反，不但不能让孩子按照自己的愿望发展，还可能极大地挫伤孩子的积极性，这是得不偿失的。父母指导孩子太多，关注孩子太多，或者采用的强制措施和管束太严格，都会不利于孩子自由、健康、快乐地发展。所以，对于孩子的发展，一定要因人而异，一定要给予孩子一定的自由空间。

（1）过度保护会使孩子失去自信

5岁的小兰，在离家两条街的小公园里玩。

小兰的妈妈领小兰走过了单杠，她们看见有些小孩在单杠上翻腾，翻转过来，然后又倒挂在单杠上，小兰高兴起来："让我试试，妈妈。""不，小兰，那样太危险了，还是去坐滑梯吧。慢慢走上去，小心不要摔着，我要在底下接着你。"小兰慢慢地、小心翼翼地爬上了滑梯。她坐下，慢慢地往前蹭一蹭，坐到了滑梯边上，两只手紧紧抓住滑梯的扶手。"等一等！等其他的孩子滑完了，要不他们会撞到你的。""好了，你现在可以滑下来了。"滑了几次滑梯，小兰说："我想回家了，我累了。"她拉着妈妈的手，慢慢地回家去。

整个过程中，小兰从来没有大声叫过，放开嗓子笑过，没有跑，也没有跳过。这样的故事，每天都在上演。

孩子们需要一定的空间去成长，去试验自己的能力，去学会如何对付危险的局势。家长不要为孩子做任何他自己可以做的事。如果我们过多地做了，就剥夺了孩子发展自己能力的机会，也剥夺了他的自立及自信心建立的机会。孩子们需要学会怎样去忍受在生活中碰到的伤痛。

（2）让孩子保持快乐

如果孩子是个书迷，但同时还热爱于饲养小动物或参加舞蹈训练，那么，他的生活将变得更为丰富多彩，因此他也必然更为快乐。但家长无休止地把他们送去学习他们不想学的东西，使孩子失去读书、打球、交友、唱歌的时间，过着这种生活的孩子，怎么可能有乐观的情绪？

红红喜欢下围棋，目前已经下了两年，并且是周六休息日去学习，但是她仍是风雨无阻地坚持，回来还会主动练习下围棋，完成老师留的作业；孩子也学习电子琴，平时要练习两到三个晚上，可是她一点都不反感；学习之外，红红每天都要阅读30分钟以上，并且是主动阅读，对于她来说，如果剥夺了她读书的权利，就是剥夺了她的快乐。

从孩子喜欢学习这些内容来看，她感觉到学习是快乐，进步是快乐的，自己比别的小朋友快乐，这些快乐让她很愿意继续学习。

孩子的起点是一样的，之所以后面会有那么大的差异，关键在于我们没有保护好孩子学习的积极性，没有保护好孩子学习的快乐感。由于一些无形的期望或者错误的方法，逼迫孩子做一些事情，使他们的快乐感消失得无影无踪。

（3）不要过多地干涉孩子的行动

事实证明，训斥、干涉和棍棒威胁并非成才的必要条件，而且常常适得其反。棍棒威吓暂时会起作用，但不会持久。父母把孩子当朋友，这是家庭教育中的重要原则，这需要家长有良好的情绪修养，较高的精神境界和摆脱亲子感情纠缠的超脱精神。

沙滩上，冉冉拎着一只小桶拿着一个沙铲，不停地往小桶里铲沙，装满后又倒出来，然后再装满，再倒出……妈妈看到了，赶忙跑过来："冉冉，怎么老是倒来倒去的啊，装不满吗？妈妈来帮你吧！"说着，就用铲子把沙子填满了小桶。"不是，妈妈，我自己玩就可以了。""你老是来回来去的没有什么进展啊，看，这样装不是很快吗？"冉冉看着卖力装沙子的妈妈，很是郁闷，但是也不好制止母亲的行为，其实她只是觉得倒来倒去很有意思而已。

在生活中，孩子经常会超出家长的理解范围，做一些自己喜欢的事，这时，家长没有必要做过多的干涉，甚至孩子因"走投无路"而发出"求救"信号时，家长都应该沉住气，让他有时间自己思考：这样玩是不是有意思？还有没有别的办法？孩子已经具备独立的思维和能力了，过多的干涉只会让孩子觉得烦闷不堪。

（4）别抹杀孩子的主见

很多人都有从众心理，喜欢随波逐流，做事的动机不明确，看到别人怎么做自己也怎么做，缺乏自己的主观见解。在成长的道路上，如果孩子只懂得沿着约定俗成的标准前进，那么，最终会渐渐失去自我。

"横看成岭侧成峰，远近高低各不同"。凡事都很难有绝对的统一定论，谁的意见都可以参考，但永远不可以用别人的意见代替自己的主见，不要被他人的论断束缚了自己前进的步伐。遇事没有主见的人，就像墙头草，没有自己的原则和立场，不知道自己能干什么、会干什么，自然无法迈向成熟。所以，在生活中，家长不要给孩子太多的约束和"规矩"，这样只会让孩子慢慢变得一无是处。

一名中文系的学生苦心撰写了一篇小说，请作家批评。因为作家正患眼疾，学生便将作品读给作家听。读到最后一个字，学生停顿下来。作家问道："结束了吗？"听语气似乎意犹未尽，渴望下文。这一问，煽起学生的激情，立刻灵感喷发，马上接续道："没有啊，下部分更精彩。"他以自己都难以置信的构思叙述下去。

到达一个段落,作家又似乎难以割舍地问:"结束了吗?"小说一定摄魂勾魄,叫人欲罢不能!学生更兴奋,更激昂,更富于创作激情。他不可遏止地一而再、再而三地接续、接续……最后,电话铃声骤然响起,打断了学生的思绪。

电话找作家,急事。作家匆匆准备出门。"那么,没读完的小说呢?其实你的小说早该收笔,在我第一次询问你是否结束的时候,就应该结束。何必画蛇添足、狗尾续貂?该停则止。看来,你还没把握情节脉络,尤其是缺少决断。决断是当作家的根本,否则拖泥带水,如何打动读者?"

学生追悔莫及,自认性格过于受外界左右,难以把握作品,恐不是当作家的料。

很久以后,这名年轻人遇到另一个作家,羞愧地谈及往事,谁知这个作家惊呼:"你的反应如此迅速、思维如此敏锐、写作能力如此强盛,这些正是成为作家的天赋啊!假如正确运用,作品一定脱颖而出。"

一味听信于人,便会丧失自己,做任何事都患得患失、诚惶诚恐。做人做事,一定要独立思考,明辨是非,能够选择正确的立场观点。如果做事先怕人议论,做到中间,一有人提出反对意见,就不敢再做下去了,这不仅说明这个人没有定力,也说明其没有主见。没有主见,就不可能成为一个独立自主的人。孩子如果整天活在别人的阴影里,日久难免会陷入随波逐流、一味依赖他人的境地,失去自己的主见。

父母在日常生活中,应该有意识地培养孩子的自主能力,让孩子拥有自己的主见,活出属于自己的最佳状态。

4. 莫要无休止地唠叨孩子

在每一个家庭中,孩子都被寄予了极高的期望。家长们会为了孩子能够茁壮成长,不厌其烦地提醒着孩子不要犯这样那样的错误。然而,这样的唠叨对于生性叛逆的孩子来说，无疑是他们更加调皮的"导火索"。很多家长出于对孩子的爱，习惯了这样"杞人忧天"，但所造成的反向效果会使得孩子更加顽劣，难以管教，结果演变成了家长对孩子各种坏毛病的应接不暇。而各种各样的"问题孩子"就是在家长们不恰当的教育方式中"炼"出来的。

在对孩子的教育中，许多家长都会有苦难言，自己做的这一切都是为孩子好，他们不但不领情，居然还会讨厌爸爸妈妈。可是，家长们有没有设身处地地站在孩子的立场考虑过呢？成人对这种不断重复、过度冗长的说教都有反抗心理，更何况孩子呢？没有生来就想调皮捣蛋让家长头疼的坏孩子，有的只是不会引导教育的笨家长。只要家长多尊重孩子，以孩子的角度思考问题，感受孩子的内心，找到正确的、孩子可以接受的方式引导孩子改正错误，相信你的孩子必将会对你敞开心扉，健康成长起来。

毛毛4岁了，在幼儿园里是小朋友心目中的"老大"，这不仅仅是因为他比同龄的小朋友长得强壮，也是因为毛毛具有极强的正义感。他心目中的英雄是"咸蛋超人"，他要像超人一样保护小朋友们不受伤害，如果有坏孩子出现，就一定要打败他。

在幼儿园里老师和小朋友都喜欢的毛毛，在家里却是个十足的"小霸王"。当爸爸妈妈说他的时候，他往往都会回以激烈的反抗。每天妈妈最多念叨毛毛的就是"毛毛，你怎么又把家里弄得这么乱"、"毛毛，到幼儿园一定要好好学习"、"毛毛，一定要听话"。

学龄前的孩子们已经逐渐形成了一定的个人观点，他们对客观事物都会有自己的看法。毛毛在学校之所以会"如鱼得水"，是因为老师们发现了毛毛的性格优点，小朋友们以同龄人的眼光对毛毛的优点通过友谊的方式给予了肯定。而毛毛之所以在家里并不是一个听话的好孩子，是因为在家中爸爸妈妈总是在反复提到毛毛的不足，忽视了毛毛的性格优点。这两种极大态度反差使得孩子不能够对自己的错误进行正确的认识，并且孩子心智尚且稚嫩，还没有能力独立分析这两种截然相反的态度是缘何而成。在遇到这种情况的时候，家长们不但没有给予孩子正确的引导,反而用唠唠叨叨的态度使得孩子的逆反心理逐渐变强,这不仅是阻碍家长与孩子交流的巨大鸿沟,也极有可能会使孩子丧失对家庭的亲切感。

(1)"释兵权"化干戈为玉帛

家长不要过分限制孩子的权利,总替孩子做出决定,应多给予孩子自由选择的空间。硬性的命令会让孩子觉得不被尊重,这在他们的世界中是不能够接受的,于是,只会造成家长指东他往西的局面。如果家长再使得这种命令以反复不停地唠叨的形式出现,会让孩子更加厌倦家长的话,养成只要听到家长的话就马上产生相反的想法的习惯。家长们应该多给予孩子自己做决定的机会,即使是对孩子正确的约束,也要讲究语言的艺术。例如,家长想让孩子收拾自己的玩具,可能会对孩子说:"晚饭前必须把你的'破烂'收拾干净!"相信这样的命令多数孩子是不会听的,而家长看到孩子不听话,就会反复催促,结果不言而喻。但如果家长换一种说法:"宝贝,你的玩具都累了,想回家休息,你是想饭前送它们回家呢,还是饭后?这样,明天它们才能有精神陪你玩啊!"这样的说法,委婉地将必须收拾玩具这个中心内容变得让孩子容易接受,并在"何时收拾"这个吸引孩子的主权选择问题中给予孩子被尊重感。仅仅是换了一个说法,就让孩子愉快地接受了家长的意见。若孩子自愿做一件事情,他就会有很高的积极性,这样家长便不需要反复督促孩子,避免了与孩子的正面冲突。

(2)晒"陈芝麻烂谷子"对孩子百害无益

很多家长在反复唠叨孩子的时候,总喜欢晒晒那些"陈芝麻烂谷子"。例如,孩子因为害怕惩罚向家长撒了一次谎,家长就会抓住孩子的"小把柄",每次当孩子给出家长不能够马上确认的回答时,家长就会说上一句"你没撒谎吧",有的家长甚至将这种话用在孩子对家长展示自己小成就的时候。家长们认为,这样的反复提醒会让孩子避免犯同样的错误,并没有考虑到孩子的感受,这样极有可能会让孩子感觉到自己一次的错误就仿佛给自己刻上了错误的标志，认为自己就是那个样子的。孩子的心理承受能力是有限的，他们一旦受到批评，总需要一段时间才能恢复心理平衡，当反复因为同一个原因被批评时，孩子就会想："爸爸妈妈总是看我不顺眼！"这样，孩子失落的情绪始终无法平复，就会引发极端的抵抗心理。所以，家长对孩子的批评应该坚持"一次错，一次批评"的原则。如果孩子在短时间内又犯了同样的错误，家长就要注意，不应该反复用同样的态度批评孩子，需要换一个角度、换一种方式来让孩子认识错误。这样，孩子才不会觉得同样的错误被"揪住不放"，逆反心理也会随之下降。

（3）务必"实话实说"，切忌"危言耸听"

家长要克服唠叨，首先就要学会在对孩子进行教育之前，理智地组织语言，绝不能信口开河。例如，为了让孩子抓紧时间做作业，家长说今天不做完作业不能吃饭，但又担心孩子肚子饿，就没事找事地说："你饿不饿？""快做快做，饭都凉了。你还想不想吃饭？"诸如此类自相矛盾的话。这样会让孩子认为，其实家长还是会在自己面前妥协的，长此以往，家长说话的说服力便会下降，以至于孩子变得无法无天，认为"反正到最后还是会听我的"。家长对于自己已经说出去的话，一定要做到掷地有声，即使孩子因为没有做完作业而饿肚子，也要让孩子体会到这是自己的错误造成的后果。又如，家长想叫孩子起床吃饭，可能在还没有迟到的时间就对孩子喊道："迟到了！还不快起床！"而当孩子起来后发现还没有迟到，会认为被家长欺骗了。长久下来，自然就会认为家长的话是带有一定"水分"的，在家长讲到某种事情的危害时，孩子会认为其实这件事并没有家长说的那么严重，从而自作主张去尝试极其危险的事情。家长应该为自己的每一句话负责，这不仅仅是为孩子在诚信方面做出了榜样，同时也让孩子学会了正视家长的训诫，而家长也没有必要再反复地唠叨孩子了。

（4）"泛泛而谈"是唠叨的根源

如果你是一位唠叨的家长，那么不妨仔细地回忆自己每天对孩子唠叨的内

容，是否每一句都十分有用，且极具针对性？家长们都会为孩子担心各种可能发生的危害，事无巨细，都会反复强调叮嘱，但往往对孩子说了100句话，其中只有一两句才真的对孩子有用。而耐心有限的孩子则因为98句无用的叮咛而忽略了那一两句有用的箴言。所谓"好钢要使在刀刃上"，家长们应该在孩子能接受的范围内，给予孩子具有实际效用的指导。指导性的言语不在多而泛，要少而精。

5. 对孩子要晓之以理、动之以情

一直以来，人们认为孩子服从于家长、听家长的话，学生服从于老师、听老师的话，都是天经地义、无可辩驳的事。然而，如今这一情况已有了极大的改变。所谓服从的关系，是主人、上级以及雇主具有绝对控制能力，因此，他们控制仆人、下级或雇员。但是，孩子并不是家长的仆人，也不是家长的下级。所以，孩子与家长应该建立友好的亲子关系，而不是服从的关系。如果家长一味地要求孩子服从，久而久之，孩子容易产生逆反情绪。

一个孩子喜欢游泳，经常在父母的陪伴下和同班的小朋友一起去游泳。

有一天，她的父亲在单位看报纸，看到一条消息，一个孩子游泳不慎被淹死了。父亲立即给孩子打电话，告诉她下午不要去游泳。孩子问为什么不让去，父亲没有任何解释，而是生气地说："不让去就是不让去！"然后把电话"啪"的一声挂上了。

下午父亲下班回到家里，看到孩子不在，桌子上留了一张纸条，上面写着："爸爸，我和同学去游泳了。不是我不想听你的话，而是想以此告诉你：我已经不小了。"

"让游泳"与"不让游泳"是相反的内容，父亲知道游泳的好处，但出于担心安全问题，而不让孩子游泳。这位父亲如果能改变"孩子必须服从家长"

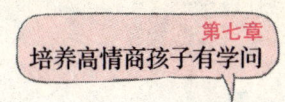

的态度,对孩子讲清楚事情的原委,并告诉孩子"可以去游泳,但必须有安全措施"的话,孩子一定会理解的。

家长与孩子之间存在的血缘关系是永远不会断开的,无论从亲情上、良心上、道义上、责任上、义务上,家长永远不能统治自己的孩子。因此,我们不应该觉得孩子服从家长是天经地义的,让孩子服从家长的强硬行为应该适可而止。

孩子有时不听家长的话,家长应当主动了解他不服从的原因。比如,有时家长说的话,孩子听不懂,家长必须重说一遍或做个样子给他看,他才服从。有时孩子要问为什么,家长要解释给他听,他才服从。当然,家长也要留心,不要养成孩子等着重复命令的坏习惯。

(1)让孩子认同家长的教育内容

家长应该让孩子认同你的教育内容,而不是让孩子服从。教育孩子需要双方的配合,不是一厢情愿的事。家长往往忽略这一重要原则,习惯于"我说你听"。为什么在家长与孩子之间经常出现"顶牛儿"的现象?原因就是孩子对家长说的话不认同。有时,家长的教育意图是对的,但在教育孩子时,没有对上孩子的"心"。

小孩子挑食是非常常见的现象,对于不喜欢吃的东西,是该逼着他吃,还是该放任他?专家说,孩子的挑食往往是由于家长的某些做法才导致的。

小美是个挑食的孩子,最喜欢吃的就是肉,平时家长为此没少骂她,可她的习惯依然如故。为了能让孩子吃点蔬菜,妈妈想了一招。妈妈给小美订了个规矩,每天如果想吃冰激淋或者是巧克力,就必须要吃半碗蔬菜,这个方法还真奏效,孩子果然为了每次饭后的甜品,大吃蔬菜。

你是否也想用这个方法应对自己孩子喜欢吃肉的问题?专家说,这个方法只能让孩子越来越讨厌吃蔬菜。小孩子喜欢吃甜品,为了吃甜品,要吃掉半碗蔬菜,这个规定让孩子认为,甜的东西、油腻的食物非常好吃,清淡的东西、

绿色的食物非常难吃。假如家长把菜花做成像甜品一样的可爱食物，相信孩子也会为此而喜欢上吃蔬菜。

当家长在强迫孩子吃东西时，即使最后一般以家长的胜利而告终，但依旧无法让小孩子喜欢上他所不想吃的东西，你也许可以强迫他吃一次，甚至可以强迫他吃十次，但这种强制的做法，只会增加孩子对该食物的反感，无法让他喜欢上这种食物。所以，家长在这个问题上，要利用一些小计谋，让孩子自己轻松地喜欢上某种食物，而不要靠逼迫来实现。

（2）家长与孩子之间建立起一种真正的朋友式关系

孩子是家长生养、培育的亲生骨肉，是与家长血肉相连的最亲密无间的朋友。从这个角度上说，家长与孩子之间何不从一开始就建立一种最亲密无间的朋友关系呢？家长与孩子之间建立起一种真正的朋友式关系，才是现代社会中比较理想的一种新型亲子关系。孩子年幼的时候，正是其最无助、最需要帮助的时候。家长若以家长之心、亲人之情、朋友之谊，真诚地、全心全意地帮助孩子度过他一生中最无助的阶段，当孩子长大懂事之后，当家长年老体衰的时候，他就会以一颗感恩之心像家长当年对待他一样对待他的家长，他会将家长视为他一生的知心朋友。

（3）家长要立场明确，对孩子晓之以理

小雅是个可爱的孩子，她学习好，懂礼貌，是个人见人夸的好孩子，可就是有点缺乏主见。

小雅最近与班上另一个孩子来往较密切，那个孩子大大咧咧，学习不太好，也有一些坏习惯，如上课不认真听讲，抄袭别人的作业等。她最近对小雅特别亲近，主要原因是小雅成绩好，可以经常抄小雅的作业，甚至考试的时候让小雅传递答案。妈妈发现这个现象后，严肃地对小雅说："你与同学交朋友是好事，但一定要有原则。比如，你最近交的这个朋友，她如果很好学，跟你在学习上互相促进，我一定支持你们的交往。可她因为懒惰而抄袭，甚至让你跟她一起考试作弊，这就不是好事了。这既让她养成了懒惰、不劳而获的坏

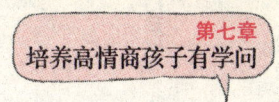

思想,也会把你拖向深渊。"

妈妈继续说道:"你一定要向她讲清这个道理。如果她能接受,你们可以继续在一起;如果不能,就尽量与她保持距离。"

孩子的道德评价能力最初是在家长的影响下形成的,所以,家长对周围现象的评价,应有坚定的原则性和高度的鲜明性,热烈地肯定和赞扬那些属于"是"和"善"的事物,坚定地否定和贬斥那些属于"非"和"恶"的东西,帮助孩子形成正确的道德观。

6. 教育孩子要讲究科学方法

家长专制,就是指家长们过度相信自己的权威而在家中实行专制独裁,家中的一切均由家长说了算,不去征求孩子的意见。例如,把自己的意志强加给孩子,不让孩子自己决定自己的事情;孩子的一切都听大人安排,在招待亲朋好友时不让孩子说话;当孩子对家长的做法不满时,就严厉批评甚至打骂……这种家长专制对孩子的健康成长极为不利,会给孩子幼小的心灵留下阴影。

龙龙和小伙伴们相约,周日下午都去大宝家玩耍。吃过午饭,他向爸爸请示时,爸爸却拒绝道:"哪儿都不许去,整天就知道乱跑!""可是……我跟大宝他们都约好了。"爸爸仍然说:"不用去了!一会儿我给大宝他爸打个电话,下午要学画画——你在家呆着!"

龙龙难过极了,这可是他第一次在小伙伴们面前失约,更可气的是,爸爸竟然这样对他。龙龙气不过,就把自己关在屋子里哭,任爸妈怎么叫也不出来了。

龙龙已经是个懂得信用是什么的孩子了。龙龙的爸爸让儿子学画画是对的,但是,既然已经跟小伙伴们约好了,那么,作为爸爸就应该理解,孩子讲信用是好事，就算某种原因不能赴约，也要教儿子怎么去道歉，而不能这样一味的训斥。如果家长把自己的意志强加于孩子，按自己的意愿规定该做的事和不该做的事，完全忽视孩子的独立人格，那么可以想象，龙龙与爸爸的矛盾肯定会加深，对龙龙的身心健康也会造成很大的危害。

（1）别让家长的"权威"毁了孩子的自尊心

作为成长中的孩子，年龄越大，自尊心越强，他们都希望家长尊重自己、爱护自己。家长尊重孩子是培养孩子性格很重要的环节，允许孩子和小伙伴进行正常交往，在别人面前树立他的信用，而不能一味地把孩子拴在自己身边，更不能当着客人的面数落、训斥他，以免伤害他的自尊心。家长在爱护孩子的同时，还要信任他们，允许他们有自己的选择。如果家长认为孩子的观点与自己的不同，要心平气和地说明理由，采用商讨方式，以理服人。不要总是用成人的态度来教育孩子，用命令式的说教进行批评，使得孩子产生逆反心理。

同时，在教育孩子与传授孩子知识的时候，家长望子成龙心切，急于求成，只从主观愿望出发，把孩子看成实现自己心愿的工具，要求孩子必须这样必须那样，最终，过高的要求会致使孩子难以接受，从而产生厌倦和抵触情绪。所以，只有从孩子的实际水平出发，循序渐进地启发、教育孩子，才能达到教育目的。

（2）"暴力统治"会让孩子疏远你

专制型的教育方式会引发许多问题，问题之一就是孩子感觉不到家长对他的爱。同时，孩子会从内心深处生出对家长权威的惧怕，这种惧怕严重到会形成对孩子生活的控制，甚至延续至孩子成年。

专制型的教育拉开了家长与孩子之间的距离。

首先，它会让家长专注于消除孩子的缺点，而往往忽略了孩子的优点；其次，由于家长注重的只是惩罚孩子，使得他们不会去学习采用其他更为适当的方法来纠正孩子的不良行为，而那些方法原本就能减少惩罚孩子的必要性；最后，专制型教育方式最为糟糕的一点是，孩子的行为更多的是出于害怕惩罚，而不是打心眼里乐意这么做。因此，他们无法培养起自身内在的控制力，一旦控制者转过身去，被控制的孩子就会像脱缰的野马一样放纵。

对此，父母只是埋怨孩子不理解父母苦心，甚至采取施加打骂这样的粗暴方式，不仅不奏效，还往往事与愿违。

心理学实践证明，存在心理问题的孩子，大多是因为父母采取了"单向教育"，他们不了解孩子的内心，刻板地说教、粗暴地打骂、无情地强制，不仅恶化了亲子关系，还让孩子丧失了安全感和归属感，影响了孩子的身心健康和个性的健全发展。

所以，当孩子犯了错误的时候，父母应耐心细致地作好孩子的思想工作，告诉他哪儿错了，为什么错了，同时还要告诉他，同样的错误不要重犯，要及时地纠正，要吸取教训。切莫用简单粗暴的方式对待孩子，只有这样孩子才能健康成长。

总而言之，专制型的教育方式不利于孩子的成长以及家庭的和谐。

（3）做孩子的知心朋友

随着社会的巨大变化，人们的观念也在不断进步，家长应当和子女交朋友，在家庭中建立民主、平等的关系。比如，经常和孩子一起游玩、聊天，来了解孩子的所思所想，体察孩子内心情感的变化，通过循循善诱启发诱导，使孩子自觉地求上进。在家庭中，人人都有发言权，谁对就听谁的。这种融洽、和谐、生动活泼的家庭关系，既有利于孩子各方面的健康成长，又有利于家长和子女间的相互沟通。家长不要总是凌驾于孩子之上，搞家长制，以免造成隔阂。

（4）严格也要讲究方法

作为不谙世事的孩子，往往见什么学什么，难免会犯错误。对孩子的缺点、错误，家长不要一味训斥指责，更不要粗暴地发脾气和打骂孩子。家长对待孩子采取粗暴的专制管教，事事过问和干涉，一心一意希望自己的孩子越"温顺"、越听话越好，这样过分的管教恰恰害了子女。因为孩子会对家长不

信任,从而引起反感。

因此,对于家长来说,当孩子出错、失误的时候要亲切指导,用温情去规劝,帮助他懂得做人做事的道理,树立自信心,不要埋怨、责备。

家长对孩子要尊重和理解,并不等于对孩子放任自流、随心所欲,作为家长还是要对其严格要求,要让孩子有良好的生活习惯,懂文明、讲礼貌等等。

7. 自尊——让孩子从小懂得自尊、自爱的秘诀

孩子的心思十分缜密,尤其是女孩子,他们在成长的过程中,时刻都渴望得到别人的鼓励和赞美,同时,也害怕别人的轻视。因此,家长一定要注意自己的言行,因为很可能一个不经意的动作,就伤害了孩子的自尊、自信。

如果一个孩子在成长的过程中,自尊心受到了伤害,那么他就很容易形成消极的自我评价,这不利于自信心的培养。因此,作为父母,要积极维护他的尊严。

萱萱的小伙伴笑笑去萱萱家里玩,两个人先是开开心心地摆弄了半天娃娃,又拿起小蜡笔开始画画,这时,萱萱的妈妈回来了,看到两个人已经画完准备出去玩,就顺手把两个孩子涂抹得乱七八糟的纸张卷在一起,并准备扔掉。谁知笑笑见状,急步过来对萱萱的妈妈说:"阿姨,别把这些画扔了,我还要带回家去呢。"萱萱的妈妈一愣。笑笑又问:"阿姨不喜欢我的画吗?但是我妈妈一定会喜欢。她告诉我,不管我做什么她都喜欢,因为她爱我,我是

天下第一。"笑笑显得很认真。萱萱的妈妈若有所悟,笑笑的自信在她妈妈的培养和鼓励下已经根深蒂固了。而萱萱的妈妈则有点自愧不如:"笑笑妈妈的言行举止,在潜移默化中使孩子树立信心,而我险些将孩子的自信心毁掉。"

孩子都是敏感而又害怕失败的,所以,家长对孩子的批评也应该恰如其分,不应把几次错误夸大成永久性的过失。家长应该具体指出孩子的错误及犯错误的原因,使孩子明白自己所犯错误是可以改正的,并知道从何处着手改正。

爸爸的工具间里一片狼藉,工具被扔得到处都是,旁边还凌乱地散放着女儿艳艳的几个小玩具,下班回家的爸爸一看到这种场景,不由得怒火中烧。他转身走到屋里,见艳艳正在玩电子游戏,他一把将她抓了出来,把她推推搡搡地领到工具间,并厉声问道:"这些是什么啊?我告诉你多少次了,要把工具放回原处。你没长脑子吗?"

艳艳害怕地有些发抖,她害怕爸爸打她,就大声地喊妈妈,妈妈正在厨房做饭,听见艳艳的喊声,急忙跑了过来。这时候,爸爸已经怒不可遏地伸出了巴掌,妈妈一把拦住了爸爸抢起来的胳膊,她问道:"发生了什么事情?"

爸爸仍然怒气冲冲,他说:"你让她自己说说!"

艳艳低声对妈妈说:"妈妈,我的玩具车坏了,我刚才在工具间想修好它,可这时候,你来叫我接电话,我就拿起电话和朋友聊了起来。结果,放下电话后就忘了正在修理的玩具车,回屋玩游戏机了。妈妈,我总是做不好我的事情。"

很显然,爸爸怒气冲冲的样子,已经使艳艳感到非常沮丧,她心里正责怪着自己。妈妈一见此景,连忙说道:"不是的,你不是想要修好自己的玩具车吗?"见妈妈没有批评她,艳艳抬起头来看着妈妈。

"那么,现在让爸爸带你修理玩具车,好不好?"妈妈说。艳艳听妈妈如此说,很认真地点着头。爸爸有些莫名其妙,妈妈示意他帮助艳艳修理玩具车,他虽然余怒未消,但是也逐渐平静下来,于是,爸爸和艳艳两个人一起对玩具车进行了修理,妈妈也在一旁指导着。

修完了以后，爸爸正准备收拾工具，艳艳却说："爸爸，我自己来收拾好工具，我记得它们原来的地方，我自己来收拾好吗？"爸爸很是惊喜，他点了点头，站起来看着女儿认真地收拾着。

爸爸几乎伤害了艳艳的自尊心，让她觉得自己什么都做不好，但是，妈妈及时改正了爸爸的错误。孩子很小，难免要犯错误，家长所应该做的，就是对她提出改正建议，而不是一味地批评训斥，损伤其自尊心。"失败乃成功之母"，惟有鼓励和支持，并让孩子意识到错误，才能使孩子不对犯错误产生恐惧感，有勇气犯错误，也有勇气承认错误，同时也相信自己能做得更好。

对于孩子来说，还有一点比较重要，那就是家长不能过分关注孩子的体重或严格限制他们的饮食量。一项新的研究发现，这样做，会破坏孩子的自尊心，进而破坏孩子的自信心。

此项研究，对197名5岁的孩子及他们的父母进行了调查。研究人员首先测量了这些孩子的体重，接着对他们的自尊心进行了问卷调查，最后，对他们的父母就这些孩子获取食物和体重的情况进行了问卷调查。结果发现，家长越盯住他们的体重不放，越控制食物，孩子对自己的评价就越低。

不要以为孩子小就没有自尊心，相反，孩子也有他自己的面子。如果在孩子的成长过程中，伤害了他的自尊心，无异于毁掉了孩子的自信心。因此，父母要注意自己的言行，极力维护孩子的自尊心。那么，如何能很好地培养孩子的自尊心呢？家长们不妨来试试这个亲子小游戏：

对拍气球

准备好一只大气球和几把扇子。把气球向上抛起，你和孩子各拿一把扇子，向上轻拍气球，使气球不落地。待孩子熟练后，和孩子一起在房间里拉起一根绳子作为界线，你和孩子分成两队，进行对拍，球不落在自己一边的一队获胜。

详细分析

让孩子练习挥臂击物动作，可以培养他的手眼协调能力，增加孩子的成就感。

8. 礼貌——培养乖孩子必备的礼仪常识

礼貌既是一个人的行为修养，也是社会交往中的行为规范。与其他的行为规范相比，礼貌的约束性要小很多；与专业技能相比，礼貌的实际应用又不怎么突出。但是，若缺少了礼貌，一个人就会被别人视为缺乏修养而受到排斥。严重的，还会惹出不愉快的事情来。

有一个美丽的姑娘，她从城里到乡下办事。不曾想，在途中迷了路，正不知如何是好的时候，看见前面走来一位老大爷。姑娘因为着急，脱口喊道："喂，往李村还有多远？"老大爷一看这个打扮漂亮的姑娘说话没有一点礼貌，也就没好气地回答说："还有五拐杖！"姑娘心想，人家都急死了，你还有心思开别人的玩笑，就说："哎呀，路是论里的，怎么论拐杖呢？"

"'论里'？论理你该叫我声'大爷'！"这时，姑娘才意识到自己由于着急而忘了礼貌，于是，她赶紧给老大爷赔不是，并改正了称呼。这位老大爷也就很详细地给姑娘指了去李村的路，姑娘向大爷表示感谢，终于到达了目的地。

这个故事再一次给人们展现出礼貌的重要性，即"有礼走遍天下，无礼寸步难行。"

开学了，有一个新生来到北大报到，由于要到一个地方填表，随身的行李没地方放。在这紧急时刻，他忽然看到一位踽踽独行的老人，于是，招呼都不打就说："帮我看着行李。"老人就这样看着行李，直到这个学生回来，没想到他轻松地拎起了行李，连个"谢"字都没说就走了。令这个学生没想不到的是，在开学典礼上，他又看到了这位老人，这就是我国文化泰斗季羡林先生。

生活中，形如这方面的例子有很多。仅因一个小小的礼貌疏忽，就会使自己的形象在别人的心中大打折扣。相反，若是一个有礼貌的人，就会很容易地被别人认可、接受。礼貌，不仅可以给别人带来温暖，而且还会使自己的心情变得愉快。所以，不妨试着礼貌地对待他人。这样，我们的生活会变得和谐、有趣，而成功也会因此变得不再遥远。

有名的剧院经理专程来拜访大仲马。见面时，他连帽子都没来得及脱下，便火冒三丈地问这位剧作家："为什么把最新的剧本卖给一家小剧院的经理？"大仲马向剧院经理承认道："有这么回事。"于是，这位经理出了一个远远胜于他对手的高价，想把剧本买回来。大仲马笑了笑说："其实你的那位同行用一个很简单的方法，就以很低的价格把剧本买走了。"

"那是怎么回事？"

"因为他以与我交往为荣，并且一见面就脱下帽子。"

礼貌是一种智慧，它是对人的一种尊重。礼貌，既不会激起对方的反感，也能给自己很大的回旋空间。英国著名教育家洛克认为，礼貌是孩子应特别小心培养的第一件大事。礼貌是一个人修养和品味的体现，是一个人内心世界的表征。一个懂礼貌的人，肯定更会受到周围人的接受和认可，不管他是成人还是小孩。因此，一个不懂礼貌的孩子很可能会成长为一个不懂礼貌的大人，而不懂礼貌会使他在社会竞争中处于劣势，在工作中很难获得同事的尊重和友好的协作，在生活中也不易获得友谊和自信。所以，要想让孩子变成一个有所作为的人，父母不妨教孩子从小讲文明、懂礼貌。

家长是孩子的第一任老师，家长的一言一行、一举一动，都会在无形中感染和熏陶孩子。如果家长平常不用"礼貌"去要求自己的言行，而告诉孩子要

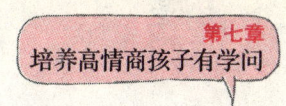

讲礼貌，这也很难收到好的效果。

芳芳是个有礼貌的小女孩，像"你好"、"请"、"对不起"、"谢谢"等礼貌用语常挂嘴边。邻居的叔叔阿姨们见了，都夸她是个好孩子。在学校，她还获得了"文明礼貌小标兵"的荣誉称号。芳芳之所以如此懂文明礼貌，跟妈妈的教育是分不开的。妈妈是商场的售货员，自身的文明素质比较高，所以，从小对芳芳文明礼貌方面的要求也十分严格。在妈妈的影响下，芳芳才成了一个人见人夸的小姑娘。

从上面芳芳的成长可以看出，家长若能使用良好的礼仪，就是对孩子最有效的教育。家长通过自己的行为可以潜移默化地影响孩子，能让孩子在良好的环境中养成文明礼貌的习惯。

所以，在生活中，家长要为孩子树立一个讲文明懂礼貌的好榜样。比如，见到熟人要主动用"你好"等文明语言与对方打招呼；和长辈讲话要用尊称或敬重的口吻；即使背后也不要当着孩子的面对长辈指名道姓；在就餐时，应让客人和长辈先入席，注意饭桌礼仪；不能不懂规矩，私自开始吃饭；用餐时，要正确地使用餐具，不可高声喧哗、乱夹、乱丢食物等等。

怎样去培养孩子的礼貌言行呢？不妨来试试下面的亲子游戏：

进行周末联欢会

组织所有家庭成员共同举行周末联欢会。一位家长扮演主持人，负责报幕。每个人都教大家一首自己会唱的歌，家长中要有一位教《礼貌歌》。当家长唱完《礼貌歌》后，所有人一起说"有礼貌的小朋友大家最喜欢"。

详细分析

通过这个游戏，可以让孩子学会使用礼貌用语。

9. 感恩——引导孩子懂得回馈来自他人的爱与付出

在日常生活中，家长应该时刻创造条件启发孩子学会用感激、感恩的心态去面对自己的付出。让孩子先从感恩家长开始，比如，让孩子知道家长为自己做事后要说"谢谢"等，通过这种小的事情、小的情绪让孩子熟悉这种感恩的状态，并最终知道如何表示自己的感恩。

有一位年轻的妈妈，在女儿6岁生日那天，她没有给孩子买生日蛋糕，也没有为孩子大摆宴席，却带着孩子去产科医院，告诉孩子是哪位医生阿姨把她带到了这个世界，让孩子给那位阿姨送上一束美丽的鲜花，送上全家的感谢。

这是一位明智的妈妈。她给孩子的生日礼物是无价之宝——一颗感恩的心。

现如今的孩子多数是独生子女，在家的地位可谓是"王子"或者"公主"。全家一切以孩子为中心，而孩子们从小到大都扮演着被爱的角色，久而久之，很多孩子认为从家长那里得到东西是理所当然的，生活中只知道索取，不知道回报，自然不会想着去关心别人和感激他人。因此，对于家长来说，教育孩子"学会感恩"是一件十分重要的事情。

一天，悠悠跟妈妈吵架了，一气之下，悠悠转身向外跑去。

悠悠走了很长时间，看到前面有个面摊，香喷喷、热腾腾，悠悠这才感觉到肚子饿了。可是，悠悠摸遍了身上的口袋，连一块钱也没有。

面摊的主人是一个看上去很和蔼的老婆婆，看到悠悠站在那边，就问："孩子，你是不是要吃面？"

"可是，可是我忘了带钱。"悠悠有些不好意思地回答。

"没关系，我请你吃。"

很快，老婆婆端来一碗热汤面和一碟小菜。悠悠满怀感激，刚吃了几口，

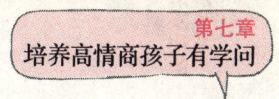

眼泪忽然就掉下来，纷纷落在碗里。

"你怎么了？"老婆婆关切地问。

"我没事，我只是很感激！"悠悠忙擦着泪水，对面摊主人说，"我们又不认识，你就对我这么好，愿意煮面给我吃。可是我自己的妈妈，跟我吵架，竟然把我赶出来，还叫我不要回去！"

老婆婆听了，平静地说道："孩子，你怎么会这么想呢？你想想看，我只不过煮一碗面给你吃，你就这么感激我，那你自己的妈妈煮了十多年的饭给你吃，你怎么不会感激妈妈呢？你怎么还要跟妈妈吵架？"

悠悠愣住了。

悠悠匆匆吃完面，开始往家里走去。当悠悠走到家附近时，一下就看到疲惫不堪的母亲，正在路口四处张望。这时，悠悠的眼泪又开始掉了下来。

的确，我们常常会为一个陌生人的帮助而感激涕零，却忽略了父母给予我们细小、琐碎而又无微不至的关怀。

越亲近的人反而相互伤害得越深，不要因为他是父母，他是家人，就可以无条件地索取而忘记了感恩。感恩是一种美德、一种情感、一种生活态度和生活方式，它来自于对生活的爱与希望。让孩子学会感恩，就是让他们懂得尊重别人，对别人的给予心存感激。因此，父母应该让孩子从知恩、懂恩开始，学会感恩、报恩。

有一位归国的老华侨想资助一些贫困地区的学生，于是，在有关部门的帮助下，给多个有受捐助需要的学生每人寄去一本书，随书将自己的电话号码、联系地址以及邮箱等一同寄出。老华侨的家人很不理解老人的做法：为什么送一本书还要留下联系方式？在家人的不解中，老人一直焦急地等待着什么，或是守在电话旁、或是每天几次去看门口的信报箱、或是上网打开自己的邮箱。直到有一天，一位收到书的学生给老人寄来祝贺节日的卡片（也是唯一与老人联系的学生），老人高兴极了，于当日给这位同学汇出了第一笔可观的助学资金，同时毅然放弃了对那些没有反馈消息的学生的资助计划。这时，家人才明白，老人是

在用他特有的方式诠释"不懂得感恩的人不值得资助"的道理。

为人父母要特别注意,除了教孩子勤读书、有礼貌、守秩序外,也要培养孩子感恩的心。因为懂得感恩的人,才懂得爱,而在爱中成长的孩子一定健康快乐。所以要让孩子学会"感恩",对帮助过自己的人都应该怀有感激之心。

一个人是否有感恩之心,与他所处的环境密不可分。作为一个孩子,从小培养他具有感恩的心是至关重要的,让孩子知道感恩,是每一个家长的重要责任。父母是孩子的第一任教师,父母的一言一行、一举一动都将对孩子产生潜移默化的作用。因此,作为父母,我们应该常怀一颗感恩之心,尊老敬老,善待我们身边的人和事,无论是对领导,还是亲戚朋友,只要他们曾经帮助过自己都应心存感激。

在家庭生活中,父母和子女间要相互尊重、关爱和体贴,既要共同承担家庭的责任和义务,又要共同分享家庭的利益,相互间要多用"谢谢"、"对不起"等文明语言。父母在日常生活中表现出来的这种态度和行为,会对自己的孩子起到耳濡目染和潜移默化的作用。那么,如何能让孩子时刻心怀感恩呢?家长们不妨来试试下面这个亲子小游戏:

心灵信箱

先准备一个大纸箱。你和孩子一起把纸箱装饰成一个信箱。孩子可以自己做信封、邮票,"画"一封信,投到信箱里,寄给你。你收到信,如果看不懂,可请孩子来帮忙解释。然后你也可以"画"一封信回给孩子,如此一来一往,可以促进亲子交流,并享受"画"信、读信的趣味。当孩子有良好表现时,你也不妨准备一份小礼物,放在信箱里,给孩子一个意外的惊喜。

游戏结束后,你可以以这种方式与孩子继续进行"心情交流",让孩子把一些自己发现的小错误、不开心的事情告诉我,你再给孩子回信,对孩子进行安慰、教导。这样既可以让你避免一时冲动与孩子发生冲突,也可以帮助孩子解除困扰他的小问题。

详细分析

通过这个游戏，可以让亲子间进行无声的内心表达，使孩子感受到家人的爱，感恩父母。

10. 尊重——让孩子懂得尊重别人就等同于尊重自己

尊重他人，是孩子必须具备的品德。只有尊重他人的孩子，才可能正视他人的意见，接受他人的教育。尊重也是人际关系的起点。人与人之间的交往，都应建立在真诚与尊重的基础上。人惟有尊重他人，才能尊重自己，才能赢得他人对自己的尊重。

法国著名的将军狄龙在他的回忆录中曾讲过这样一件事：

第一次世界大战期间，他带领第80步兵团进攻一个城堡，但遭到了敌人顽强的抵抗，步兵团被对方压住无法前行。狄龙情急之下大声对他部下说："谁设法炸毁城堡，谁就能得到1000法郎。"

狄龙认为士兵们肯定会前仆后继，但是没有一位士兵敢冲向城堡。狄龙将军恼怒异常，大声责骂部下懦弱，有辱法兰西国家的军威。

一位军士长听罢，大声对狄龙说："长官，要是你不提悬赏，全体士兵都会发起冲锋。"

狄龙听罢，转而发出另外一个命令："全体士兵，为了法兰西，前进。"

结果，整个步兵团从掩体里冲出来，最后，全团1194名士兵只有90人生还。

对于军人而言，如果用金钱驱使他们作战，无异于奇耻大辱。在他们看来，他们的尊严受到尊重比生命还重要。尊重的力量，在关键时刻起到了决定性的作用。

打仗如是，生活如是，教育如是。现实生活中，我们要学会尊重每一个人,无论一个人的身分和工作多么卑微,穿着或长相有多么寒酸,我们都应尊重他,这是我们应该具备的良好品质。要知道,尊重没有高低贵贱之分,而且尊重别人就是在尊重自己。

迈克是一家小服装公司的老板,其公司产品大都通过一家外贸公司销往国外。迈克的公司与这家外贸公司长期合作,保持着很好的业务往来。外贸公司的胖子经理就如同迈克的财神爷一样受到迈克的欢迎。

在一次谈判中,迈克极力劝说外贸公司和他们扩大贸易范围,但胖子经理就是不答应。迈克费尽了口舌,依然一无所获。此时,迈克恼羞成怒,胖子经理刚走,他就对手下人说:"你看那胖子,往公司大门口一站,蚊子就只有侧着身子才能过来。"恰巧这时胖子经理回来取忘了拿的手机,正好听到了迈克的嘲讽。

胖子经理望了望迈克,拿起东西就走了,迈克甚是尴尬。之后,他多次想方设法赔礼道歉,但胖子经理始终未置可否。这样,他们两家公司也就逐渐减少了合作,直至分道扬镳。迈克为此损失甚多。

有时,我们都希望赢得别人的尊重,却往往忽视了尊重别人。"己所不欲,勿施于人",是尊重他人的基本原则。心理学研究表明,人都有交友和受尊敬的欲望,并且交友和受尊重的欲望都非常强烈。人们渴望自立,成为家庭和社会中真正的一员,平等地同他人进行沟通。如果你能以平等的姿态与人沟通,对方会觉得受到尊重,而对你产生好感;相反,如果你自觉高人一等,居高临下、盛气凌人地与人沟通,对方会感到自尊受到了伤害而拒绝与你交往。

生活中,我们常会看到这样的现象:不少孩子喜欢叫别人的外号,见到别人陷入困境会加以嘲笑,看到别人倒霉会幸灾乐祸。孩子这样做,有时是因为想看热闹、好奇,有时是想开个玩笑,有时则只是盲目地跟着别的孩子做。他们并没有理解这样做是不尊重别人,没有意识到他们这样做会伤害别人的心灵。当出现这种情况时,家长要平静地与孩子谈谈,然后又针对性地指出孩子这样做的坏处,要让孩子设身处地体会到不受别人尊重时的感觉。那么,如何

能让孩子学会时时尊重他人呢？家长们不妨来试试下面这个亲子小游戏：

我最喜欢的是什么

把一家人叫在一起，让每个人说出5样最喜欢的东西，比如樱桃、蓝莓冰激凌、开心地大笑、阳光明媚的天气，还有睡一个无比香甜且不被打搅的觉等等。然后，让孩子复述，如果他都说对了，就再加一样东西，然后让他重新说一遍；说对了就再继续往上加，

直到孩子记不住更多的了为止。之后轮到他自己说他最喜欢的东西，由大人们来复述。可以多说几个方面，比如最不喜欢的、最让人生气的、最害怕的，等等。争取家里每个人都参与到这个游戏中来。

详细分析

通过这个游戏，孩子会第一次正面地看到家庭的其他成员内心的真实情感。爸爸其实很喜欢吃鱼（可他总是把最好的鱼留给我），妈妈最怕睡觉的时候被打搅（可我总是在她睡午觉的时候弄出很大的声音）……孩子开始学习懂得关注别人了，他们喜欢什么、讨厌什么，他们的情感是如何的，而不仅仅只是懂得"我"怎样怎样了，从而学会关注他人，养成尊重他人的好品格。

 善良——好心肠的孩子，更好命

善良是人性中最美丽、最温暖的一缕阳光，善良的情感及品行是人道精神的核心，这种情感必须在孩子小的时候悉心培养，才会产生良好的效果。父母

不能忽视对孩子进行善良教育，让孩子从小培养出博爱、同情、宽容等品德。

周日，姗姗和妈妈在院子里看几个伙伴们玩。飞飞和小朋友们在院子里踢球，有人起哄说："谁能踢中刘爷爷家屋檐下的燕子窝？"正玩得兴高采烈的飞飞大喊一声："我！"随后一个飞踢……"砰"的一声，两只雏燕随着球一起滚落到地上，痛苦地拍动着羽翼未丰的翅膀。小朋友们兴奋地围上去，拿起小石块扔雏燕玩。

姗姗的妈妈看到这一幕，赶快过来捧起小燕，批评他们说："小动物是人类的好朋友，你们这样对待它，太残忍了！你看这个燕子才出生，正等着妈妈回来给它喂食呢，就像你们小时候，妈妈喂你们吃饭一样。想想，如果你被无缘无故地伤害，也许留下终身残疾，甚至小命不保，你会好受吗？妈妈会答应吗？"

飞飞等人听了姗姗妈妈的话，都惭愧地低下了头。姗姗的妈妈检查发现小燕没有受伤，就让飞飞小心地将两只小燕重新放回窝中。姗姗也从中知道了要善待动物，善待他人。

在培养孩子善良的品行过程中，父母一定要"动之以情"，用道德情感来打动和感染孩子，在家庭中形成健康的情感气氛，才能实现对孩子爱与善的熏陶。

善良教育的内容包括：保护自然环境和动物；同情并帮助弱者，创造机会让孩子帮助有困难的人；包容他人，有宽容心；唾弃暴力。善良不仅是行为举止、待人处世的外在表现，更是包括了丰富的爱心、由衷的同情心、坦率的宽容心以及坚定的抗恶心的内心要求。

有些父母认为"人善被人欺"，不愿意对孩子进行"善良教育"，这是父母认识观念的偏颇。实际上，没有善良之心的孩子也不可能很好地保护自己。

有些父母为保护孩子起见，往往给孩子灌输"社会是如何尔虞我诈"、"人与人之间是如何勾心斗角"等观念，父母的本意是让孩子学会保护自己、别上当，可是这种教育一定要把握好尺度，如果给予孩子偏颇、过激，甚至错

误的引导，孩子心中善良的成分就会越来越少。

小霞从座位上站起来时，不小心碰了后面的桌子，把小丽的一支新钢笔摔坏了，这时小霞很紧张，怕小丽生气批评她，马上说："对不起，我不是故意的，我赔、我赔。"而小丽捡起了钢笔，只是说："你不是故意的，我没放好，我也有责任，你不用赔了。"

苏霍姆林斯基说："善良的情感是良好行为的肥沃土壤。"如果父母缺乏善良、爱心和同情心，会让孩子缺少善良的情感，体会不到爱，不知道关心别人、为别人服务、为社会尽义务，日渐成为冷漠、自私、任性又很脆弱的孩子。这样的孩子长大后是很成问题的。

一天，正逢上班的高峰，人流如织的马路上，一辆自行车和三轮车"咣当"一声相撞了。骑在自行车上的是母女俩，她们从地上爬起来后，那位母亲就横眉怒视三轮车的主人——一个卖菜的农村妇女，大声地骂开了。看她骂得厉害，旁边有人指出，是她自己突然改变方向，才造成两车相撞，她依旧不依不饶地骂，等骂痛快了，才拉起女儿气冲冲地走了，剩下那农村妇女忍气吞声地捡拾满地碰落的蔬菜。女儿从这件事中看到了母亲的粗鲁，之后也变得冷漠、斤斤计较了。

即使天赋再聪明、再优秀的孩子，在这样缺乏道德修养的母亲的影响下，会是什么样子？教育重在耳濡目染、潜移默化，而这位母亲的行为，很可能造成孩子为人处世准则的偏失。

所以，家长一定要保护孩子的善良天性，给予孩子正确的引导，让孩子正确看待社会不良风气及欺骗、虚假、冷漠、暴力等现象，帮助孩子辨明是非，坚定地站在善良与正义的一方，让孩子在洁身自好的基础上，以自身的善良与爱，让这个世界变得更加美好。

当然，家长不要只是劝说、鼓励孩子善良、富于爱心，更应该在身边小事

中，来为孩子营造表达爱心的氛围，赏识孩子的善良举动。

例如，爸爸下班时，孩子主动端来热茶，父亲应该表示感谢；妈妈生病时，孩子帮忙分担一些家务，体贴妈妈的虚弱，妈妈要对他表扬；看到有年迈的爷爷奶奶行动不便，孩子上前搀扶、耐心引路，父母要大力赞许；看到大孩子欺负弟弟妹妹时，孩子上前劝说阻止，父母一定要支持。久而久之，孩子便会熟知表达善意的方式，养成行善的习惯。那么，如何能让孩子保持善良纯真的心性呢？家长们不妨来试试下面这个亲子小游戏：

种菜菜

在阳台开辟一个自然角，让孩子自己种蔬果，观察植物的生长变化，像黄瓜、番茄等，都是可行的。选择一些较快收成、主干成长条形或生长变化较大的植物来种，一来可以明显地让孩子明白植物的生长过程和变化，二来不怕孩子因看不见成果，缺乏耐性而失去栽种的兴趣。也可以选择一些孩子喜爱和可食用的植物来种，当收成时，让孩子尝尝亲手种的蔬果，特别有一份成功感。督促孩子自觉按时浇水，发现杂草时就要自己拔掉。到了收割的时候，用剪刀小心地剪下青绿的蔬果，让孩子尝尝自己的劳动成果。

详细分析

通过这个游戏，可以培养孩子的爱心。

12. 诚实——教会孩子真诚对待他人

诚信是每个人必备的优良品格，一个人讲诚信，就代表了这个人是一个讲文明的人。讲诚信的人，无论在哪都会受到他人的欢迎；而不讲诚信的人，人们往往会忽视他的存在。所以，我们每个人都要讲诚信。对于孩子更是如此。孩子讲诚信可以博得他人的信任，可以更好地与他人相处。拥有诚信品质的人更能赢得他人的尊重，更能取信于人。

诚信是孩子必备的道德素质和品质。孩子若没有诚信的品德和素质，就难以形成内在统一的完美自我，也就很难发挥自己的潜能，取得成功。缺失诚信，会使孩子陷入寸步难行的境地，孩子自己难于对自己的存在价值做出肯定性的判断和评价。

一天，妈妈要带月月去朋友家做客。可月月半天没有动作，妈妈着急说："再不走就来不及了。"月月才放下手中的玩具跟妈妈一起走。可是走到门口，月月停下了脚步，想了想对妈妈说："妈妈，今天我不能和你一起去了，我已经答应园园了，她今天要来我们家，我要教她画画呢。"

妈妈迟疑了片刻说："我还以为你有什么重要事情呢，下一次再教她吧。要不，等你回来后去找园园解释一下，向她道个歉。明天再教她也行啊。"

"不行，妈妈，你不是经常教育我要讲诚信吗？我答应了别人的事情，怎么可以随意改变呢？"

"月月真乖，是个讲信用的孩子，那你留下吧。"妈妈开心地说道。

诚信体现在生活中的点滴细节。所以，家长要教孩子在答应他人之前，先要考虑自己是否有能力做到，对于不能胜任的事，绝不能轻易答应；对于已经答应的事，就要遵守信用。若在履行诺言过程中，遇到其他原因而无法兑现诺言时，就需要向对方说明情况以表歉意。

要想把孩子培养成诚信的人，家长不妨从以下几方面入手：

（1）让孩子意识到诚信的重要性

在当今社会，诚信的价值已超越了道德范畴。诚信不只是一种品质，更是一种生存技能。一方面，它能给孩子带来许多益处；另一方面，它也能帮助孩子与他人建立和谐的关系。

因此，家长要告诉自己的孩子，诚信是最基本的为人处事之道，是在社会上立足的通行证。在和他人的交往中，诚信能帮助孩子得到他人的信赖。另外，家长还要教育孩子，无论何时，自己所说的话就一定要做到，这样才能守

住自己的一片天地。

（2）履行对孩子的承诺

在生活中，家长要重视自己的言行给孩子带来的影响。有的家长没能做到自己答应孩子的事，也就不能去指望孩子做到诚实守信。对孩子的承诺过多而不能实现，就会降低在孩子心目中的威信。所以，家长一定要及时履行对孩子的承诺。

娟娟的个性很固执。一次，妈妈在做饭，正好家里的盐没有了，妈妈就让娟娟去买。娟娟不想动，她以看动画片为由推脱。妈妈为了让她听话，便说周末带她去动物园玩。于是，娟娟乐滋滋地帮妈妈买回了盐。

到了周末，娟娟很早便穿戴整齐，等着和妈妈去动物园。可是，妈妈却把这件事给忘了，还答应与同事去逛超市。娟娟很不高兴，妈妈也觉得自己做得不对。于是，她和孩子解释了原因，并说下个周末会补上。最终，在下个周末时，妈妈兑现了诺言——陪娟娟去了动物园。

由此可见，父母在答应孩子的要求时，一定要想想自己是否能做到。一旦答应孩子，就要及时履行承诺。同时，父母对自己的承诺负责也是为人父母的基本准则。不要让孩子在父母的不良影响下成长为一个言而无信的人。

（3）让孩子学会"说到做到"

家长要教育孩子对他人讲究信用，懂得负责任。一旦答应别人的事情就要及时兑现。

另外，对于自己有能力做到的事，也要为自己留一些余地，这样有助于把事情做得更好。

（4）及时鼓励孩子的诚信行为

其实，适当的表扬和鼓励对塑造孩子的行为习惯和培养良好的品德有着非

常重要的作用。所以，父母要细心地观察孩子的行为，若发现孩子有诚信的行为，就要及时给予表扬，让孩子能切身地体验诚信的乐趣，并将其转化为自己的行为准则。

若发现孩子说谎，一定要及时纠正，并鼓励孩子说实话。当孩子讲出实话后，要适时地给予鼓励，以便在孩子学会诚信的同时，进一步培养孩子正确看待错误的观念。在平时，父母要与孩子多沟通，以便正确地引导，避免孩子一错再错。这样，可以帮助孩子塑造可贵的诚信品质。

18世纪，有一位有钱的英国绅士。一天深夜，他走在回家的路上，突然被一个蓬头垢面、衣衫褴褛的孩子拦住了。孩子对他说："先生，请您买一包火柴吧。"绅士面无表情地回答道："我不买。"说着，便躲开孩子继续走。孩子仍不放弃，他追上来说："先生，请您买一包吧，我今天什么东西也没有吃呢。"绅士见自己躲不开这个孩子，便说："可是，我没有零钱呀。"孩子继续说道："先生，您先拿上火柴，我去给您换零钱。"说完，孩子拿着绅士给的一个英镑快步跑走了。绅士在原地等了很久，可孩子仍然没有回来，绅士做了个无奈的表情，随后回家了。

第二天，绅士正在工作，仆人来报，说："先生，来了一个小孩子要求面见您。"于是，小孩子被叫了进来。绅士仔细看了一下，眼前的这个小孩子要比卖火柴的孩子矮了一些，穿的更破烂。"先生，对不起了，我的哥哥让我给您把零钱送来了。"绅士道："你的哥哥呢？""哥哥在换完零钱回来找您的路上被马车撞了，现在在家躺着。"绅士深深地被孩子的诚信所感动。

"走！我们去看你的哥哥！"去了小孩子的家一看，家里只有两个孩子的继母在护理受了重伤的孩子。一见绅士，孩子连忙说："对不起，先生！我没有给您及时把零钱送回去，失信了！"此刻，绅士早被孩子的诚信深深打动了。当他了解到两个孩子的亲生父母双亡时，毫不犹豫地把他们生活所需承担起来。

从这个故事可以看出，诚信是做人处事的根本。诚信待人，可以点燃生命

的明灯，而生活也不会去亏待诚信的人。

一个守信用的孩子，长大后，也会对自己、对家庭、对社会承担起责任。那么，怎样才能让孩子做到诚实守信呢？

诚信游戏

和孩子玩"拉拉勾"的游戏，并告诉他好孩子一定要说话算数；给孩子讲有关诚信的故事，如《手捧空花盆的孩子》、《我不能失信》等，一同分析故事中人物的对错，用讲诚信的情节激励孩子；玩一些有奖游戏，并在游戏过程中教导孩子遵守规则。当孩子有破坏规则的行为，则游戏中止；当他答应一定遵守规则后游戏才能继续。在培养孩子诚信意识方面，父母要以身作则，不轻易许诺，但许诺后一定要说到做到。父母或许因不得已的难处，而不能及时兑现承诺，这时应向孩子解释，并设法弥补。当遇到孩子说谎时，不能一味责骂，这时孩子更需要的是尊重和理解。父母应该尽量去了解孩子的内心想法，要知道"没有天生的坏孩子"，孩子说谎一定有原因。之后要教导他承认和改正错误，同时鼓励他，"我相信你以后不会再说谎了"。

详细分析

从日常生活中的点滴做起，潜移默化地影响孩子，培养其诚信意识。

13. 同情心——引导孩子理解、关心、体恤他人

"泰山不拒细壤，故能成其高；江海不择细流，故能就其深。"培养孩子高尚品德，要从生活的细节开始。"细微之处见精神"，孩子真实的品德素养，往往会在无意的生活细节中暴露。

在崇尚个性自由发展的今天，孩子的某些个性也在不适当地"膨胀"。他们得到了太多的关注和爱，却不懂得怎样去关爱别人。他们往往会以自我为中心，那种对他人漠不关心的表现，已经凸显了出来。比如，当看到别的小朋友

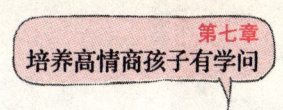

摔倒了,他们会哈哈大笑;看到路边的蚂蚁,会毫不犹豫地踩踏;看到小花,会顺手折断……

家长不禁要问,现在的孩子为什么会有这样的表现呢?原本应该善良可爱、富有同情心的小孩子们,怎么也变得如此冷漠和不通情理?其实,这正和家长自身的行为有着密切的关系。

(1)家长的错误行为及影响

1)溺爱的副作用

家长如果对孩子一味的满足,一味的迁就,百依百顺,孩子就会容易养成自私、任性的性格。

父母给孩子的爱应该是理性的、有原则的。对于孩子自私、任性的行为,一定要坚决制止。必要的时候,父母也可以表达出自己的生气和不满,让孩子感到自己这样做是得不到肯定和赞扬的。当孩子体会到这点以后,才会意识到关心他人是会受人称赞、是自己应该做的。

2)"榜样"的力量

有些父母对别人的困难和不幸总是无动于衷,他们不欣赏也不理解孩子的同情行为,怪他多管闲事,久而久之,孩子也就感受不到人间珍贵的友情,幼小的同情心就这样在无形之中被扼杀了。

家长是孩子最早模仿的对象,孩子同情心的发展最需要父母的言传身教。由于孩子的年龄小、模仿性强、具有高度的可塑性,所以,一方面,家长要培养孩子文明礼貌的行为习惯;另一方面,家长也要提高自身的修养和素质,为孩子树立良好的榜样。

(2)家长如何在生活中培养孩子的同情心

虽然年龄小的孩子还不懂得同情的真正涵义,但是家长可以鼓励和教育孩子去关心、帮助他人,将同情心的种子种在孩子的心里,让它茁壮成长。

1)鼓励孩子关爱别的小朋友

孩子在1~2岁时,尚未形成"自我"概念,对自身感觉和他人的感觉不能区分出来。比如，别的小朋友摔了一跤，哭了，他自己也会露出痛苦的表情，跟着哭了起来。孩子出现这种现象，家长不能取笑和责怪他。虽然孩子因为年幼而分不清自己的痛苦与他人的痛苦，但这却是他日后产生同情心的重要心理基础。假如不能设身处地地体验他人的苦痛，同情心也就不可能产生了。

因此，要让孩子多与同龄人接触，鼓励孩子多帮助有困难的小朋友。孩子做了帮助别人的事情就要及时给予表扬，让孩子真正体验到助人为快乐之本的道理。

2）培养孩子对动植物及物品的爱护

孩子在玩耍的时候，会很自然地给玩具赋予生命，和它们说话。在培养孩子的同情心时，可以利用他们的这个心理特点。比如，当孩子在折树枝时，家长以小树的口吻说："哎哟，我的胳膊好疼呀！呜呜呜呜……"家长模仿小树的哭声，很容易使孩子在情感上产生共鸣，这时再因势利导，让孩子想想自己的身体如果受伤了会有什么样的感受？引导他们去体会别人的痛苦，理解别人的感受。

3）引导孩子关心体贴长辈

在家中，可以培养孩子对家长的体贴和关心，比如，帮爸爸倒杯水，给妈妈递东西，吃水果的时候挑大一些的水果给爷爷奶奶等。每当孩子这样做时，父母都要及时地给予肯定和赞许，为孩子感到自豪，让孩子察觉到自己做了符合道德标准的行为，以产生积极的情感体验。

同时，让孩子有更多的机会接触家人以外的成人。可以带孩子到邻居家串门，在小区里遇到熟人亲切地进行交谈，让孩子在家长的引导下学习与别人和睦相处、互相帮助，使他们从小培养起与人友好相处、对人具有同情心的性格。

4）乐善好施

同情弱者是我们国家的传统美德。一个人只有具有了同情心，他才可能是一个充满爱心的人，才可能是一个热爱别人也热爱自己的人。因此，我们应该在日常生活中，注意培养孩子的同情心。当然，在信息丰富的今天，应该向孩子灌输什么样的信息，父母应三思而后行。

5）通过游戏情境培养孩子同情心

游戏是孩子最主要的活动形式。家长可以通过游戏促进孩子的情感发展，培养他们的同情心。

可以通过角色游戏，让孩子扮演病人、医生、爸爸、妈妈等角色，体验生病时的痛苦，体会医生给人治病的快乐，感受妈妈做家务的辛苦、爸爸下班归来后的劳累等，从而懂得要热爱、关心自己的父母，去同情、帮助有困难的人。

另外，也可开展其他的情景游戏，如在下雨的时候和没有雨伞的人共撑一把伞，在拥挤的公交车上给需要帮助的人让座等，来培养孩子互助友爱的精神，使孩子懂得只有众人快乐才是真正的快乐。那么，如何能让孩子在生活中富于同情心呢？家长们不妨来试试下面这个亲子小游戏：

情景模拟游戏

为孩子准备基础的玩具医疗器械，让孩子扮演医生，你扮演病人，并模拟去医院看病的情景。最好完整模仿看病的一系列程序，包括挂号、排队等，易引起孩子的重视；"看病"过程中有意地引导孩子询问"症状"，寻找"病因"，并得出"诊断结果"，让孩子获得成就感和游戏乐趣；"住院"期间不断提出一系列要求，如"我要喝水"、"我要去卫生间，医生请来扶我一下"等；到最后"出院"时，也就是游戏结束后，对"小医生"的良好表现进行鼓励。

详细分析

通过游戏，培养孩子关心他人、帮助他人的良好品格；促进孩子的情感发展，培养孩子的同情心。

14. 宽容——让孩子懂得宽容别人就是善待自己

宽容是一种生存的智慧、生活的艺术，是看透了社会人生以后所获得的那份从容、自信和超然。苏霍姆林斯基说过："有时宽容引起的道德震动比惩罚更强烈。"

宽容不仅仅是一种做人的雅量，更是一种文明的标志，它体现的不仅仅是一个人的胸怀，更是一种博爱的人生境界。宽容，能使人性情随和，能使心灵有回旋的余地，能使人消除许多无谓的争执。

公交车上，晓晓正在听妈妈讲故事，忽然一个人踩到晓晓的鞋子。一向爱干净的晓晓一看自己的白色运动鞋被踩脏了，而且那个人又连句道歉的话都没有，就愤怒地喊了一句："谁这么不长眼睛！"妈妈赶紧拉了晓晓一把，说："晓晓，公交车本来就人多拥挤，谁碰了谁一下、踩了谁一脚这很正常，大家可能都是无心的。如果都像你这样斤斤计较，那车上的秩序不就乱了吗？"这时候，踩到晓晓的那个人可能意识到是自己踩到别人了，对晓晓说："对不起啊，小朋友，可能是我踩到你了。"晓晓脸红红地说："没有关系，是我不够宽容。"妈妈看到晓晓的态度，满意地笑了。

培养孩子的宽容品质就要从生活中的细节上做起，点滴积累，使孩子明白宽容是一种品德和素质，更是一个人的智慧。一个人能宽容的人越多，赢得的人心就越多。宽容可以帮助我们恢复友谊、爱情和事业。

富有宽容心的孩子往往心地善良、性情温和、惹人喜爱、受人拥护；而缺乏宽容心的人往往性情怪诞、易走极端、不易为人亲近，因而人际关系往往不好。因此，教孩子学会宽容尤为重要，这不仅仅是为孩子能和伙伴处理好关系，更是为孩子将来的人生奠定基础。

宽容的种子往往需要父母用心去播种，只有宽容的父母才能培育出宽容的孩子。孩子最初是从父母那里学习待人接物的方式的。父母宽容、大度，遇事不斤斤计较，与邻里、同事之间融洽相处，孩子就会学着父母的样子处理同学之间的关系，也会变得宽容、友善、乐与人处。

经常有这样的情况，孩子玩耍或走路时，不小心磕碰到什么东西上，碰痛了，哇哇地哭。家长为了安慰孩子，就会一边哄孩子，一边故意举手打那个"肇事者"，"责怪"它为什么碰痛了孩子，做出给孩子"报仇"的样子。然后，安慰孩子说："咱们打它了，它再不敢碰你了。"孩子可能在这时候会有些安慰，破涕为笑，家长也会感到很满意。

其实，这是一种不好的方法，是一种"复仇行为"。它教给孩子遇到不痛快就去责怪别人，教给他不宽容和报复，不利于孩子的心理健康。

大人可能会想，桌子碰了孩子，我不过是打打桌子，桌子又不懂得痛，这有什么，我没教孩子打人啊。其实，在孩子看来，对一棵草说话与对一个人说话一样，对一张桌子的态度与对一个人的态度一样。有时候，一个小孩子对心爱的布娃娃的感情绝不逊色于她对同胞姐姐的感情。单纯如一张白纸的孩子，任何事情于她来说都是全新的，任何经历在她这里都是体验和学习。

法国思想家卢梭在他著名的教育论著《爱弥儿》中谈到人的道德面貌形成时认为，人在开头的一刹那间，也就是尚处于天真纯情时期所接受的感知，将对他的一生产生不可磨灭的影响。在孩子幼小时，每一个生活细节都可能成为蕴涵重大教育意义的事件，孩子教育中无小事，每一件小事都是"大事"，都可以扩展为孩子的一个好习惯或坏毛病。家长对此应敏感，要用一些心，让孩子每天遇到的一些"小事"，都成为砌筑孩子美好情操大厦的一砖一石。

孩子小时候，轻微的磕伤、碰痛的事会常常发生，让我们一起来看看下面这位家长是怎么做的，爸爸妈妈可能也会受到启发。

女儿娜娜不小心被小桌子磕到了，肉呼呼的小腿上顿时红了一大块。但是，娜娜的妈妈没有去打小桌子来哄女儿，而是赶快亲亲她的痛处，给她揉揉，安慰她："马上就不痛了，宝宝不哭了。"安慰得稍好一些时，再像对待她一样，带着她给小桌子揉揉痛，告诉小桌子"马上就不痛了"。

多聪明的家长！这样做，不但没有让小板凳站到她的对立面，成为"加害"她的坏蛋，还能作为朋友分担痛苦，并让她意识到"碰撞"是双方的事，要互相体谅。娜娜去给小桌子揉痛时，也就忘了自己的痛，情绪很快好起来。

善良和豁达永远是相随的，一个能给小桌子揉痛的孩子，她对别人会有更多理解和爱心，会给别人更多的宽容和微笑，遇到问题也不会偏执于自己的理由和利益。

你说我演

以孩子的生活经验为基础，和孩子一起杜撰一个宽容的小故事。可以先让爸爸讲故事，妈妈与孩子一起做动作。然后，让妈妈与孩子一起讲故事，爸爸来做动作。

详细分析

可以让孩子切身感受故事中角色，让孩子懂得人与人之间应该相互包容，从而帮孩子学会设身处地地考虑别人的感受。

15. 分享——让孩子从小懂得与他人团结合作

在孩子的生活中，有时需要母亲或父亲，特别是母亲在他身边听他讲话。当孩子经历着内心的恐慌、创伤或有失望情绪时，他们特别需要温情的安慰。孩子也很想知道他们的父母在分享他们的好消息或愉快时的心情。所以，父母不应当由于忙或急着做其他的事，无暇听孩子说话，而应当给孩子留出充分的接触时间，给孩子创造诉说、表达的机会，因为孩子跟家长所分享的不仅仅是他的心情，还有他的世界。

一位哲人说得好："快乐让别人来分享，就多一份快乐；把忧伤告诉给愿意为你分担的人，就减少一份忧伤。"父母和孩子之间有着世界上最亲密的关系，也是应该一起分享喜怒哀乐的，家长不能只是要求孩子对自己毫无保留地

"坦白"，如果父母向孩子敞开自己的心扉，跟孩子分享自己的喜怒哀乐，那么孩子就会感觉到你对他的信任和尊重，孩子就会更加尊敬你，并且也会向你敞开他的心灵。

分享是合作的前提，学会分享的孩子在团队合作方面会表现出惊人的天分。现代社会正处于知识经济时代，团队精神在竞争中越来越重要，很多工作需要团队合作才能完成。只有能与人合作的人，才能获得生存空间；只有善于合作的人，才能赢得发展机会。一个懂得合作的孩子成人后会很快适应工作岗位的集体操作，并发挥积极作用；而不懂得合作的孩子在生活中会遇到许多麻烦，产生更多困难并且无所适从。

一家大公司招聘高层管理人员，9名优秀应聘者经过面试，从上百人中脱颖而出，闯进了由公司老板亲自把关的复试。

老总看过这9个人的详细资料和初试成绩后，相当满意，但此次招聘只能录取3个人，于是，老总给大家出了最后一道题。老总把这9个人随机分成甲、乙、丙3组，指定甲组的3个人去调查婴儿用品市场，乙组的3个人去调查妇女用品市场，丙组的3个人去调查老年人用品市场。老总解释说："我们录取的人是用来开发市场的，所以，你们必须对市场有敏锐的观察力。让你们调查这些行业，是想看看大家对一个新行业的适应能力。每个小组的成员务必全力以赴。"临走的时候，老总又补充道："为避免大家盲目展开调查，我已经叫秘书准备了一份相关行业的资料，走的时候自己到秘书那里去取。"

3天后，9个人都把自己的市场分析报告递到了老总那里。老总看完后，站起身来，走向丙组的3个人，与之一一握手，并祝贺道："恭喜3位，你们已经被录取了！"随后，老总看看大家疑惑的表情，哈哈一笑，说："请大家找出我叫秘书给你们的资料，互相看看。"

原来，每个人得到的资料都不一样，甲组的3个人得到的分别是本市婴儿用品市场过去、现在和将来的分析，其他两组的也类似。老总说："丙组的人很聪明，互相借用了对方的资料，补齐了自己的分析报告。而甲、乙两组的人却分别行事，抛开队友，自己做自己的，形成的市场分析报告自然不够全面。

其实我出这样一个题目，主要目的是考察一下大家的团队合作意识，看看大家是否善于在工作中合作。要知道，团队合作精神才是现代企业成功的保障!"

可见，现代社会分工细化、竞争激烈，只有借助众人的力量，才能最大限度地实现自己的价值，创造辉煌的人生。要达到这一目的，就必须有良好的与人合作的能力。

家长要让孩子有成功合作的体验，因为这是强化孩子的合作意识、养成合作习惯的持久的内部刺激物。它让孩子们在没有大人督促、没有规则要求的情况下，因为能够预见到美好的前景而持续地参与合作。需要指出的是，成功合作不是一定要达成现实的目标。尽管有的合作最终还是失败了，但合作的过程是令人愉快的，参与者都已经尽力而为，从客观上说，大家其实都有所收获，这样的合作仍然是成功的合作。

家长还可以让孩子了解参与合作的一些技能，让孩子知道合作意味着参与者的个性要服从集体的"共性"，意味着参与者必须约束自己的表现欲以求得整体"合力"的最大化。合作需要有爱心的付出，需要牺牲精神，还需要人际交往的技能。如果缺乏这些素质，合作便是不愉快的，也是不能持久的。在合作中的参与者，如果各自心怀局部利益，不愿意尽自己的那一份义务，那么必定不能达成现实的目标，更谈不上成功合作。

培养孩子的合作性，有利于孩子在学会合作的过程中逐渐克服以自我为中心的缺点，养成关心他人、协商合作的行为。那么，如何能让孩子不自私，愿意与别人分享呢？家长们不妨来试试下面这个亲子小游戏：

圈纸一起跑

先准备5厘米左右宽的纸条若干。将纸条圈在你的手腕和孩子的手臂上，你用另一只手捏住纸条的接头处。在一块空地上划出一条起跑线，指定前方某处为终点。你和孩子起跑后，如果中途扯断了纸条，必须回到起跑线，换一根纸条，重新起跑，直到纸条不断而能跑到终点为止。在孩子掌握游戏要领后，可以变换一下形式，如爸爸、妈妈在两边，孩子在中间，三个人玩，也可以鼓

励孩子与伙伴们玩。

详细分析

可以帮助孩子理解人与人之间合作的重要性，培养孩子的合作精神。

16. 自信——让孩子更有成就感

自信是发自内心的自我肯定与相信。古往今来，许多人之所以失败，究其原因，不是因为无能，而是因为不自信。缺乏自信心的人总是不敢去做事情，也总是难于做好事情。只有相信自己，正确评价自己，才能充分挖掘出自己潜在的能力，从而开拓出属于自己的一片天空。

小孩子天生敏感、脆弱，但通过后天的正确情商引导，是完全可以成为一个自信的人的，他会变得乐观进取，做事积极主动，勇于尝试，乐于接受挑战，反之，则会在任何事情面前都表现得极为缺乏自信，因而柔弱、害羞、充满恐惧，既不敢面对新事物，也不敢主动与人交往，失去很多学习和锻炼的机会，影响未来的发展。长此以来，孩子就会产生"无能"的自我认知，变得自卑，甚至可能产生自暴自弃、破罐子破摔等极度不良心理，后果将十分可怕。

成功的经验越多，孩子的自信心就会越强。孩子对自己的能力往往认识不足，有时可能会做一些力所不能及的事情，因而导致失败，由此产生自卑心理。家长不妨引导孩子量力而行，让有自卑性格的孩子多做一些力所能及、把握较大的事情。哪怕这些事很"小"，也不要放弃争取成功的机会，因为任何成功都能增强自己的自信，任何大的成功都蕴藏于小的成功之中。简而言之，要让孩子通过在小的成功中表现自己来建立自信心，来循序渐进地克服自己的自卑心理。

自卑是一种消极的自我评价或自我意识。它就像是一种吞噬人们心灵的细菌，可给一个人带来莫大的痛苦，给人的心灵刻下深深的创伤。一个自卑的人往往过低评价自己的形象、能力和品质，总是拿自己的弱点和别人的强处比，

觉得自己事事不如人,在人前自惭形秽,从而丧失自信,悲观失望,不思进取,甚至沉沦。所以说,一个自卑感强的人,是很难做出成绩来的。

自卑是一种性格缺陷,自卑性格的形成往往源于孩子时代。一个人小的时候,正是性格和信念发展的重要时期,也是一个人学习功课、掌握本领的重要时期,此时,如果产生了自卑感,不相信自己有能力去改变世界,整日用一种消极和自卑的情绪去生活,那么,他们的自我暗示就会接收这种缺乏信心的情绪,从此一蹶不振,引发出人际关系障碍和许多行为上的困扰,妨碍学习、生活和人际交往的正常进行。这对于孩子的成长是十分不利的。

当孩子感到信心不足时,家长要引导并鼓励孩子朝自尊、自强的方向努力,逐步树立起自信心,克服消极自卑的心理。比如,家长可以鼓励孩子进行积极的自我暗示,把"别紧张,我也行"、"我一定能成功"之类的话写下来,或者大声说出来;也可以在此基础上,让孩子根据自己的实际情况拟定一句鼓舞立志的话,每天上学之前都念上几遍,在语言暗示后再满怀信心地去上学。

文文和一般的孩子不太一样,尽管她也长得可人漂亮,但是她有一个严重的缺陷——她是天生的聋哑儿。她听不到美妙的音乐,也说不出动人的话语,她只能生活在自己无声的世界。为此,文文十分自卑。

有一天,妈妈带着文文去了一个特殊的展览,所展出的全都是希望工程小学孩子们的作品,有泼墨的山水画,有遒劲的毛笔字,有精致的手工玩偶……看过这些,妈妈用手语告诉文文:世界上有许多小朋友没有饭吃、没有机会学习、没有条件上学,如果文文只是因为自身小小的缺陷就对自己失去信心,实在是太不应该了。文文"听"了妈妈的话之后,认为很有道理,慢慢地变得开朗起来了。

自信心是一种积极的心理品质,是人们开拓进取、向上奋进的动力,是一个人取得成功的重要心理素质。自信心在个人成长和事业成就中具有显著的作用。这种心理品质应该从小培养,从家庭起步。培养孩子的自信心,对孩子的

发展十分重要。假如孩子在画画方面有天赋,家长就该多多鼓励。事实证明,当孩子看重自己某一方面的本领和能力时,他们就更容易接受别人在某方面得到比自己更多的关注。这种自信不但可以帮助孩子克服自己的嫉妒心理,更有利于他们塑造自我,这才真正能学会值得别人艳羡的本领。那么,如何很好地培养孩子的自信呢?家长们不妨来试试下面这个亲子小游戏:

自信小猎人

准备沙包两个,各种小动物头饰若干,小动物卡片若干。让孩子当猎人,手拿两个沙包站在前面,你戴上小动物头饰扮小动物,站在"小猎人"后面。"小猎人"往前走时,"小动物"也尾随在小猎人的身后轻轻往前走;"小猎人"突然转身将两个沙包往后方抛去,"小动物"迅速跑开。如果被沙包打中,则被"小猎人"捕获,孩子可获取相应的动物卡片一张。被打中的人更换头饰,扮演新的"小动物",游戏重新开始。你可与孩子更换角色,比赛看看谁捕获的小动物多。

详细分析

通过这个游戏,可以培养孩子的竞争意识,增加孩子的自信。

第八章
培养高财商孩子有说法

1. 让"小财迷"通过简单劳动获得报酬

家长应该让孩子知道金钱是劳动的报酬,最好还要让孩子亲自劳动体验一下挣钱的滋味。比如,家长在家里给孩子分配一些有报酬的家务劳动,或者在寒暑假期间,给孩子找一个零工去做。孩子通过自己的劳动挣钱,不但明白了金钱是劳动的报酬,同时还会知道挣钱的辛苦,从而学会节俭,进而能够帮助孩子提高理财能力。

当孩子还太小不可能外出工作时,家长可以付钱请他们做额外的工作,例如种植植物、给鱼缸换水,或是洗碗、扫地、擦洗汽车等,通过爸爸妈妈的雇用,让孩子获得第一次工作经验,明白金钱的来之不易。

强强从小时候零用钱就很少,他说他的零用钱还没有同学的一半多,问妈妈怎么能够得到更多的零用钱。妈妈说:"你可以凭劳动挣钱。"强强说:"怎么挣?我还小,没有人会雇用我的。"妈妈告诉他:"你可以承担一部分你力所能及的家务,我付给你报酬。"在5岁的时候,强强为家里刷一次碗便可以挣到5角钱。到了6岁,有一天,强强跟妈妈说:"妈妈,你给我再找点家里的家务活做,我想多挣点儿钱。"妈妈说:"行,擦玻璃吧。小时工阿姨不愿意擦玻璃。"强强说:"你能给我和小时工阿姨同样的报酬吗?"妈妈说:"行,一小时给小时工7元,也给你7元。"强强非常高兴,认认真真地擦玻璃,擦完后妈妈当即付给他报酬,拿着自己挣来的钱,他很得意。

家里的废品从来都是强强处理的,收入归他。这是强强的一个勤工俭学项目,他还从小培养了不怕脏、不怕累的品德。时间长了,就养成了好习惯——钱不够花的时候,不是伸手要,而是想办法通过自己的劳动去挣。

教孩子赚钱是理财教育的关键。要让孩子懂得,钱应该是通过劳动换来的,不应该是要来的。同时,要让孩子明白有尽义务的劳动,也有能取得报酬

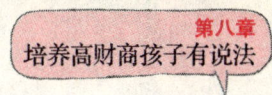

的劳动。

在为孩子挑选家务事时,家长要注意,有一些是孩子自己的事情,是孩子必须做的,爸爸妈妈要把它划分出来。比如,吃饭、穿衣服、穿袜鞋、系鞋带等,必须自己完成,这是孩子的自理能力。爸爸妈妈要从小给孩子灌输"自己的事情自己做"的观念,从吃饭、喝水开始,一样一样要求孩子自己来做。千万不要因为孩子做得慢,做得不好,就代劳。爸爸妈妈要有耐心地看着孩子从不会到会,从不熟练到熟练。不要小看孩子做这些"活儿",它不仅能培养孩子自理能力,让爸爸妈妈感到省心,还能训练孩子的运动协调能力,发展孩子的智力。

而家务中有不安全的成分,像接触电源、开水等,不要让太小的孩子去做。建议家长应该让孩子帮着做安全的家务活儿,如扫地、擦桌子、倒垃圾、拿报纸、取牛奶、整理鞋子、叠被子、擦皮鞋、洗碗、洗手帕袜子类的小东西、摘菜等。在做的过程中,爸爸妈妈要先教孩子怎么做,再带着孩子一起做。碰到周末大扫除、换季大清理时,爸爸妈妈和孩子一起来做,做家务时,爸爸妈妈和孩子边做边谈心,讲有趣的事情,不仅打扫了卫生,还增进了父子、母子间的亲情。

特特的妈妈想让孩子通过家务劳动赚取一些零用钱,让孩子从小养成爱劳动的习惯,让孩子知道只有通过劳动才能得到报酬,懂得付出才有收获的道理。起初,6岁的特特不太情愿,但最终没有抵御住"金钱"的诱惑,开始做起收拾沙发、擦桌、倒垃圾等简单的"工作"。每次拿到属于他的"工资",都欢快地跑到自己的存钱罐前,将一份欢乐和希望投到了里面,看到他逐渐体会到劳动的快乐,懂得了"劳动才能有所得"的道理,特特的妈妈很欣慰。但是,问题很快就出现了。有一次,一家三口吃完饭,特特的妈妈看到特特在看电视,就让他帮忙收拾一下碗筷,谁知,特特竟漠然地说:"我还要看动画片,今天不想挣钱了,你自己收拾吧!"说完,目不转睛地盯着电视,毫不理会妈妈,这让特特的妈妈很担心,而且,这种情况一连出现了好几次。妈妈很担心,这样下去,孩子眼里只有规则,逐渐会变得没有亲情和人情味。

随着年龄的不断增长,孩子对金钱有了越来越强烈的追求意识,希望能有属于自己的金钱,并让自己自由支配。孩子有这种想法是很正常的,家长要做的就是把物质享受和创造的关系,也就是金钱和劳动的关系解释给孩子,耐心地给他灌输正确的观念。

如果发生了特特这类情况,家长简单地教育孩子,不劳而获是可耻行为,对你的劳动付钱只是一种鼓励而不是必需的,孩子会觉得家长在进行耸人听闻的说教。是呀,过去都是家长在为孩子服务,我干一点活也会给我钱,这一直都顺理成章的,怎么忽然间跟可耻联系起来了?

所以,家长有义务把劳动、物质创造与享受之间的联系给孩子讲清楚,让他知道,随着自己渐渐长大,他就具有了参与劳动创造的义务,而且,劳动是每个人一生都必须从事的活动,我们所享受的物质生活,都是无数人辛勤劳动的成果。

(1)锻炼"小财迷"劳动之一——帮妈妈收拾屋子

情景:妈妈累了一天好辛苦啊!到家之后,发现家中也是一片狼藉,没办法,只好自己动手收拾屋子。这时,妈妈看到磊磊正在自己的屋子里玩小汽车,就想:是不是应该让儿子也参加一下工作呢?征求了儿子的意见后,母子两个马上动起手来。

劳动目的:教导孩子如何将纷乱的东西按类别收起来,找起来简单又不占空间。这项劳动可以有效地培养孩子的秩序感。

提示:物品中如果有过重的东西,建议还是家长自己拿,因为孩子还处于长身体阶段,不能负重过大。

报酬建议:每次5~10元

受欢迎程度:★★★☆☆

(2)锻炼"小财迷"劳动之二——和爸爸一起理书

情景:爸爸的书柜好乱啊!里面有很多大大小小、薄薄厚厚的书籍,有蓝色的、红色的、黄色的、白色的……花花绿绿真好看!于是,在爸爸的建议

下,晟晟就忙着分起类来,爸爸让他按书的大小归类,并不时提醒他说:"这是大的,放这里;这是小的,放这里。"小晟晟忙得乐此不疲。

劳动目的:通过对书柜的整理,有助于培养孩子对书本的感情。

提示:简单的书本整理工作,可以让孩子一起完成,但是不建议让他们来整理报纸,因为报纸有油墨,容易让孩子不小心手沾到而食入,应避免让他们接触。

报酬建议:每次3~5元

受欢迎程度:★★★★☆

(3)锻炼"小财迷"劳动之三——给爸爸擦车

情景:龙龙爸爸的车子已经很脏了,这天早上,爸爸拎着一桶水刚要出门,看到龙龙也已经吃过早饭在看电视了,于是就叫上儿子和他一起去擦车。没想到儿子一下子就同意了,小家伙拿着小抹布在前面一通乱擦,还真卖力气!而爸爸不时教导他该如何擦玻璃,该如何清洗轮胎。

劳动目的:几乎所有的孩子都喜欢车,从模型车到遥控车,都能激发起他们的兴趣,更不要说是"真家伙"了,所以,让孩子跟着爸爸去擦车实在是不错的选择,还可以在劳动的过程中培养孩子和家长的亲情以及为他讲解一些简单的汽车知识。

提示:车子毕竟是较为复杂的机器,千万不要让孩子扭动车钥匙启动车子,否则后果不堪设想,并且也要提醒孩子不要在擦车过程中把水浸到机器中去,以防车子故障,就得不偿失了。

报酬建议:每次5~10元

受欢迎程度:★★★★★

(4)锻炼"小财迷"劳动之四——垃圾放好

情景:鹏鹏的爷爷腿脚不好,走起路来十分缓慢。这天,只有鹏鹏和爷爷两个人在家,爷爷想把桌子上的烟灰缸倒掉,鹏鹏很体贴地赶忙跑过来替爷爷收拾好了烟灰缸,爷爷很高兴,并突发奇想和鹏鹏玩起了"垃圾投篮",真是

不亦乐乎。

劳动目的： 让孩子通过帮忙倒垃圾，养成讲卫生的好习惯。

提示： 告诉孩子垃圾要放进垃圾袋或垃圾箱，之后和孩子一起玩"垃圾投篮"游戏实在是家长不错的选择，在游戏中还可以培养孩子的卫生意识，一举多得。

报酬建议： 每次1~2元

受欢迎程度： ★★★★☆

2. 给孩子零花钱的原则

"爸爸，给我30元钱，我要买一个和XX一样的铅笔盒。""妈妈，我的橡皮用完了，给我3元钱。"现实生活中，我们常常能听到孩子向父母提出这样的要求，做家长的既不想拒绝孩子的要求，又怕孩子拿到钱以后乱花，常常会感到左右为难，不知所措。那么，到底要怎样对待孩子的这种行为呢？

家长首先应区分孩子的要求是否合理。不要认为孩子要钱是不应当的事情，在现代社会中，人们不能脱离钱而生活，孩子也不可避免地要与钱发生联系。因此，凡是那些合理的要求，例如，买书、买练习本，家长就应适当满足孩子并让他自己去购买这些东西。这样，一方面可以激发孩子的学习兴趣；一方面也可以培养孩子的独立性。对于那些不合理的要求，家长就要果断拒绝，并向孩子讲明道理。例如，孩子已经有许多布娃娃了，还缠着父母要求买新的，这时，家长就应告诉他："家里还有十几个布娃娃，你买这么多是没有必要的。爸爸妈妈的钱也挣得很辛苦，你要懂得爱惜爸爸妈妈用劳动换来的钱。"一般来说，上学以后的孩子，都能接受这些道理约束自己的行为。而零用钱不应该用在奖励孩子考试成绩上，这无疑是一种变相的贿赂，用金钱来作为一种物质刺激，有碍于培养孩子端正的学习态度，有害无益。

所以，家长给孩子的零用钱，要遵从一个定时、定量的原则。这样也可以让孩子在用钱的过程中，学会调控自己的收支，使收支处于平衡状态。孩子在

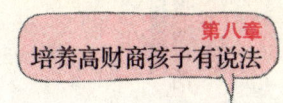

花钱的过程中,也可对孩子理财意识进行培养。这样,他们会懂得什么是钱,什么是钱的价值,如何来让自己天天都有钱花。

家长给孩子零花钱,最忌讳的就是孩子要多少,自己就给多少;什么时候来找家长要,就什么时候给孩子零花钱。这样一来,孩子就会养成在最短的时间里把自己的钱花掉的坏习惯,而且还会在不知不觉中养成大手大脚的习惯。孩子会觉得家长就是钱的代名词,自己只要想要钱就去找家长。

家长给孩子零花钱,并不是想要培养孩子大手大脚花钱的坏习惯,而是想让她们更早地学会如何来使用钱,如何有效地来支配自己手中的钱。学会用钱,是为了让孩子能够在将来学会如何挣钱。

零用钱是在生活中给孩子树立经济观念的最有效果的、最容易的方法。零用钱能否发挥教育意义,完全取决于家长。在忙着掏钱给孩子之前,要先考虑这样做给孩子带来的影响。

(1)别在金钱上太过放纵你的"小财迷"

家长给孩子零用钱不要遵从多就是好,越多越能让孩子过得幸福的原则。零用钱是孩子用来满足自己的一些合理需求的,而不是用来满足他的奢侈的需求的。多数家长都是根据个人经验来单方面决定零用钱的额度,没有什么标准和讯息可供参考,也没有征求孩子的意见。但是,想要做好理财教育,和孩子一起讨论零用钱的金额才是正确的。根据调查,与家长一起讨论决定零用钱金额的孩子,在使用零用钱的时候,会做预算、记账等进行合理地消费。

尤其是一些年幼的孩子,还没有太多金钱的概念,钱多了反而会让他们感到无所适从。

慧慧的爸爸是公司的经理,所以相对于别的小朋友来说,4岁就有每月300元零用钱的慧慧绝对算得上是"生活优越"。但是,平时慧慧的爸爸妈妈都很忙,没有时间照顾女儿,日夜陪伴女儿的保姆也是慧慧妈妈从老家请来的,连初中都没上过的保姆自然不会向慧慧"传授"财商的概念,结果导致4岁的慧慧整天拿着自己的零用钱去买一些"多余"的东西,比如家里已经有了两辆儿童车，但是慧慧看见了新的就一定要买；自己明明不喜欢机器人，但是由于手头宽裕所以还是把机器人带回了家等。慧慧的家长对此一筹莫展，但是又没有办法，因为孩子已经养成了乱花钱的习惯，只能干着急。

爸爸妈妈疼爱自己的孩子是人之常情，但也要选对方法。给孩子的零用钱可以稍微多于必要的金额，可以让孩子从更多的角度来考虑金钱，比如，如果家长想让孩子将10%的零用钱用做置办文具，那就要把这个金额加到零用钱里，多给孩子划定零用钱的金额。给一个4岁的孩子300元的零用钱实在有些太过，这样不仅对孩子的成长没有任何帮助，甚至还会让孩子养成浪费、奢侈的坏习惯。

（2）零用钱要根据实际情况付给你的"小财迷"

家长给孩子的零用钱，要遵从"定量"和"从众"的原则。"定量"主要是让孩子能够先对自己做一个相应的消费估算。自己手里有多少钱，可以用多长时间，所以，为了自己每天都可以有零用钱花，哪些是可以买的，哪些是不需要买的。孩子在考虑这些问题的过程中，也就是在培养自己最基本的理财思想。而"从众"就是要考虑孩子身边的朋友们或是同学们都有多少零用钱，以此作为参考，让自己的孩子可以和同龄人一样消费和理财。

一般来说，孩子们认为自己应该有多少零花钱往往并不是从实际情况出发的，而更多的是受到同伴消费行为的影响，并由此来确定应该向家长要多少钱。如果家长忽略了这种影响，而一味从自己的主观意愿出发，认为孩子花不了那么多钱而给得太少，可能会使孩子在和同龄人进行比较时产生自卑心理；相反，如果家长一味迎合这种风气，不加以正确引导，又会助长孩子炫耀攀比的心理。

楠楠马上就要上小学一年级了。妈妈决定从这个时候开始给她零花钱了。妈妈先参考了一下其他小朋友的情况，看她们的家长给孩子多少钱。然后选了一个和别的孩子差不多的零花钱数目——每天给她三块钱。给了一个星期之后，见孩子用钱也还比较规律，就把这个数目给定了下来。

楠楠有了自己的零花钱，心里也挺高兴，每天买一些自己喜欢的零食，买一些自己喜欢的小玩具。要是碰到班上组织一些大型的活动，比如郊游、运动会、元旦晚会等，妈妈也会适量地多给她些零花钱。

当碰到班级大型活动，家长可适当增加孩子的零用钱。因为孩子在这些时候，对钱的需求量要更大一些。妈妈给她钱，主要还是根据她平时用钱的需求量来给的，让孩子可以满足一些自己的合理需求，能够学会做一些自己的用钱决定，早日学会理财，也能够尽早懂得钱的价值。

"定量"与"从众"的做法，最主要的就是让孩子学会如何达到消费平衡，也可以有效地控制孩子的消费，让她们做到合理花钱。在买东西之前学会比价格，看标签，看一看如何才是最划算的，定量的钱可以让孩子学会如何花钱。

（3）零用钱也要伴随着"小财迷"的成长一起增长

家长给孩子的零花钱的量，要随着孩子年龄的增长、需求的增加而相应地上升。幼儿园和小学是不同的，小学和初中是不同的，初中和高中也是不同的。小学的时候可以是一天给一次或两、三天给一次。初中或高中就可以一个月给一次。给的钱的数量也可以根据孩子的需求做相应地上调。

当然，不能一味地因为孩子的年龄增长就放宽对他们的"经济政策"，给孩子零用钱时，首要考虑的还是培养他管理钱的能力，这样的"教育意识"远比给孩子必要的零用钱的"经济意识"重要得多。世界富豪洛克菲勒二世小时候的零用钱并不比其他同龄孩子多，关于零用钱，他父亲的态度完全不像个富翁，理由很简单，他认为钱多钱少是大人的事情，不管是穷还是富，孩子的零用钱都没有理由有差别。在父亲的正确引导下，他领悟到非常重要的人生道理：父亲的财产只是父亲的，而不是属于自己的。

刚升入高中的洋洋一个月有800元的零用钱，对于一般家庭来说，这可不是小数目。爸爸妈妈为什么放心一个月给孩子如此多的零用钱呢？原来，洋洋从5岁开始就已经自己支配零用钱了，让我们一起看看她是如何支配她的零用钱的吧！

5~6岁时，洋洋还在上幼儿园，每天都有爸爸妈妈接送，所以每天1元的零用钱几乎用不到，都能放进自己的"小金库"中，遇到喜欢的小铅笔、漂亮的小书包，也不用向爸爸妈妈伸手要钱，自己就能买得起。

6~9岁时，洋洋在上小学，由于学校是统一订餐模式，所以，爸爸妈妈给的每三天15元的零用钱可以用来买一些自己喜欢的小零食或是饮料，一个星期下来算算还能剩下一些，有同学过生日或是买书，都从自己的零用钱里面出。

9~12岁时，随着洋洋越来越大，爸爸妈妈商量将洋洋的零用钱增加到每个星期50元，这对洋洋来说可是个好消息，由于从小就由自己支配零用钱，爸爸妈妈完全不担心洋洋会乱花钱。果不其然，在洋洋小学六年级毕业时，自己居然攒钱买了一架电子琴，真是让爸爸妈妈喜出望外。

12~15岁时，洋洋升入了初中，初中和小学的制度不一样，中午需要学生自己去买午餐，所以，这时洋洋的零用钱已经涨到了一个月400元，而此时的洋洋也能更好地把握自己的金钱开支了，甚至自己开设了基金账户，准备开始小投资一把了！

家长在给孩子零花钱的过程中，也可以逐渐增强孩子对金钱的调控能力，怎样花钱才可以既满足自己花钱的需求，又不会超额。给孩子的钱既不能一成不变，也不应该任意减少。

（4）不要用钱作为你奖励"小财迷"的模式

家长平时不要对孩子说，要是考了多少分我就给你多少钱，这样不利于孩子形成正确的金钱观。而且，学习的目的也不是为了能够获得钱，这样会扭曲孩子学习的目的，也会让孩子误解钱的来历。

在思思刚刚上学的时候，在一次考试之前，妈妈对思思说："如果成绩好妈妈就给你20元的奖励。"之后，妈妈发现思思学习比平时更加用功了，结果考试成绩大大超过预测，一直是中等成绩的思思，一下子蹿到了班上前十名。当然，思思也如愿地得到了20元"奖金"。之后，金钱奖励的方法被思思的爷爷奶奶们如法炮制，不过奖励额度大了许多。现在，她的存钱罐里有1000多元现金了。这些钱都是长辈们给她考试的奖励。隔段时间，思思就翻出来数一数，俨然一个"小财迷"。孩子的成绩是上去了，现在每次考试都是班上的前五名，不过她对金钱和考试的态度有些扭曲，甚至哪次"奖金"不满意还出现了厌学、逆反的态度，妈妈开始为此担心。

一天，妈妈去学校接思思，正好碰到她跟同学攀比考试奖金的事："我爷爷奶奶说了，只要我考得好，他们每人给100元，你家给多少？⋯⋯"思思的妈妈当时就吓了一跳，小孩子竟然用金钱来攀比和衡量自己的成绩，那么学习究竟为了什么？

家长可以让孩子明白，劳动是可以创造钱的，但不是通过学习来体现的，成绩好是治学态度的严谨，绝对不能为了钱去学习。当然，如果孩子想挣取零用钱，可以通过给家长打工的形式来获得相应的金钱报酬。

3. 让"小财迷"体验储蓄钱的经历

"勤俭节约"是中华民族的传统美德，但是，现在的孩子身上，好像很难找到这种美德的影子，孩子乱花钱成了不少家长的头痛事。眼看孩子小小年纪已经显露出的"败家"潜质，不想他日后当上"月光族"，从小的理财教育很关键哦！

6岁的敏敏缠着妈妈给她买一套价格昂贵的玩具，不买就赖在商场不走。妈妈非常生气，女儿这个任性、乱花钱的毛病该治治了。

她对敏敏说:"你今年6岁了,是个大孩子了。如果你真想得到那套玩具,那你得多干些家务活才行。你自己攒钱很快就可以拥有它。"

于是,妈妈给女儿买了一个存钱罐,敏敏开始攒钱。敏敏学会了扫地、擦桌子、洗碗,每天忙得不亦乐乎,妈妈付给她相应的工钱。敏敏把妈妈给她的钱全部放进储钱罐,然后美滋滋地数上一番。最终,敏敏的卖力劳动最终换来了那套她心仪已久的玩具。

自己攒钱买玩具,让敏敏懂得了金钱来之不易,要得到自己想要的东西必须付出劳动,自然乱花钱的毛病也就不治而愈了。

培养孩子的储蓄意识是一个过程,在这个过程中,家长的帮助和引导非常重要。5~6岁孩子的盛钱容器最好分成"花钱"罐和"存钱"罐两种,这能使他们受益匪浅。家长和孩子可以决定容器的种类,但是不应该过分强调容器,而要集中强调储蓄的经常性和意义。

在5岁以前,琳琳把她的钱放在一个彩色笔状容器里。她很容易打开它,定期数数她的"财富"的增长情况。琳琳和所有孩子一样,喜欢经常地看看、摸摸她存下的钱。后来,家长给她换了个大的塑料罐子。在琳琳8岁的时候,她的储蓄保存在几个不同的地方。她在中国银行有一个账户,还有一个钱包放要花的钱。家长为她定了个目标。当家里的储蓄罐里超过了100元时,她可以去银行把钱存在自己的账户里。

早教专家曾提出,让孩子把零花钱放在三个罐子里:
第一个罐子用于日常开销,购买日常用品;
第二个罐子用于短期积累,为购买玩具等贵重物品积攒资金;
第三个罐子是长期储蓄,以大人的名字给小孩办一张储蓄存折。
这三个罐子的设置不仅可使孩子学会购物预算,而且可使其储蓄意识在脑海中深深扎根。

爸爸妈妈要知道,储蓄罐只是孩子进行储蓄理财的第一步,当孩子有了良

好的储蓄意识之后，家长可以慢慢培养孩子到银行去开自己的账户，把自己的零用钱或压岁钱存进去，让孩子真正进入"高级"储蓄阶段。

美国家长就很重视培养孩子的储蓄观念。现在，给孩子讲授理财之道已经成为美国中小学教育及家庭教育的热门话题。美国丹佛专门为青少年开设了一家银行。目前该银行已经吸收了储户1.7万个，客户年龄平均才9岁，最大的不超过22岁。这家世界上独一无二的银行是由一个叫比尔·丹尼尔的人创办的，它标志着美国的财经教育正在进入低龄化。由美国教育部资助，全国34个州的3000所中小学的学生家长参加了一项庞大的储蓄计划——"为美国而储蓄"计划。该计划创始人强调："我们的目标是创造新一代的储户"。

美国作家大卫·欧文在家里开了一间银行，这家银行的客户只有两人，那就是6岁的儿子和10岁的女儿。银行规定，每个孩子每月存入25美元，就可获得5％的高额月利息，这样年复利达77％。欧文不仅把利率定得高，还教导孩子利用复利的好处。当孩子存款越来越多的时候，欧文把每月利率降低至3％。欧文在孩子长大了一些之后，开始经营他的"爸爸股票交易市场"。他允许孩子在他的股市里交易真正公司的股票，不过价值只有真实股价的百分之一。欧文在其著作《第一家爸爸银行》中指出，这个方法教会了孩子如何确定公司的价值，如何买入、卖出股票。家长们必须让孩子在试验和失败中学会理财。

大卫·欧文建议家长给孩子一定数量的零花钱，而且让孩子在花费前弄明白，哪一样才是对他们真正最有价值的东西。

生活中，很多美国夫妇都给自己的孩子开了一个"家庭小银行"。他们每星期会往孩子的"小银行"放一些钱，平时买东西剩下的零钱，也放进去。每月给"小银行"清账一次，一般能有几十元或一百多元。再在银行给孩子开零存整取的账户，每个月把钱转存进去，年底再转入定期储蓄。当孩子长到六七岁时，有了"数"的概念，他们就教孩子辨认硬币和毛票，并让孩子把这些钱存入自己的"小银行"。

在新加坡，"节俭和储蓄是美德"，这种传统的价值观在大人孩子中始终牢固不变。教育部、邮政储蓄和银行每年都开展全国性的校际储蓄运动。在这种环境下,许多孩子都成了储蓄迷,他们为了防止自己花钱大手大脚,连提款卡也不申请。

使孩子有储蓄意识的一个最好方法就是为孩子建立"小银行",使他拥有一张储蓄卡。为孩子办了储蓄卡后,可耐心地诱导他把口袋里的零钱存进去,并告诉他坚持下去,要为他的储蓄卡负责任,在没有必要花费时不要随便动用卡里的钱。为了使孩子坚持下去,你可以采取鼓励方式,如允许他把家长给的零花钱的1/3用于买零食等消费,其他则必须存入。孩子在有"甜头"的情况下会去储蓄的,长期坚持下去,储蓄意识将扎根在孩子脑中。家长除了供给孩子最基本的生活必需品外,有些消费可让孩子用自己的积蓄去开支。例如,孩子想买网球拍、自行车等或去旅游,指导他用全部或一部分储蓄。这样,就使他认识到储蓄的意义,体会到用自己的存款来买自己想要的东西的愉快和兴奋,而且也培养孩子学会有计划地管理金钱的能力。

芳芳的爸爸每次领完工资之后都要去银行存钱,也喜欢带着芳芳一起去。

第一次去的时候,她问爸爸:"什么是储蓄啊?"爸爸告诉她:"储蓄就是把自己用不完而节余下来的钱放在银行里,为了自己以后更大的消费目标作准备。"

她又问爸爸:"那怎样才能够有花剩下来的钱呢?"

爸爸说:"如果妈妈一个星期给你20元钱的零花钱。你只用了10元钱,那剩下的就可以先存起来了。"

芳芳听后,对爸爸说:"我以后也要来存钱。"

爸爸笑了,对她说:"那你以后可不能做小馋猫,再吃那么多的零食了。这样你就可以有自己的存款了。"

孩子的储蓄意识,是应当从小培养的,爸爸妈妈要先让孩子理解什么是储蓄,要先有一个储蓄目标,也就是自己存钱是为了什么。孩子也会有很多自己的消费目标,比如想买新的衣服或者娃娃,可是自己的钱现在还不够。对于这种情况,家长就可以鼓励孩子以此为储蓄目标来积攒钱。孩子在积攒的过程中，一是可以养成一种节俭的习惯；二是可以让孩子品味花自己的钱的感觉。例如，有的孩子喜欢吃冰激淋，如果买一杯要花3元的话，家长就应告诉她："你想吃可以，但是今天只能给你1.5元，等到明天再给你1.5元，你才能买来吃。"这就是孩子储蓄观念的萌发。

储蓄也是应急的有效措施，因为生活中经常会有一些紧急情况需要大笔的现金。而这个时候如果去向别人借，就会增添很多的麻烦。因此，这就需要养成平时能够储蓄的习惯。在紧急情况出现的时候，这些储蓄下来的钱也就能起到有效的保障作用了。

爸爸妈妈还可以在储蓄的过程中，培养孩子的长期储蓄目标和短期储蓄目标，让孩子能够清楚地明白，自己坚持储蓄是为了什么。这样才可以激发起孩子的动力，让孩子能够更加积极地参与到储蓄当中，从而体味到储蓄的好处。

爸爸妈妈在储蓄的过程中，可以让孩子体会积累的好处。因为储蓄也就是一个积少成多的过程。孩子只要养成储蓄的习惯，就会自觉地收集起自己身边的每一个硬币。他们知道钱不在于多少，只要自己肯去积累，小钱也可以积累成巨大的财富。如此一来，平时孩子就会有意识地去把自己身边的零钱收集起来。

孩子到了六七岁时，家长就应给予他一个懂得为短期目标存钱的思想。比如，孩子要买一件自己喜欢的、并不太贵的玩具时，家长就可以利用这个机会教孩子存钱。家长可以为孩子订一个明确的计划：每天应该存多少钱，存多少天就能买到自己想要的东西。这样，孩子就会有目的地把家长给的零花钱积攒起来。让孩子用"自己攒的钱"得到这个玩具，会比轻而易举地从家长处得来更加珍惜，还可以懂得积少成多的道理。

在平时的生活中，家长要鼓励孩子投入到储蓄的行列中来，让孩子学会有意识地收集自己身边的一些零钱。这样下来，小钱也可以慢慢变为一笔数额不小的财富。当孩子放在储蓄罐里的这些零钱达到了一定的数目的时候，家长就可以带着孩子到银行里去把这些钱存起来了。

孩子的大宗收入，主要是生日礼金和压岁钱。家长指导孩子正确使用这两笔钱，也可以让孩子更多地了解储蓄方面的知识。因此，家长要鼓励孩子用储蓄的方式保管自己的大笔收入。给孩子开设一个独立的账户，让孩子把这些钱存入自己的账户中。如果孩子有一些大笔的开销，就可以去拿这笔钱出来支付，这也是给孩子最好的储蓄动力。

为了鼓励存钱，家长可以陪孩子一起去银行存钱，当孩子在铅印的存单或存折上见到自己的名字时，会使他们感到自己长大了，变得重要了。银行的另一个好处是：它能使孩子充分理解，钱并不是随便就可以从银行里领出来的，而是必须先挣来把它存到银行里去，然后才能取出来，而且还会得到多出原来存入的钱的利息。

万一你的孩子一角钱都留不住，爸爸妈妈该怎么办呢？不要着急，财商不是天生的，而是培养出来的。

也许有些现金支出是合理的，比如同学或小朋友的生日礼物、喜欢的零食或饮料涨价了等。但如果孩子在动用他的储蓄来弥补"意料不到"的花销，家长们就应该尽快调查金钱的去处了。

4. 锻炼孩子管理金钱的技能

对理财教育越来越重视的今天，很多家长准备开始对孩子进行理财教育，但是不知道从哪里开始教、怎么去教，对其具体操作也没有明确的概念。

教导孩子"金钱"知识，绝对不是经济学里那些令人头痛的"概念"、"术语"或"研究报告"，而是孩子日常生活中看得见、摸得到的实体。金钱教育不是抽象的理论，而是通过实际生活体验得到的"体验教育"和"生活教育"，所以我们需要转变观念。只要转变观念，就马上清楚了该教孩子什么内容。

第一，以自己的亲身经历说明创业之艰难，告诫孩子们要勤俭节约、努力创业。

霍英东幼年丧父,家境贫寒。尽管如此,母亲刘氏还是勒紧腰带供霍英东读书。每天,刘氏都给霍英东1角钱,让他用来搭电车和吃午饭。但霍英东自小知悭识俭,为了节省每天来回的6分钱电车费,他每天早上提前动身,背着书包由湾仔经玛利兵房、兵头公园步行半小时至鸭巴甸街的皇仁书院上学;下午放学后,又沿着上学的路步行回家。中午,他就花4分钱到学校旁边的为食街或小食店"三十间"吃糯米饭和大松糕。课间休息时,俊记的店员在学校大门的铁栏处向学生兜售雪糕和面包,但霍英东总是舍不得掏钱去买。霍英东是个懂事的孩子。除了省吃俭用、减轻母亲的经济负担外,很多时候,下午一放学,他就赶着回家,帮母亲记驳运生意的账目或外出送发票,分派运费给舢板客。

学校毕业后,霍英东当了铲煤工。他虽然是穷人家的孩子,自小吃苦耐劳,但由于当时身体孱弱,所以铲煤这份工作,他干得非常吃力。每天从早到晚,站在火炉口,被热气煎熬着,灼热难耐,又苦又累,他一声不哼,咬咬牙就熬过去了。晚上放工,拖着疲惫不堪的身子回到家里,腰酸骨痛,全身像散了架似的,倒下就呼呼入睡了。后来,霍英东又来到启德机场打工,每天工钱是7角5分,当时粮食奇缺,机场每天给每人配给6两米,但必须从工钱中扣去2角,故每天工钱实得5角5分。机场在九龙半岛,霍英东家住港岛湾仔,从湾仔到九龙须坐轮渡过海,每趟1角,来回2角,那是怎么也省不得的开销;至于其他陆上路段,他就步行。每天花在步行上的时间至少要两个小时以上。霍英东常感慨地对孩子们说:"7角5分钱一天,我想全世界都没那么低的工资,扣掉粮钱和过海轮渡的钱,只得3角5分,但这3角5分钱其实也不够我乘坐来回家里和码头的巴士,所以我只好步行……"

霍英东每次将这些"陈年旧账"翻出来讲给孩子们听时,孩子们都受到很大的触动。孩子们说:"与父亲年轻时相比,我们现在的生活不知要好上多少倍了。如果我们还不知足,任意挥霍,那就对不起父亲了。我们所应该做的,就是学习父亲艰苦创业的精神,将父亲的事业发扬光大。"

霍英东的子女从小就懂得俭朴,知道创业的不易,而且个个是理财的好手，这不能不说是霍英东常讲"家史"的结果。

第二，帮助孩子克服"失败恐惧症"。

成功的最大敌人就是失败，而失败在人生中是不可避免的。在少儿理财教育中指导孩子正确对待失败，其重要性就在于：这种对失败的正确认识和对待失败的正确态度可以引导孩子坚韧不拔地开创自己的事业。赚钱需要恒心，需要有遭受千万次失败的心理准备以及在失败来临之时仍不屈不挠、东山再起的毅力和能力。如果一个人想赚钱立即就能暴富，那岂不是每个人都会成为百万富翁了吗？

人并不是被失败所压倒，而是被失败的恐惧摧毁。我们开始做任何项目时，都要冒失败的危险，只有不去做任何事情才能确保我们不会失败。但如此下去，我们就会变得畏缩不前，不愿在生活的新领域中去探索。那样的话，我们就不会成为一个成功的理财家，也不会成为其他任何意义上的成功者。

因此，家长应该重视克服孩子的"失败恐惧症"。可以采取的具体做法是：

①评估一下孩子的力量、天资以及有待提高的方面，多方面和蔼可亲地指导他去做一些极有可能取得成功的活动。

②当孩子失败时，及时地帮助他看看自己做对了什么，帮助孩子评估一下所犯的错误及当初可以采取哪些措施即可避免出错。强调指出，应把努力的价值放在首位。

③当孩子失败时，以你自己承受失败的方式来帮助孩子摆脱困境。

④不过分强调孩子的失败，在生气时，也不以孩子的失败作为训斥他的借口。对孩子的失败轻描淡写，而对孩子的成功则大张旗鼓地表扬。

⑤认真观察孩子有没有失败感的征兆。提醒孩子在某项工作中的失败并不意味着他就是一个失败者。即使孩子的任务完成得不够好，也要显露出你对他的爱和尊重。

⑥让孩子打心里认识到失败是成功之母，每个人都或迟或早地要面临一些失败。要在孩子事情做得不成功时给予他足够的鼓励。

⑦当自己的生活中遭受失败时，要以积极的态度去对待，给孩子做一个应

付失败的好榜样。当自己失败时，不瞒着孩子，而是诚恳地谈论一下自己的失败，并向孩子解释说自己准备在新的机会来临之时东山再起，通过进一步努力取得成功。

"授之以鱼，不如授之以渔"，爸爸妈妈给不了孩子金山、银山，更给不了孩子一辈子理财的经验和能力，所以，从现在开始就要让孩子不断地锻炼驾驭金钱的能力。

峰峰回家跟妈妈说，自己想要买一个滑板，在暑假的时候好好学一学滑行的技巧和方法。还有一个月就要到暑假了，于是妈妈就帮他制定了一个储蓄计划，让孩子能够实现自己的愿望。

峰峰也有自己的储蓄罐，但是他平时存钱并不规律，所以战果不是太丰厚，已经快半年了，他才存了80元钱。而妈妈平时给他的零花钱，都是很充裕的。所以大部分的钱，都让他拿去买一些零食和小玩具了。

妈妈对峰峰说，只要他能够把自己的花销每天都控制在2元钱以内，这样一个月下来，他就可以节省下60元钱了。再加上他之前存下来的80元钱，买一个中等滑板的钱就足够了。峰峰心想：我自己能够克制住自己吗？但是一想到心爱的滑板，他还是积极地按照妈妈为他制订的储蓄计划来实行了。

家长帮孩子制订相应的储蓄计划时，要根据孩子的储蓄目标来制订，这样才能够更好地调动孩子的储蓄积极性。而孩子的储蓄目标，又分为短期储蓄目标和长期储蓄目标两种。

家长要根据孩子不同的目标来制订相应的储蓄计划。让孩子在目标的激励下积极地履行家长制订的相应计划。制订相应的计划是为了告诉孩子采用某种储蓄方式、在一定的期限内能够实现自己的储蓄心愿。这样，便不会让孩子因为盲目储蓄，而出现目标无法达成时的失望。

当孩子提出了自己的储蓄目标之后，家长就可以先帮孩子算一下这个物品现在的市场价位。然后再来算一下，孩子每天的零花钱用量。如果是一天省下一块钱，要多长时间来实现，两块钱又是多长时间。然后让孩子来选择通过哪一种方法来实行自己的储蓄计划，达成心愿。

家长还要帮孩子分析平时的消费行为，给孩子指出哪些消费是可有可无的，让孩子学会克制，从而完成自己每天的储蓄计划。只要一直给孩子鼓励，让孩子学会抵制诱惑，做到坚持，就会有助于孩子实现自己的储蓄计划。

家长给孩子制定相应的储蓄计划，是为了让孩子能够更清楚明确地知道自己离储蓄目标有多远，需要做出怎样的消费调整。这样可以帮孩子来优化消费结构，也培养了孩子克制和节俭的好品格，更可以让孩子体会到花自己存下来的钱的快乐与满足。

（1）给孩子讲明白储蓄计划的意义

家长要给孩子讲明白制订储蓄计划的意义。这样是为了让孩子更快地实现自己的储蓄目标，还可以培养孩子良好的储蓄习惯。孩子有了自己的储蓄目标之后，储蓄计划可以让孩子更明确地知道，自己每一天需要付出的努力。

储蓄计划，比盲目的储蓄更能够明确地帮孩子划定自己要做出哪些努力，如何去消费才能够在特定的时间段内实现自己的储蓄目标。

（2）制订计划要充分尊重孩子的意见

家长在制订孩子的储蓄计划时，也要充分地尊重孩子的意见。家长可以先询问孩子，可以做到何种程度的相应要求。因为计划的最终实行者还是孩子，如果孩子不乐意，计划是不能够实现的，最终孩子的储蓄目标还是要落空。

家长要充分地尊重孩子的意见，还应该把孩子的承受能力也加入到计划制定的过程中来。只有在充分和孩子交流后，做出的储蓄计划才能够让孩子更乐于去执行。

（3）家长要制订出几套方案让孩子选择

家长可以制订出几种方案来让孩子选择，尤其是对于孩子的短期储蓄目标更应如此。家长可以让孩子明白，如果一天节省5角钱，要多长时间才能实现他们的心愿；如果是1元钱要多久，2元钱又要多久。这样一来，孩子就会根据自己心中的意愿程度,来选择自己更愿意接受的储蓄计划。让孩子参与计划制订的方式,会更利于调动孩子的积极性。

(4)鼓励孩子将计划贯彻下去

计划在制订完成之后,在执行的过程中还需要孩子能够有效地抵制住各种诱惑。在这个过程中,如果孩子出现了懈怠情形,家长就要鼓励孩子坚持,让孩子能够把自己的储蓄计划贯彻下去。家长的鼓励,能够支持孩子走下去。

5. 教导孩子如何分配零用钱

在美国、英国、日本和巴西等一些国家,越来越多的学校制订了理财教育计划,把理财教育列入了中小学的必修课。现在,给孩子讲授理财之道已经成为美国中小学教育及家庭教育的热门话题。美国青少年理财教育主要通过三个途径:学校教育、家庭教育和社会教育。从孩子踏进幼儿园起,孩子们就会接受有关"钱"的概念。他们会知道钱是什么,如何处理好钱,这在生活中是何等重要。到孩子11岁时,他们基本上完成了经济上的"需求与供给"课程。中学时代,他们就能对各种财务运用有深入的了解并有一些社会实践。

在中国人的传统观念中,曾有"万般皆下品,惟有读书高"之说,"读书"被看成是一种完全超脱于世俗的精神追求。就是在若干年前,许多人谈到金钱、谈论财富的时候可能还会脸红。教孩子有关金钱的知识,这对很多中国家长来说,几乎是一片空白。其实,财富不是洪水猛兽,中国家长在和孩子交流财富问题的时候,也大可不必讳莫如深,关键一点是正确引导,培养良好的理财观念。

未来孩子们将面临的生存环境及市场竞争会更加激烈,别让孩子回避金钱世界,否则当他们长大进入社会后,一接触到钱就会不知所措,不知道怎样储蓄和怎样买便宜东西,弄不好他们可能因为不善于理财而背上债务,甚至产生更为严重的问题,麻烦百出,这将是让家长很痛心的悲剧。从小就有意识地培

养孩子的理财能力，指导孩子熟悉、掌握基本的金融知识与工具，从短期效果看，是养成孩子不乱花钱的习惯，从长远来看，将有利于孩子及早形成独立的生活能力，使其在高度发达、快速发展的时代中，具有可靠的立身之本。

正如学游泳的人一定要下水才能熟悉水性、学会游泳一样，要想让孩子们认识金钱、学会打理金钱，就必须让他们在花钱的过程中去认识钱。但是，在现实生活中，我们看到孩子们被家长在口头上谆谆告诫钱是有用的，却不曾真正让孩子在实践中体会钱的用处到底在哪里。家长们担心过早地让孩子接触钱会造成不良的习惯。其实，这主要是源于家长对自身的无法掌控，源于他们在理财方面的不自信。

所以，在通常情况下，直到孩子长大以后，开始自己支配钱的时候，他们才知道钱的真正威力在哪里，才会明白获得金钱需要付出怎样的代价。那么，爸爸妈妈如何在日常生活中引导孩子正确消费，合理分配自己的零用钱呢？

（1）引导你的"小财迷"正确消费

首先，来看看孩子们的主导消费品：食品。大量的膨化食品和毫无营养价值的垃圾食品充斥市场，缺乏判断力的人，尤其是孩子，往往被其花花绿绿的包装和新奇的口味所吸引，手中的钱不知不觉流了出去，这样的食品吃下去，不仅无益，还可能有害；路边地摊上的小贴纸、小玩具，也是孩子们所热衷购买的。大人的血汗钱就这样花出去，委实可惜。

家长既然将钱给小孩，就得承认他有自由使用的权利。你可能会被孩子这样的一句话难倒："这是我的零花钱，你说过随我怎样用，所以我现在就去买糖了。"因此，最聪明的办法是一开始就采取预防措施，预先规定零用钱不能用来买对身体有影响的零食。爸爸妈妈最需要做的是教孩子如何合理地处理金钱。也许孩子在刚拿到钱后，会乱花和买些不实用的东西，这时，家长就应采取措施教育引导。渐渐地，他就会明白：能不能好好地运用金钱，完全由自己决定，只要用钱时能认真考虑，控制自己不乱花费，自然就能愈做愈好，将零用钱作最适当的分配。千万不能对孩子千依百顺，这样，既不能树立家长应有的威信，孩子也不能体会正确的用钱之道。

婉婉今年6岁啦！刚刚上学的她显得兴奋异常，妈妈认为婉婉是小学生了，该有自己的零用钱了，于是就答应每个星期给婉婉5元钱。

刚拿到零用钱的婉婉十分高兴，棒棒糖、鱿鱼丝买得不亦乐乎，可一天没过去，5元钱就花光了！晚上婉婉到了家，扭扭捏捏地向妈妈说了这一天的情况，没想到妈妈没有教训她，反而语重心长地说："你第一次自己分配零用钱，做得不好，妈妈不会怪你，但是你要知道，爸爸妈妈挣钱不容易，如果你这么小，就没有节制地乱花钱，长大了怎么办呢？既然这个星期你的零用钱花光了，那么就从下个星期开始自己好好分配吧。"婉婉听了妈妈的话，懊悔地点了点头，但从那时起，她就养成了合理分配零用钱的好习惯。

孩子除了以零用钱的方式获得金钱外，也会有一些新年或生日时长辈给他的压岁钱、红包或帮忙家事而获得的酬劳。对于一些较大笔的"收入"，爸爸妈妈应与孩子讨论如何处理，建议他们留下小部分来花，其余存入银行以应不时之需。只要家长不用强迫的口吻，并让孩子作最后决定，家长的建议，一般很容易被孩子所接受。除此之外，爸爸妈妈还要让孩子了解一些消费常识：

①教孩子如何正确对待商业广告。一项产品是否真的像广告里说得那么十全十美？这个价格真的是促销价吗？同类的其他商品是否会更物美价廉？家长在日常可以和孩子对这些问题进行探讨，让孩子自己得出结论。

②警告他们借钱和支付利息的危险。家长不妨试着给孩子提供一小笔贷款，那他们很快就会知道长期贷款的代价了。

③在饭店刷卡消费时，告诉孩子怎样使用信用卡。同时，教他们怎样分辨价格是否合理、如何防止信用卡诈骗等。

④全家定期开展关于金融方面的讨论。这对年幼的孩子尤其有帮助——这时，他们可能刚刚小心翼翼地存起自己的第一笔零花钱，并满怀期待得到利息。讨论可以涉及现金、支票、信用卡、良好的消费习惯、储蓄和投资的种种好处等。

（2）对"小财迷"零花钱的控制要适度

当社会变得越来越商业化的时候，许多家长害怕自己的孩子"有了钱就变坏"，于是严格控制孩子的零花钱，以为这样就能端正孩子的消费观和金钱观。其实，这种观念是极为落后的，而这种做法也没有什么好处。正确的做法应该是，引导孩子有掌握管理金钱的能力，让他们从小便有正确的金钱观。说不定，未来的理财大师，就会是现在理小财的那个孩子。

拖拖还在读小学的时候，校园风靡玩具娃娃，年仅6岁的拖拖为了多买几款娃娃，竟然私自将储蓄罐中的百来元零钱全部掏空，去商店买了最贵的几个娃娃……从此，拖拖的爸爸对孩子的零花钱就严格地控制起来了。

或许是管束过严，现在拖拖的消费观出现了另一畸形态势，有时学校组织春游，给了他一些零花钱，回来时竟然分文未花；有时学校组织爱心捐款，他总会犹豫再三，最终只捐出数目很少的零钱。

显而易见，拖拖的爸爸对孩子的零花钱控制方式并不可取。其实，家长们可以每周或每月给孩子一定的零花钱，然后要求他们把自己的每次费用记清楚。这样做，不仅能弄清楚孩子用钱的途径，还能让孩子更加有用钱的自主性和目的性。

如果孩子比较大了，可以进一步指导他们参与一些公益性的或者兼职工作，让他们体会赚钱的滋味，并且让他们自己主宰自己的收入。在孩子的成长过程，还可以适当传授一些经济方面的知识和经验。等到他们长大了，可以尝试进行一定的投资理财工作。

（3）培养"小财迷"要循序渐进

我们常常可以见到这样一幕——孩子放学回到家，放下书包，便说："妈妈，给我点钱，我肚子饿了。"妈妈马上从口袋里拿出钱递给了孩子；或者，孩子一放学跑进房间，拿出早已储备好的精美点心吃了起来。这无疑是与"让孩子学会花钱"相冲突的。让孩子学会花钱，得给孩子一定额度的零花钱，给孩子自主支配的权利。当然，给孩子自主支配的权利，并不是任由孩子随心所欲地花钱。

在指导孩子用钱的问题上，应该有一个从指导到放手的过程。刚开始时，一定要告诉孩子花钱得有个计划，千万不能"今朝有酒今朝醉"。拿出家庭的大宗货物购买计划，让孩子明白把一部分钱积攒下来，可以备不时之需，可以买较贵重的东西。在领着孩子逛超市的过程中，可以引导孩子比较同类商品的质量价格，从中明白并不是广告中说的便是好的；可以告诉孩子，抓住商品打折的机会或抓住厂家促销的机会，能以较少的钱买到较多同等质量的物品……渐渐地，孩子在实践中学会了一些花钱的技巧，在实践中成长起来。

会花钱就要会赚钱，因此在家庭生活中，我们不妨开一些可供孩子赚钱的口子。譬如，通过整理家长的房间、替家长送口信等劳动，获得相应的报酬，鼓励孩子参加力所能及的劳动，使孩子的口袋中常有"活水"。

但孩子的自制能力比较弱，当口袋中有钱时，当这些钱有自主支配权时，往往会出一些小问题。因此，即使孩子学会了独立用钱，家长也切不可掉以轻心，要教孩子学会制订购物明细单，要及时检查孩子的购物明细单，发现问题给予适当的指导，并在下次给钱时予以调控。

中国几千年的文化积淀，使我们家长的身上或多或少留有父辈的足迹——养孩子是天经地义的，再穷也不能穷孩子，父辈的尊严是不能动摇的。日本学者对中国、日本、韩国、越南四个国家的调查显示：中国孩子的零花钱居四国之首，但孩子花钱的自由度很小。中国孩子在春节期间会有不少的"收入"——压岁钱，但是常常在枕头下压了一夜之后便归家长所有了。其实，我们完全可以利用压岁钱这个契机，让孩子懂得存钱之道，明白将钱存入银行是有利息的。

（4）教会"小财迷"有计划地花钱

一般情况下，零花钱要让孩子自己"有计划地"花销，锻炼孩子正确支配钱的能力。为了能让孩子有数目较适当的零花钱，最好让他们先制订每周预算，包括一些必需的开支，如餐费、交通费、文具、允许的娱乐项目等。假如你的孩子能列出这些账单，他们在理财方面就学会了第一步。

如果家长能稍加引导，孩子们的消费就会大有改观。例如：

①让孩子自己记录都买了些什么，花多少钱买的，一段时期后，帮助孩子判断哪些钱花得值，哪些钱不该花，从而引导孩子买自己真正所需的；

②把孩子每月的日常开销记录下来，比如学费、饭费、文具费用等，和孩子商量压岁钱和零花钱可以支付哪一部分，并说明如果孩子自己能负担这部分费用，家庭负担能减轻很多，爸爸妈妈就轻松多了；

③与孩子协商，把压岁钱和一部分零花钱存起来，利用假期去旅游，增长知识，开阔眼界，或者在给孩子购买大件物品时，让孩子自己承担一部分费用；

④引导孩子把部分零花钱捐献给希望工程，资助公益事业，帮助更多的贫困孩子接受教育。

6. 让孩子养成使用"零用钱小账本"的习惯

通常，孩子会受到诱惑而把钱挥霍在其他东西上而不是他们原先的目标上。孩子们要学习的最重要的一课是"对自己的花销负责"。

孩子们的一个通病就是乱花钱，不懂得计划，不知道节制。帮助他们处理好这个问题，便是理财教育的重要内容之一。如果一个会花钱的孩子已经懂得管理和计划，已经成为自己"金库"成功的运营家，那将是一件很荣耀、很了不起的事情。不过，同时还要让他们知道，要学会花钱得具备很多条件，这里面有相关知识的学习、方法的掌握、诀窍的贯通，更主要的是要靠自己节俭品质的培养和形成。

要避免孩子乱花钱，制订并执行一个简明扼要的财务计划是非常必要的。制定一份财务开销计划表并不费时，相反，它能在生活中为你节省大量的时间。一份开销计划表也并不是要妨碍你去购买所想要的东西，而是把所要购买的东西分出轻重缓急，让你买时能做到有先有后，不至于盲目购物。一份计划表就是平日支出的书面记录，可对它进行分析，并在以后的日子中加以改进，以达到其最终目的——对所挣的每一分钱的节约或花费都深感满意。

利用制订开销计划的方法来对孩子进行理财教育，可以在两个方面进行。

一方面，在父母的主持下，首先制订家庭开销计划，并鼓励孩子积极参加这份计划的制订。父母是孩子学习理财的最佳榜样，亲自参与的现实经验也会成为他的最好老师。通过这件事，还可以让孩子认识到父母不再是取之不竭的摇钱树，父母对开支的慎重态度将会影响孩子的花钱方式，并加深他对家庭理财的重要性的认识。

另一方面就是在父母的帮助下，让孩子制订出他自己的开销计划。制订这种计划的目的就是要进一步让孩子懂得花钱也有责任。在自己的收入范围内要保证自己始终有足够的钱，要避免那种因买太多想买的东西而无法支付的尴尬，方法就是作一个计划表，它是管好钱、有计划地用钱的基础。只要按开销计划行事，就可以保证有足够的钱坦然应付自己的开支。

由于孩子年龄小，可以每周制订一次计划。做计划时，应遵照下列5个步骤：

①列出每周从各种渠道获得的收入。仅仅计算正常可靠的收入，比如，每周的零花钱和从固定工作中挣来的钱。

②列出每周必须要花费的钱，比如，公共汽车票、学校用的文具和午餐等。

③列出想要但还没有动手买的东西的清单，包括看电影、买点心或买录音带等。

④列出想攒钱购买的东西。

⑤从收入中扣除必须花费的，其余的就是可以花或可以攒的钱了。这就是孩子的每周开销计划。

即使孩子每周的收入很少，作一个计划仍然是一个不错的主意。管理自己的钱是人生中应长期养成的习惯，最好现在就开始。

在笔记本上记录自己的开销目标，可以把本子叫做"金钱管理手册"。把每周的花销加出一个总数，如果打算在一周内执行计划，就得付出许多努力，包括克制自己的欲望。

帮助孩子坚持执行开销计划的办法很多，如可以找四个空的玻璃瓶或塑料瓶，在上面分别贴上"必需"、"其他花销"、"攒钱"和"捐赠"等字样的纸条，把它们放在孩子的衣柜或桌子上，每周让孩子将他的钱分成数份分别装进瓶子里，在用钱时，根据用途从相应的瓶子里取钱，这样就不会因混淆而超支了。

7. 让孩子为零用钱做详细记录

理财从记账开始。家长在给孩子零花钱的时候，也就给了孩子一个自己理财和掌权的机会，所以一定要让孩子记好自己的花销。记账可以让孩子明白，自己手中的钱都花在了哪些地方，还会很清楚自己的哪些钱不属于必需的消费，从而做到合理消费。

小米现在有一个小小的记账本，这是妈妈给他的，让他用来记录自己每天的零花钱都花在什么地方。小米以前是个花钱比较大手大脚的孩子。很多时候妈妈给他的钱，很快就用完了。自己也不知道怎么就花得那么快，还觉得自己没有花尽兴，一些自己很喜欢的东西都还没有去买呢。妈妈说他一个星期能花100元钱，他怎么也不承认，所以妈妈才给了他这个记账本。

小米现在每买一个东西前，都要先问一问价钱，是为了记账用的。以前他是没有这个习惯的。开始记账以后，妈妈让他每天做一个小的汇总。一个月下来，竟然发现孩子花的钱比上个月少了50元钱。原来小米每天都在记账，所以都很清楚哪些是必须要花的，哪些是不需要花的，无形中就节省了一部分不需要花的钱。

家长让孩子记好零花钱的账目时，一定要让孩子将每一笔账都要记录进

来，而且名目要分清楚，不能够只记一个总数，这样不利于以后的查阅。这些目录都是为了让孩子清楚地知道每笔资金的具体流向，做到理性消费。

孩子在做收支记录的时候，会渐渐地明白哪些是人的最基本的需求，是每天都必不可少要来满足的，如吃饭的钱，这是每天都要花费的；而哪一些钱却是可花可不花的，如买气球的钱。分清楚这些对于孩子成年后的生活理财也会有帮助。

收支记录主要就是为了让孩子能够明白，自己是如何来分配自己手中的金钱的，用它们来更合理地为自己的生活服务。花钱时心里没有一个账本，就很容易造成自己的收支不平衡，出现财政赤字的现象。

（1）给孩子准备一个记账本

家长先要给孩子一个记账本，让孩子有记账的意识，每天清楚地记录自己的花销。家长还要给孩子做一下相应的检查，看孩子记账的方式方法是否合理，是否清楚明白，是否一目了然；也可以教给孩子一些轻松记账的小方法和小窍门，让孩子把自己每天的所有花销都记录在册。

（2）让孩子明白记收支账的意义

家长要让孩子明白自己记收支账的意义，就是为了让孩子清楚明白地来花费自己的零花钱，使消费趋于合理，收支平衡，让孩子不乱花钱，不做不合理的消费，能够更好地满足自己的各种生活需求，让生活能够保质保量地正常运转。

家长会发现，孩子在开始记账后，会渐渐地养成节俭、储蓄等良好的理财习惯和品质。孩子心中有了宏观的规划，就可以更加有效地来调节自己的消费行为，让自己做到理性高效地消费，花更少的钱办更多的事。

（3）监督孩子养成记账的习惯

孩子刚开始学记账肯定会有遗漏和不当之处。家长要给予孩子的记账行为以监督，先要让孩子养成持续认真记账的习惯；然后再教会孩子如何来优化自己的记账目录，使整个账本能够清清楚楚，一目了然，方便自己以后查阅，为自己的经济决定做好参考作用。

孩子刚开始学记账时，要监督孩子一天一记，条目分明。对于孩子表现好的情况时，要给予表扬。培养孩子记账的热情，让孩子养成愿意记账的良好理财习惯。

（4）关注孩子的账本

家长可以一个星期或一个月一小结。让孩子拿出自己的记账本，认真地比对和思考一下，看一看哪些钱是可以不用花的。孩子在比较中也就会发现，自己在哪一天花的钱最多，是什么原因，多出来的这一部分在哪里，是不是必需的。这些比较就是让孩子来重新反省一下自己这一周或一个月以来的消费行为，做到心里有数，为下次的冲动消费产生警示作用。

家长让孩子来比较自己的账目，就是要让孩子在这些数字中，发现自己在消费中有哪些缺点，改正缺点，做一个理性消费者。

（5）在日常生活中，给你的"小财迷"渗透理财概念

为零用钱做记录是家长教给孩子的一种理财观念，为的是让孩子能够明确地了解自己的金钱去向，在今后的消费中有所警醒。

1）指导孩子100元钱怎么花

王先生的孩子偷偷拿了家里2000元钱去购买饮料，目的仅仅是为了抽中该饮料品牌赞助的某韩国明星见面会的门票。王先生恼怒而又伤感地感叹道："花2000元仅仅是为了抽中见面会的门票？这孩子大概不知道现在猪肉多少钱一千克吧？"

其实，这不是孩子的错。孩子是没有社会经验的，他们唯一的社会经验，除了家庭，就是电视。家庭里，大人们自然没有让孩子去做这样的算术：2000元可以换多少千克猪肉，这些猪肉可以养活多少户低收入家庭。既然家长不说,那么电视应该教育他们了?但是电视也不会说的,电视里说的是某大少爷或富豪办一次酒席花掉了100万元。

王先生意识到,这时候说多少话都没有用,不如让孩子知道100元能派上什么用场,于是他思考了一下,列在一张纸上,给孩子看:

①爸爸可以买一件原价300元左右的打折衣服一件。
②妈妈可以买一件牌子不是很有名的女性内衣一件。
③爷爷可以买一只鸟来解闷。
④可以买一般的大米约30千克。
⑤可以买大包装的色拉油一瓶。
⑥你可以买3~5本书。
⑦你可以和两个小朋友到公园参观一次。
⑧你可以买很多零食,够吃上十几天了。
⑨全家可以订半个月的牛奶。
⑩一家三口可以到小饭店吃一顿饭。

孩子看到这里惊讶不已,没想到100元的用处竟然这么多,如果自己能够好好使用100元,少去一次麦当劳,少买一件高档玩具,节省下来的钱可以做这么多事情。

等孩子们长大了,他们自然会知道,电视上的东西不一定都是"真实"的生活。那么,是不是一定要等孩子长大了,到了社会上,才让他们自己去领悟这个道理呢?当然不是,那样就太晚了,应该让他们现在就知道,他们身上的那套名牌衣服,很可能是他们的父亲在闷热的岗位上连续工作两个月换来的;应该让他们知道,对于一个普通人来说,你不需要考虑"100万元怎么花"这个问题,还是先想想"100元怎么花才不会浪费"这个问题吧。

2)零花钱不到月底就花光怎么办

在我们身边不时能看到这样的人,他们固定而常见的收入不多,但花起钱来每个人都有"大腕"气势,身穿名牌服饰,皮夹里现金不少,信用卡也有厚厚一叠，随便一张刷个一下，获得的虚荣满足胜于消费时的快乐。

月头领薪水时，就像过节似的花钱如流水，月尾时，再苦叽叽地一边缩衣节食，一边盼望下个月的领薪日快点到来，这是许多上班族的真实写照，尤其是初入社会、经济刚独立的年轻人，往往最无法抗拒消费商品的诱惑，也有许多人是以金钱（消费能力）来证明自己的能力，或是用花钱来弥补自己生命中的某些遗憾，这就使得自己对金钱的支配力不能完全掌握了。

上班族如此，孩子们也一样，很多孩子将父母在月初给的零花钱，不到月末就花光了，有些钱知道用在什么地方了，有些钱则想都想不起来是怎么花的。

当父母遇到这种情况时，第一件要做的事情就是，首先查明孩子把零用钱用光的原因，然后再寻找解决的办法。

假如孩子的零花钱是花在一些必需的、有益的用途上，例如买参考书或其他学习资料等，父母自然可略为宽松处理，为孩子额外再发放零用钱，但是父母一定要解释清楚为什么会这样安排，以免孩子以为钱可以没有约束地随便花掉。

假如孩子用光零花钱的原因是买了一些玩具或零食的话，父母就必须采取相应的措施，比如，让他自己做一个合理的零用钱规划及记录，让他能在消费之后对自己的购买行为有一个反思的过程。

3）如何对待孩子的压岁钱

每当春节临近，孩子们就开始算计着今年可以得到多少压岁钱。正是这压岁钱，让许多人面生愁容，特别是一些低收入和下岗的人，过春节吃、穿、用每项开支都可以根据自己的收入定位，而这压岁钱却无法定位，给孩子压岁钱本来是一种体现亲情、表达友情的方式，可是在所有权方面产生了诸多争执。

很多孩子都抱怨自己的"压岁钱"在自己手里只打了一个转，就全部"上缴"了大人。而面对孩子的抱怨，家长们也有自己的想法，一般的孩子春节时都能接到上千元的压岁钱，这么大一笔数目的钱，让辨别和自控能力都不成熟的孩子来掌管，家长怎么能放心呢？

于是，一幕幕压岁钱争夺战在父母和孩子之间展开了。家长和孩子各持己见，那么，压岁钱到底属于谁呢？

从法律的角度讲，大人给孩子压岁钱是一种赠与行为，孩子拥有压岁钱的所有权，但是，由于18岁以下的未成年人是限制民事行为能力的人，所以由他们的法定代理人代理民事活动，也就是说压岁钱只是由监护人代管。

而在实际生活中，父母与孩子所争的，也往往只是暂时对压岁钱的"保管权"，他们想收走压岁钱多是出于安全的考虑，最终大多数家长还是会把这些钱花在孩子身上的，但是大部分孩子并不理解家长的良苦用心。

所以，只要孩子和家长之间能够互相理解、互相尊重，相信孩子一定会理解父母的苦心，家长也可以更坦荡地替孩子规划这些钱的使用。

年三十的晚上，大多是吃罢年夜饭，大家围坐在一起准备收看春节联欢晚会。这时候，爷爷奶奶和太婆就会把早已准备好的红包拿出来交给念念，并说上一些希望的话语。往往是连声"谢谢"都来不及说，念念已迫不及待地拆开红包，把里面的钱给抖了出来。但她似乎对这花票票并不感到多大兴趣，不一会儿就交给爸爸妈妈保管了。

不料今年春节，刚满4岁的念念情况大不一样了。春节去外婆家，舅舅给了念念一个红包，当爸爸妈妈照例想收回念念的小红包保管时，念念却一下把红包藏在了衣服口袋里，连连摆手道："不用了，不用了，还是我自己保管吧！给了你们，你们会给我用完的。"

于是，妈妈问她："你这些钱准备派什么用呢？"

"可以用来买玩具、吃肯德基、乘电动木马，还有买冷饮……"

妈妈一听，大多是一些平时加以限制的地方：玩具家里已经很多了，不应重复购买；肯德基多吃容易发胖；电动木马是小小孩的游戏了；冷饮多吃对身体没好处等。

像念念这样大的孩子，基本上还不具备自我理财的能力，只是刚刚开始有花钱的意识，这时正需要家长正确的引导和教育，如果稍有偏差，就容易让孩子养成大手大脚乱花钱的习惯，而让孩子做好花费记录是家长们不错的选择。

4）培养孩子预算的好习惯

和成年人一样，孩子应该知道他们的钱的去向，但是孩子的理财能力不如成年人，这是毫无疑问的，所以父母就应该指导孩子对花费进行预算，也就是要制订一个消费计划，那么该从哪里入手呢？

首先要做一个消费记录，鼓励孩子把一个月中的每一次消费都记录下来，不必缩减消费，只要知道钱的去向即可。他们可能暂时不会改变自己的行为，但是可以清楚地知道自己有多少钱花在垃圾食品上了。

有计划就一定要设立目标，如果你能鼓励孩子设立目标，就会有更好的机会改变他们的行为，无论孩子设立的目标是什么，都让他们自己写下来，使得目标更加直接明了，这一点对孩子把钱分配到不同的目标上很有帮助。在目标中，一定有他们需要的和想要的东西，这时候要鼓励他们把需要的和想要的东西对应列出来，告诉孩子确定好什么是他们需要的，什么是想要的。比如，他需要一双鞋子，却想要最名贵的那种，"需要"可以满足，"想要"却应该尽量限制，以免花费超额。

列好这些之后，和孩子一起浏览一下列表，并在各项后面标注实际价格，写出对孩子来说更真实的数字，给他们留下调整的空间。

这时候，父母就可以带孩子去超市，约定以孩子的零花钱进行一次购物，并事先确定好金钱的数额。进入超市后，可以让孩子去挑选他需要的任何东西，不加干涉和约束，而将物品和金额记录下来，到了结账前，让他将购物金额和所带的现金进行比较，看看购物金额是否在预算之内，如果超出了预算，就让孩子自己来调整，选择哪些是最需要的，哪些是不太需要，甚至根本不需要的，**并让他把放弃的东西放回货架上**。

这种体验过程可以让孩子知道，自己是零花钱的管理者，可以通过事先的预算来进行最合理的财务支出。

简言之，父母帮助孩子制订花钱预算的目的，就是要进一步让孩子懂得，花钱也有责任。在自己的收入范围内保证自己始终有足够的钱，避免那种因买太多东西而亏空的尴尬，最好的方法就是做一个预算表，它是管好钱、用好钱的基础。

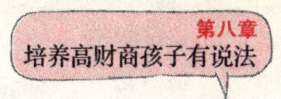

只要做到了按预算行事,就可以保证有足够的钱坦然应付自己的开支。如果你的孩子养成了做预算的好习惯,理财的诀窍他就掌握了大半。

8. 让孩子成为价格专家

想让孩子成为价格专家,需要父母事先做出一定的努力。只有父母正确指导,才能让"小财迷"成为一个理财的专家。那么,父母应该从哪里入手呢?

(1)告诉你的"小财迷"如何去消费

父母要教给孩子一些基本的消费技巧,如怎样利用优惠券和折扣,在买东西时为什么要货比三家。其实,这些技巧能让孩子在办同一件事情时,做到"花小钱办大事"。这样,不仅可以为孩子节省开支,还能教会孩子购物。

安安对肯德基情有独钟。所以,他特别喜欢收集肯德基的优惠券。这样,他在每次消费时,都能够省下不少钱。妈妈见他很喜欢收集肯德基的优惠券,就把家里的其他优惠券和打折卡,都交给安安来管理。妈妈每次和安安逛超市或药店等消费场所时,他都会第一个考虑消费的折扣和优惠。

随着时间的推移,安安在自己的消费过程中,也喜欢去咨询有没有优惠、如何才能优惠等信息。有一次,他到一个超市前,正好遇上搞学习用品推销,并向大家发代金券。于是,安安就用了只要原价一半的钱,买了一套文具。

在进行消费的过程中,经常会碰到一些打折和优惠的情况。此时,父母一定要利用好这些机会,让孩子明白打折和优惠带来的实际好处。通过比较,孩子就会发现打折和优惠的确能带来不少实惠。同时,这也是教孩子省钱的一个好方法。

很多时候,打折和优惠都是商家促进顾客消费而采用的一种促销形式。商家希望通过这种形式,鼓励顾客能在特定的时期内买到更多的东西。同时,这也是每个消费者在消费过程中，应该关注的问题，因为这可以帮顾客自己省不少钱。对于这一点，孩子也要跟着父母学习，学会使用打折和优惠所带来的机会，更有效地花钱。

其实，孩子在购物过程中，大多时候都不会去想省钱的问题，这是一个消费误区。孩子在消费时，父母一定要帮孩子培养省钱意识。之后，孩子才会去关注打折和优惠的信息，做到最佳消费。另外，家长还要让孩子明白，商品会在哪些情况下出现打折。这样，孩子才能更好地把握住打折优惠期。

一般来说，新产品在刚上市时会出现优惠促销现象，而在尾期和销售淡季会出现打折的现象。另外，平常的一些大型节假日，也是打折优惠的高峰期。所以，家长要教孩子在这些打折和优惠期来消费。这样，可以帮助孩子省下不少的钱，尤其是购买大件物品时。

1）告诉孩子什么是"打折"，为什么会"打折"

其实，商品打折是指同类商品，商家为了促销而实行一定的折价行为。这类商品，往往还在使用期限内，但由于种种原因，而走出了最佳的销售时期。这些商品大多为一些陈年物品，但是质量不错，也有些还属于品牌产品。

打折可让消费者花更少的钱，买到性价比更高的商品。面对这种情况，消费者会满心欢喜，而商家也加大了销量，是一种双赢策略。

2）让孩子了解打折的利弊

在消费时，家长要让孩子了解打折的利与弊。打折能以最少的钱买到与对应的同类商品，但打折的商品大多存在花色样式陈旧，或使用期限缩短，或反季节等缺点，这些都是导致出现折扣的原因。当然，孩子也不能一味追求打折，而买到自己并不喜欢的商品。如果不去使用，那么打折买回来的商品也一样是浪费。所以，孩子在购物时，还是要买自己需要的商品。

3）了解打折和优惠的高峰期

家长要告诉孩子，在哪些日子会出现打折和优惠的高峰期。孩子购买花费较高的物件，可以选择在那样的时期中进行集中消费。对待一些平时生活中的日用消费品，就要去关注超市的一些打折和优惠信息。

父母让孩子选择在打折和优惠的高峰期来消费，一方面可以帮孩子省下更多的钱；另一方面，有利于帮助孩子做到合理消费。

4）善于利用会员卡和优惠券

父母平时带孩子购物时，一定要让孩子明白什么叫会员卡和优惠券，怎样去利用它们来为消费减价等。其实，会员卡是通过积分的高低，来享受更优惠的消费待遇。会员卡的办理，其费用一般较低。若觉得哪家超市的商品和性价不错，且购物方便，就可以在那里办理一张会员卡来享受更好地消费待遇。

平常，超市还会外发一些有关商品的优惠券。父母收集到优惠券后，应带着孩子去体验一下，以便孩子更充分地感受优惠券带来的消费实惠。

5）教孩子识别打折和优惠的陷阱

在平常，还要教孩子去识别一些打折、优惠陷阱，有时商家会利用打折的消息来忽悠消费者。这种时候，打折只是一个幌子。而对于那些"买一送一"类的优惠，有可能会让顾客误以为是买一件物品，而获得一个同类的物品的错觉。所以，要多给孩子传授这方面的经验，以免孩子上当受骗。

事实上，打折和优惠可以给自己带来更多的实惠，只要充分利用，就能帮自己节省更多的资金。

（2）告诉你的"小财迷"如何讨价还价

如今，讨价还价已成为一门技术。有很多购物的地方，都需要人们去讨价还价。如此，才能花更少的钱，买到更好的东西。孩子在成长的过程中，只要去消费，就必须学会讨价还价的技术。只有这样，才能让孩子学会如何买东西。

一天，强子和妈妈出去买鞋。强子看中了一双款式很漂亮的旅游鞋。妈妈问了一下价钱，售货员说："108元。"问完价格后，妈妈又和强子走进第二家商店，看到了与刚才风格相似的运动鞋，妈妈问了一下价格，售货员说："卖98元。"强子跟着妈妈走得有点累了，便对妈妈说："妈妈，我们去那么多家干什么啊？不都是一样的吗？随便买一双就行了。"

妈妈看了看强子，对他说："买东西需要多比较，这样才更清楚价位。如此,才能和别人讲价啊!"其实,妈妈只是想花更少的钱买到更好的东西。了解行情后,妈妈就开始和别人讲价了。从质量、生产日期等细节讲起。只要是妈妈能找出来的能让鞋降价的理由,妈妈都和售货员说了。

最后,妈妈在刚才看的第一家店里,用86元钱,买了那双标价108元的鞋。妈妈对强子说:"看到没?这就是讲价的好处。多走几步,节省下22元钱。这22元钱就做你下个星期的零花钱吧。"

大人在教孩子买东西时,最基本的一项省钱准则便是"货比三家"。在比的过程中,让孩子明白同类产品的市场定价是有差异的。这既是做市场调查,也是为自己省钱。这样,可以避免让孩子用高于同类产品很高的价格去买产品,让孩子能清楚地比较出自己的讲价行为有没有起到作用。不去比较,就算讲了很多价,也有可能是卖家提高了喊价,最终没有获得实利。

孩子在买东西时,也需要看质量。质量是讲价的基石,同一种产品,质量不同,价格也会有出入。所以,一定要学会去看商品的质量。这种能力是在生活中,一点一点积累出来的。所以,父母可以讲给孩子听,也可以让孩子自己参与商业购买活动,从中积累经验。

孩子买东西与人讲价,需要家长从小培养。若没有这种意识,哪怕是在成年后,在购买活动中也不会去讨价还价,最后导致自己花了更多的钱,却买到和别人一样的产品。

1)让孩子掌握杀价技巧

在购买商品前,家长要让孩子掌握相关的杀价技巧。同一件商品,会讲价的人往往可以收获更多的实惠。最基本的一点就是货比三家,去看各家的质量与性价比。

买东西前做的比较越多,对商品的信息就了解得越充分。最后,就可以以最优的性价比拿到自己想要的东西。

2)告诉孩子商品的报价和实价的比例

家长可以根据自己的购买经验,告诉孩子商品的报价和实价的比例。这样,可让孩子在讲价前有一个心理准备,同时,也能更准确地找出卖家的折扣底线，从而讲出合适的价格。商品的具体比例，家长可以在孩子去购物之前，先告诉孩子，以帮助孩子做到心里有数，同时，还能节省孩子货比三家的时间。

（3）教会孩子识别劣质商品

有很多的劣质商品，悄无声息地潜藏在我们周围。所以，家长要教会孩子辨别劣质商品，以免孩子在消费的过程中成为受害者。识别各类劣质商品，有很多不同的方法。家长可以提前告诉孩子，也可以让孩子去查阅相关的书籍具体了解。总的来说，劣质商品在其价格上会更加低廉，只要愿意讲价，都能得到大幅度的让步。

星期天，冬冬和妈妈去买生活用品。冬冬选了一款自己喜欢的牙膏，妈妈看了看，觉得包装的颜色很怪，于是，便拧开盖子闻了闻，想看有没有正常牙膏的香味，结果香味很淡。妈妈又看了一下生产条码，发现也很模糊。

妈妈问了一下价钱，足足便宜了2元钱。类似的牙膏，平时会卖4元5角。这款却只卖2元5角。妈妈便对冬冬说："别买，这个牙膏可能是劣质商品。"冬冬还不相信，执意要买回来试一试。结果，买回来只用了一次，他就知道上当了。因为刷牙时不出泡沫，就像泥巴一样。

妈妈觉得这是个好时机，于是趁机教给冬冬一些辨别劣质商品的基本知识，让他能在消费行为中，更好地保护自己的权益。

父母在平时的生活中，要教会孩子做一个细心的人。换句话说，让孩子对自己平时的衣食住行，给予细心的观察和体会。让孩子去做生活中的细心人，可以帮助其更快地发现质量的优劣。

其实，有很多的劣质物品，其假在于它们的做工低劣，所用的原料更低廉。如此一来，又想获得很好的利润，便常模仿同类产品中的名牌来包装和伪装自己。

父母要培养孩子在购物时对商品有一种验证意识。有很多孩子在买东西，从来不看商标、生产批次、使用日期以及产品合格证等有关商品的详细记录。也有的孩子会大概看一眼，觉得好像是真的就买下了。事后，才发现自己受骗了。

1）教会孩子挑选商品的基本技巧

父母要教会孩子挑选商品的基本技巧。比如看商品包装，要仔细查看包装上的商标、生产批次、厂址、电话、防伪标识、商品条形码等详细信息。若出现不齐全的现象，就要高度重视。

父母要教会孩子看质量和价格比，对一些差距较大的商品，不能贪图便宜，而要仔细查看是否属于假冒产品。只要孩子细心，是能够比对出差别来的。

2）让孩子注意防伪码和防伪电话

父母要让孩子学会利用商品中的防伪码和防伪电话，有防伪电话的不妨试着拨打。

3）让孩子买东西不贪图便宜

父母要教会孩子在买东西的过程中不要盲目地贪图便宜，这也是孩子买到劣质品的一个原因。对所购物品，不妨到专门的正规商场和超市购买，虽不能讲价，但可货比三家，其供货都相对安全，对东西的品质，也能起到一定的保障。这样，就不会因为便宜而买到劣质品。想做一个价格专家，属于人之常情。若因为贪便宜而买了劣质品可就得不偿失了。

4）让孩子买到劣质品要学会举报

父母在孩子买到劣质品时，要鼓励孩子及时向工商质检部门举报。这样，能避免更多的人上当受骗。同时，父母也可以把投诉电话写在家里比较显眼的位置，一旦孩子碰到这类的情况，就可以及时地进行举报。孩子在买到劣质品后，要勇敢地去维权，尽最大努力挽回自己的损失。

9. 让孩子了解家庭日常生活开支

让孩子掌握正确的消费观念和科学的消费方法有非常重要的意义。在这方

面，社会和家庭要以发展的眼光来对待，并加强消费教育，普及消费知识。至于消费教育的具体方式，父母可以亲历亲为，让孩子亲身感受家庭开支的必要性与挣钱的艰难。

（1）让"小财迷"做一回家长

有很多的孩子从来不问日常的家庭生活开支。当他们长大成家立业后，才对每个月的房租、伙食费和水电费震惊不已。所以，父母要提前帮助孩子合理地安排将来的生活，不妨让他们参与家庭中的消费管理。

乐乐今年6岁，正读小学一年级。目前，乐乐在班里的学习成绩名列前茅。但乐乐有个缺点，经常变着花样向父母要钱买这买那。比如，数学考了100分，就要求买零食吃；语文得了第一名，就要求买玩具；期中或期末考试考了好名次，便要求父母带他去逛公园。而乐乐的爸爸是工厂中的普通工人，近年来厂里的效益不好，因此，每月几乎入不敷出。面对儿子的要求，有时无法满足他，儿子就不高兴了，学习也变得不认真了。

其实，在家庭生活中，油、盐、酱、醋、米，还有日常的穿戴用品、人情交往等都是生活中不可缺少的开支，这些道理该怎样对一个读小学一年级的孩子讲呢？

于是，在上个月发工资的当天晚上，爸爸交给乐乐一个笔记本以及爸爸和妈妈的工资，要他当一个月的"家长"，负责全家人的日常开支。乐乐十分高兴，并向爸爸提出要求，开支后多余的钱全部归他，爸爸爽快地答应了。

乐乐俨然像个"家长"，他拿着一支笔，管着一本账和一笔钱。爸爸每天早上买早点，晚上买菜都要到他那里拿钱。同时，在当天晚上，爸爸妈妈还要到他那里报账。乐乐很认真，把一笔笔开支记得非常清楚。另外，乐乐还会核对当天多领的现金，哪怕只剩一毛钱，他也不放过，先收回，后付给。到了月中，乐乐提醒爸爸："爸爸，这个月刚过一半，支出的钱可超过一半了，你要省着点花呀！"爸爸笑着对他说："爸爸买的东西都是日常生活的必需品。不信，你翻开账本查一查，看有没有不合理的开支？"乐乐真的翻开账本，与前

一个月的日常开支对照起来。核查后，他朝爸爸眨了眨眼睛。

尽管在下半月，由于爸爸的精打细算，把日常开支压缩到最低限度，可到月底一结算，一个月的工资仍然所剩无几。于是，爸爸把余下来的一点钱全部奖给了乐乐零用。乐乐两手紧紧攥着这几张钞票，对爸爸说："爸爸，以后我再也不会向你要没用的东西了。"自从当了一回"家长"后，乐乐学习更加认真了，考出了好成绩也不要物质奖励了。有时，他还会帮爸爸妈妈出些持家的小点子。

父母在培养孩子的理财意识时，最有效的方法，就是定期把成人理财的各种经验，适时地与孩子分享。理财是生活中的重要元素，需要让孩子多做实际的训练。其中，最有效的方法，就是让他们参与家中的理财，年龄较小的孩子可以带他们看你购物，年龄较大的孩子可以让其参与到理财的决策中。

其实，家中的理财大事有很多，比如，购买昂贵的电器、车、家具，甚至是父母职业转换等，这些都可以让孩子参与其中，并让他们在家庭会议中发表意见，由他们协助来作出分析和决定。

当孩子有权去决定一些重要的事情时，除了作为理财训练的手段外，还能增强他们的自信，肯定他们在家中的地位。

（2）让"小财迷"明白家中金钱的来源

虎子每次没钱花了，就会来找爸爸妈妈要。但是他从来也没有想过一个问题，就是爸爸妈妈的钱是从哪里来的，他也不太关心这个问题，只要自己有钱花，有用来买零食和玩具的钱就可以了，关于钱的事情，就交给家长来打理了。虎子的爸爸是一个公务员，妈妈在小区里开了一家小卖部，经营烟酒等商品。妈妈渐渐地发现，有时候虎子还会趁妈妈不在，在小卖部的钱盒子里偷偷拿钱花。妈妈思索很久，决定告诉孩子自己家里的钱都是从哪里来的。于是，她向孩子公开了家庭的财务收支情况。收入主要来源于爸爸的工资和妈妈每个月挣的钱。一个月大概会有多少进账，而这么多钱中，又有多少做生活开销，还能够有多少剩余，这些也都让他知道。虎子明白了这些之后，才发现钱也不

是说来就来的，需要节俭着花。

孩子若能明白家中的金钱来源，了解家庭的财务状况，就会知道应该怎样去花钱。有些孩子由于不了解家庭的财务状况，会提一些不符合家庭经济条件的消费需求。一旦他们的要求得不到满足，就会和家长发脾气、耍小性子。现在，有很多孩子都是采用这种方式来向家长要钱。造成这种现象的原因，就在于孩子没有弄明白家长的金钱来源。

另外，让孩子明白家长的金钱来源，也是让孩子明白，这些金钱并不是从天上掉下来的，而是父母辛勤劳动的成果。钱是有限量的，花得太多，存下来的钱就少了，这样可能会导致以后的生活危机，家庭生活也得不到应有的保障。

很多时候，孩子总会很快花完自己的零花钱。同时，他们还会在学校里和同学攀比。这些现象的产生一方面是因为家长对孩子的溺爱，另一方面是因为家长对孩子隐瞒家庭金钱的收入来源。这就给孩子造成一种假象，即：家长的钱是花不完的。只要他们有需求，家长就可以满足。

若家长向孩子说明家庭金钱的来源和数量，孩子的心里就会有一个底线。孩子会慢慢长大，也会和别人作一些比较。自己家长的收入在社会中处于一个什么样的水平，孩子会用自己的眼光来评判。这样，孩子就会根据家庭的经济情况，主动调节自己的消费行为。

1）让孩子明白家庭的收入来源

作为家长，要让孩子明白家庭中的具体收入来源，千万不要害怕向孩子公开自己的工资收入。只有让孩子了解家庭的收入状况，才能让孩子更清楚自己的消费额度。除此之外，家长也可以让孩子了解自己的一些投资有多高的收益，从而让孩子更清楚地了解家庭经济状况。

家长让孩子知道家庭的收入来源，也就让孩子了解了家庭的经济情况。这样，也有利于孩子调整自己的消费需求。

2）让孩子知道家中的钱都是辛苦挣来的

家长要让孩子清楚家中的钱，都是家长辛苦的劳动挣来的。如此，能让孩

子珍惜金钱，避免铺张浪费。

3）让孩子明白家长的钱能花完

家长不仅要让孩子明白金钱的来源、金钱的数额，还要让孩子在知道家庭收入情况后，明白自己能承受多大的开销，如果过量，家庭就得举债。当孩子了解了这些，对于家长的一些决定就会给予支持和理解。

4）让孩子为家中"开源"献计献策

在家庭的各项开支中，家长可让孩子为家庭的开支献计献策。这样，一方面能调动孩子的理财热情；另一方面也能让孩子明白家庭理财的相关技巧和常识。家长若能让孩子参与进来，能更好地让孩子实现自己的理财计划，从而磨炼孩子的理财能力。

家长对孩子提出的好计策要给予支持和鼓励，以激发孩子的理财动力，从而提升孩子对家庭理财的关注。

（3）让"小财迷"从小学节俭

在消费市场上，有各式各样的商品不断更新换代，这些商品不仅吸引着人们的目光，还对喜欢追求新鲜事物的孩子来说，有着极大的诱惑。

小艾的幼儿园边上有一家小玩具店，每次爸爸接小艾路过此地时，小艾两只眼直勾勾地盯着货架来回磨蹭，希望找到新的"猎物"。每当这时，爸爸便故意加快脚步或者对小店视而不见，任凭小艾在他身后委屈唧咕。

在小艾心目中，1元钱与10元钱没什么差别，只要能买来他喜欢的东西就行。于是爸爸试图说服他，告诉他家长赚的钱是有限的，买了这样就不能买那样……小艾似懂非懂地听着。

为了让小艾对钱的用途有感性认识，爸爸故意在休息天带小艾去菜市场，他买了一只鸡和满满两塑料袋蔬菜，然后告诉小艾，鸡只花了18元，而蔬菜还不到10元，上次你买的那个35元的毛绒玩具可以买今天所有的东西了，小艾听后脸上似有羞惭之色。

可是没多久，小艾又故伎重演，缠着爸爸买玩具。为了根治小艾的"顽症",爸爸和妈妈商议:与其让他无节制地索取,不如定期给他一些钱,比如,每周给他5元,让他自己支配管理,并声明用完再没有了。起先,小艾对这些钱无所适从,不断问爸爸妈妈:"我可以买什么?"爸爸说:"随便你"。于是小艾到超市或买糖果或买其他零食,有时一周不到钱就花完了,有时一周过后仍有节余,对此爸爸妈妈暂不过问。

直到小艾书画班需要购买蜡笔时,小艾似乎才感到手头"窘迫":一盒蜡笔需要40元左右,小艾犯难了。这时爸爸才向他指出:平时要节约用钱,在不需要的时候可以把钱积蓄起来,以备不时之需。小艾这才醒悟过来,开始存钱。他把平时不用的钱存在一个储蓄罐内,至今已有好几个月了,期间他虽买了两张樱桃小丸子的卡通碟片和一些零食,但都是从储蓄罐内取的钱。

小艾对爸爸说,他还想买一架航模,带遥控的……现在正积极计划与"奋斗"着。爸爸虽然表面不说,心里却乐滋滋的:小艾已学会预算、节约和自己做出消费决定,用自己的钱买自己最想要的东西,而爸爸能做的只是事后监督检查,给予适当的鼓励。最重要的是小艾已初步学会了理财。

其实,对于孩子而言,从小就能养成节俭意识既是一种美德,也是一种生活能力。当然,这需要家长和学校的一同协作。

10. 让孩子编制金钱用度表

芬芬的妈妈是银行的高级职员,这一职业使她教对芬芬进行理财教育时显得格外得心应手。芬芬三岁多的时候,爸爸妈妈送给她一只"招财猪"(储蓄罐),常把兜里的零钱给她,让她自己放进去,并告诉她,这是存给她买书和以后上大学用的。她喜欢得不得了,而且很珍惜,有时她想吃零食,爸爸妈妈就开玩笑说让她用自己的钱买,她都会拒绝,说这是我上大学的钱,不可以用,甚至为此放弃了吃零食。

家里的东西坏了，一般都是爸爸动手修理，妈妈会跟芬芬解释用东西要爱惜，坏了要修好，当然，实在修不好的就只有舍弃了，但芬芬至少知道了东西不是一坏就要买新的的道理。

芬芬的妈妈一直坚信简单就是生活的快乐，所以就教芬芬如何进行废物利用，比如，用电视机的纸箱给她造了一座属于她自己的小屋，用牛奶盒做玩具，用可乐罐给爸爸做烟灰盒等，她很喜欢。爸爸妈妈也从不随便给芬芬买玩具，他们会告诉她，不是爸爸妈妈买不起，是没有必要。如果认为可以自己动手做的，就会带着芬芬自己动手。其实在制作过程中，孩子所获得的乐趣是远远大于买新玩具的。所以芬芬有时在商店里看到什么喜欢的玩具，她都会和妈妈商量："我们回家做一个好吗？"当然有些玩具太复杂，是一定要买的。

妈妈还灌输给芬芬环保的理念，从很小的事做起，比如，洗手不要开很大的水，纸张要用两面，旧杂志可以用来叠垃圾盒等。妈妈常跟芬芬说："环保不仅可以节约资源又可以省下钱来做很多更有意义的事情，比如说买书（因为芬芬非常喜欢看书）。"

各种节日或是寒暑假期间是孩子用钱的高峰，去游乐场、吃零食、买下学期的学习用品，他们通常会利用这个好时机向爸爸妈妈狠"敲"一笔。为了避免你的孩子成为不识"人间疾苦"的败家子，也为了使爸爸妈妈减少不必要的开支，家长大可让他们用自己的压岁钱安排自己的开销。

问题是，当你的孩子怀揣着压岁钱兴冲冲地去逛商场时，多数会举棋不定、犹豫不决。所以，家长们不妨指导你的孩子制订一份购物计划，拟出最想要的物品和最想参加的活动及其相应价格，再根据手头的压岁钱选择取舍。最好再亲自陪同他到商场去实地"操练"一番，言传身教你的购物经验。这样，孩子以后就不会盲目购物，还懂得了要货比三家、如何做预算等。

在制订消费计划时，爸爸妈妈一定要同孩子一起商量，共同制订，并尽可能多地考虑孩子对这些钱的支配意见。当孩子年龄稍大一些可以独立拟订计划时，不妨让孩子自己拟订消费计划，家长可以提供一些参考意见，如钱除了购物之外还可以有哪些用途，孩子这个年龄段更适合买什么类型的玩具等。

消费计划建议包括：用钱的数目、时间、详细的用途，如给自己购买的玩具、学习用品，节日给家长及其他长辈购买的小礼品，帮助经济上有困难的小朋友等。消费计划一旦制订，就一定要按计划执行，家长要定期进行小结，起到监督的作用。

孩子的良好习惯并非一日形成，而是在日常生活中逐渐养成的。现在好多孩子对掉在地上的一角硬币不屑一顾，就是因平时在家里太浪费，不珍惜父母的辛勤劳动。但明理的妈妈教子有方，从小就不让孩子忽视一个小硬币、一个旧玩具、一张白纸……

（1）让孩子知道乱花钱的害处

孩子在小的时候，都对喜欢的物品有着强烈的拥有欲望，并且没有自控力，不懂节制。如何让孩子明白乱花钱的坏处，通常需要对孩子进行教育。讲故事、说道理，这些方法或许有效果，但效果一般不会太理想，一对美国夫妇的做法为我们提供了参考。

史密斯夫妇有一对8岁的双胞胎儿子亨利和比尔，每当他们带着两个儿子去超市时，兄弟俩只要看到自己喜欢的东西，从来都是连价钱都不问，而且不管它有用没用，统统将东西扔进购物车里。

史密斯夫妇觉得孩子这样下去不行，他们认真学习了经济学教授凯文·查尔斯和芝加哥大学埃里克·赫斯特所作的研究，研究指出"孩子时期的理财方式往往会跟随一个人的终生。"史密斯夫妇开始琢磨如何教孩子理财，经过不断实验、失败、再实验，他们终于总结出一套"史密斯理财法"——让孩子花自己的钱!

平时，史密斯夫妇总是给亨利和比尔一些零用钱，亨利喜欢将零用钱用于购买棒球卡，比尔则每周光顾游戏软件商店。现在，史密斯夫妇决定不给他们零用钱，而是为他们各自开设一个账户，给他们每人一张卡，这样，亨利和比尔每个月都会收到银行的账单，这样做相当方便。亨利和比尔也很喜欢，因为当他们想要买东西时，他们就可以不用再向爸爸妈妈要钱了，只要直接刷卡或

者去提款机取钱就行了。

没过几个月，亨利对购买棒球卡的兴趣越来越小，他开始习惯于每月看账单，看着自己账户里的钱是不是还在继续减少。比尔呢，虽然并没有完全放弃逛游戏软件商店的嗜好，但光顾的次数较从前也越来越少，开始慢慢地变得节省起来。史密斯夫妇问兄弟俩有何感受，兄弟俩一本正经地回答道："以前感觉拿的都是你们的钱，现在感觉账户里的钱是自己的，花的自然就少了！"

史密斯夫妇听了非常高兴，后来，当全家一起逛街购物时，夫妇俩每次给孩子10美元，告诉他们花剩的钱自己可以存起来了。结果，两个孩子的花费更加减少了，因为兄弟俩想得更多的是如何将钱省下来存进自己的账户里。

会花钱、舍得花钱，已成为当今许多孩子的消费特点。对此，虽然父母们也很头痛，但像史密斯夫妇这样研究如何控制孩子"乱花钱"问题的父母并不多见。虽然他们的生活背景和环境与我们的大不相同，但其方法和思想精髓还是值得我们借鉴的。

（2）孩子不会管钱怎么办

很多孩子平时对零花钱并不怎么重视，用的时候只管向父母要，给多少花多少，并且不善于管理，经常丢失或者对不上账。这是一个很不好的习惯，会妨碍孩子经济头脑的形成。

丢钱是生活中常有的事，尤其是孩子，一旦孩子对你说丢钱了，不要表现出无所谓的宽容态度，虽说丢钱并不一定是孩子愿意的，但是这毕竟不是一个好现象，至少说明孩子粗心大意，趁这个时机应该教导他保管钱的方法，让他以后小心。

那种认为"丢钱是孩子的责任，家长没有义务替他们补偿损失"或"孩子的钱丢了又不是故意的，再给他一份不就得了"的观点，都是不正确的。但是，父母也不能养成动不动就给钱的习惯，小孩子拿到那么多钱，就算不产生不合理欲望，也会感觉无所适从。他们不仅可能会担心会把钱弄丢，而且还怕把找回来的钱也弄丢了。所以，家长要是希望保险，给孩子的钱数接近他购买物

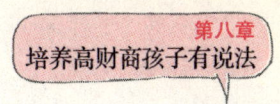

品的价格就可以了。

孩子丢了钱以后,他们的情绪很快就会受到影响,如果丢的是钱以外的东西,对经济的影响或许不是很直接,但有时候会更加棘手,你可能还要花多点的时间和精力来解决这个问题。例如,孩子说:"我把图书馆的书弄丢了,他们要罚我10元钱,你能替我交吗?"像这种情况,孩子不一定真的期望你能出钱,但是你要让孩子明白罚金是不能不交的。如果他们不能自己立刻拿出钱来,那么就得要求他们从零花钱中挤出来或者多做些家务把钱挣出来。比方说,你可以先替孩子交上罚金,但是要每周从他的零花钱中扣出一点,直到还清罚金为止,或者让他们多做一些杂活,加快还款的速度。

如果孩子已经找过丢失的钱,而且显然对于丢钱感到很伤心,那你就不要过分苛责孩子,温和地教育孩子下次小心就是了,因为孩子是因意外而非习惯性地丢钱,你就不要雪上加霜,只要教导他们以后小心即可。

所以,给孩子一定数量的零花钱之后,就应该让孩子试着自己去买东西,管理好每一笔钱的进出。可以这么说,管理好零花钱,是孩子学习经济迈出的第一步。在这一过程中,孩子体味到了生活的乐趣,就会萌发出为将来做好打算的念头。

让孩子编制金钱梦想计划表

理财的一个重要方面就是储蓄。小孩子最初并不懂得储蓄的概念和含义,但是教孩子学会储蓄,首先能够有效地防止孩子乱花钱,从而培养孩子节约的品质;另外,也能够让孩子明白金钱的来之不易,从而珍惜金钱和尊重父母的劳动。

(1)鼓励孩子储蓄

生活中的每一个人都离不开储蓄。因为任何人都不可能挣到钱马上就花,必须学会为未来打算,未雨绸缪,或者为某一特定目的积攒一定的钱。储蓄的

实质是延后满足,而延后满足能够教给孩子须知的很多东西。孩子如果了解把钱存起来,是为了以后买他们真正想要或需要的东西,他们就会喜欢上存钱。

美国孩子西维就是在这样的激励下成为一名超级小储蓄者的。

西维7岁的时候,报名参加了学校的储蓄计划,每个星期存10~20美元,这些钱是他靠在家附近打工和练习钢琴得到的。到10岁时,他已经有1000多美元了。由于对银行的存款利率不太满意,他把大部分钱都取了出来,开始进行多元化储蓄——购买共同基金和股票,而且他还继续往自己的银行账户里存款。当像他这个年龄的孩子把零花钱都用在麦当劳和印着米老鼠的T恤衫时,西维已经在购买麦当劳和迪士尼公司的股票了。

是什么使西维成为了一个超级小储蓄者呢?西维说:"我非常高兴看到钱在增长,而且我长大以后还可以使用它们。"

西维的故事,给我们做父母的培养孩子坚持储蓄提供了一个很好的范例。

要培养一个热爱储蓄的孩子,就得给他们一个存款的理由,不断激发他们的兴趣,让他们的努力得到回报。当孩子突然明白一样东西可能要花掉自己好几个月的储蓄时,自然就会有所触动和顾忌,就有可能放弃花这笔钱的想法,同时也能体会到父母的良苦用心和挣钱的辛苦。

例如,当一家人开诚布公地讨论他们要如何存钱买一辆车,而且为了达成这个目标,他们要如何节省开销时,孩子或许无法马上明白其中的关联。但是几个月后,当孩子看到那辆崭新、闪亮的红色轿车,看见家人为此兴奋无比时,他们就可以觉察出车和家人过去几个月尽量不去高档饭店、不买高档衣服之间的关联了。

对于年龄尚小的孩子来说,他们可能还不会明白储蓄最重要的作用是应急和抵抗未来潜在的经济风险。家长可以在生活中给孩子讲述这样的道理:爸爸妈妈的收入是为了满足生活需要的各项支出,只有在支出小于收入的情况下,家里才能积累到一定的钱财。这样,在遇到大量支出(比如上学的费用)和各种意外的事故(比如生病)时,就可以拿出平时的积蓄来应付,如果平时没有积累，可能就会手忙脚乱。此外，如果家里想要有一些大的购买计划或投资，如买房、买车、做生意等，也需要平时的积累。

（2）储蓄知识

当孩子手头的钞票一天天多起来后，怎样才能够妥善保存呢？那么先放到银行吧。在去银行之前，一定要让孩子知道一些必要的储蓄知识。

1）储蓄原则

我国的储蓄原则是："存款自愿、取款自由、存款有息、为储户保密"。居民个人所持有的现金是个人财产，任何单位和个人均不得以各种方式强迫其存入或不让其存入储蓄机构。同样，居民可根据其需要随时取出部分或全部存款，储蓄机构不得以任何理由拒绝提取存款，并要支付相应利息。储户的户名、账号、金额、期限、地址等均属于个人隐私，任何单位和个人没有合法的手续均不能查询储户的存款，储蓄机构必须为储户保密。

2）挂失手续

当储户的存单、存折遗失后，应立即带上自己的身份证件到开户储蓄机构，以书面形式正式声明挂失，挂失时应提供自己的姓名、存款时间、种类、金额、账号等有关情况，储蓄机构在确认该笔存款属实、还未被冒领的前提下，即可办理挂失手续。如存款人不能及时挂失，可以委托他人前往开户储蓄机构挂失，特殊情况下也可打电话或函电挂失，但挂失后五天之内应补办正式书面申请，否则挂失自动失效。

3）利息计算

定期储蓄存款未到期全部提前支取的，按支取日挂牌公告的活期储蓄存款利率计付利息；部分提前支取的，按活期储蓄存款利率计付利息，其余部分到期时按原存单所定利率支付利息。逾期部分的按活期储蓄存款利率计付利息。定期存款在存款期限内遇利率调整，仍按存单开户日所定利率计息。

计算利率的基本公式是：利息=本金×存期×利率，储蓄存款利率分年利率（％）、月利率（％）两种。

4）储蓄种类

①活期储蓄：该储种适应有零星开支的储户使用。1元起存，由储蓄机构发给存折。存折记名，可以预留密码。存折遗失可以挂失。开户后凭存折可以随时存取，可在联网的电脑储蓄所通存通兑。

②定活两便：该储种既有定期之利，又有活期之便，安全方便，适合对存期不确定的储户使用。起存金额一般为50元，存单分记名和不记名两种。尽量使存款期达到一定标准，如3个月、6个月、1年等，上述各档次均不分段计息，但如果达不到，就会使利息收入大大减少。

③整存整取：该储种适合存款期限确定的储户，存储既安全、又获利。起存金额一般为50元。存期分3个月、6个月、1年、2年、3年和5年六种。本金一次存入，由银行开具存单，到期后一次性取出。这种存款方式的最大好处是利息较高，倘若提前支取，银行会按活期存款利息付息。

④零存整取：简称零整储蓄，适合定期存入一定金额，到期一次提取本息的定期储蓄。该储种适合广大职工、居民每月节余款项存储，以达到计划开支的目的。其存款利率分别高于活期和定活两便储蓄。一般以5元起存，存期分1年、3年、5年三种，中期有漏存，应该在下月补存，如果没有补存，到期支取时，按实存金额和实际存期计算利息。

另外，还有"存本取息定期储蓄"和"个人通知存款"，但这两种存款方式孩子还不会接触到，所以不必详细讲述。

5）活期储蓄方式的选择

在选择储蓄的时候，活期储蓄是最经常用的，也最适合孩子，怎样选择适合的活期储蓄方式呢？

我们以在中国银行储蓄举例。

目前，中国银行开办属于活期性质的储蓄种类有：活期储蓄、定活两便储蓄和个人通知存款三种。它们都具有不受存期限制、支取方便灵活的共性，也都有各不相同的个性。

①存取金额不同：活期储蓄开户起存金额为1元；定活两便储蓄开户起存金额一般为50元；个人通知存款开户起存金额为1000元。

②存取方法不同：活期储蓄开户可以随时支取，也可以一次全部结清；定活两便储蓄开户后，支取时需全部结清，如需续存，则另开新户；个人通知存款开户后，可以多次部分支取，且未支取部分仍按原开户日计息，也可一次全部结清。

③利率不同：活期储蓄利率最低；定活两便储蓄存款不到3个月的，按活期利率计息，3个月以上，按1年内同档次定期利率打六折计息；个人通知存款的利率分为1～12个月、2年、3年等共14个不同档次，根据存款支取时的实际存期，按其相应档次的利率来计息。

④收益不同：选择不同的活期储种，便会产生不同的利息收益。你应该根据自己的实际需要，选择收益最大的储蓄种类。一般来说，对生活上的零星开支或其他小额待用款，可以选择活期储蓄，随时支取、灵活方便；对于金额在1000元以上的短期待用、金额较大的款项，可以选择定活两便储蓄，既有定期之利又有活期之便；对于金额在1000元以上的大额待用款项，应该选择个人通知存款，因为个人通知存款利率档次多，支取方便灵活，获利又较高。

（3）为孩子开一个账户

孩子小的时候，没有储蓄罐是一种遗憾。当孩子长到3岁的时候，家长就可以给他们准备储蓄罐，鼓励他们把自己的零花钱存起来了。到6岁的时候，可以鼓励他们将自己积攒的钱拿到银行存起来。

这时，要让孩子懂得，银行并不是要拿走他们的钱，而是把他们的钱安全地保管起来，并且还会付给他们利息。家长可以在有意无意间带着孩子去银行办理存取款业务，这样孩子便有机会接触到存折或者银行卡。孩子虽然还不完全理解这是怎么回事，但大部分的孩子还是羡慕并渴望像大人一样拥有一张属于自己的小卡片，并使用小卡片独立购物。

给孩子办理存折或银行卡有两个好处：一是能够使孩子充分理解钱并不是随便就可以从银行里取出来的，而是必须先挣钱、攒钱，把它们存到银行里去，以后才能取出来；二是能让孩子知道储蓄能够获得多余的利息，使孩子体会"钱能生钱"的道理。

事实上，等孩子正式拥有了自己独立的账户后，让孩子通过消费来理财的学习才算系统、全面地展开了。

当然，对于第一次拥有这么多金钱的孩子，家长必须及时地做出指导，并充分予以关注。独立账户不仅为孩子的合理消费提供了实习场所，而且也可以帮助孩子培养合理储蓄的良好习惯，即所谓的"该消费时就消费，该节约时就节约"。

当孩子胡乱购买不需要或不合算的用品时，你可以提出异议，但是不必横加责备，因为孩子在学习任何本领时都是要付"学费"的，学习理财也是一样。很多时候，孩子都会出现"消费膨胀"心理，但是经过一段时间的自我反省和家长的帮助后，都会自动恢复到正常状态。

当然，独立账户也可能给孩子带来另一种极端，即在无意中过度捂紧了自己的钱包，一分钱也舍不得花，他们想，这些钱既然已经是我的了，我就应该节约开支，以使得能够多攒些钱。

因此，家长可与孩子商议其独立账户必须保留的底线，然后一起制订短期的储蓄和消费目标，逐渐过渡到大的储蓄和消费目标。

第九章

父母最容易犯的教子错误

1. 给孩子设定的期望值太高

在现在社会中，哪家的父母不是望子成龙、望女成凤？父母对子女期望值过高已经成为了一种特殊的社会病态。

据一项调查显示：上海市区和郊区共有57.8%的父母要求孩子"样样争第一"；市区77.9%的父母希望自己的孩子达到大专及大专以上学历；对于孩子的职业，市区91.8%的父母希望自己的孩子从事脑力劳动。天津曾进行过一项学生升学愿望的调查，发现父母与孩子的愿望有明显的冲突：孩子愿上中专、技校的人数比父母希望的多，父母希望子女上大学的人数是孩子希望的两倍。

由此可见，父母对孩子期望值过高的现象是多么普遍。不可否认，父母们这样做无疑是出于对孩子的爱。父母对孩子寄予期望也是情理之中，是可以理解的。但是，父母要把握对孩子的期望标准，一旦父母的期望标准背离了社会需要和孩子身心发展的内在规律，让孩子觉得目标可望而不可即时，就会严重影响孩子的性格发展和身心健康。

6岁的小慈是家里唯一的孩子，也是爸爸妈妈的掌上明珠。他的父母希望他能够在各方面都非常出色。为此，他的父母为他设立了非常高的标准，除了在学校里进行正常的学习和活动外，他的爸爸妈妈还给他增加了许多课余的活动，如拉小提琴、练体操以及其他活动等。父母要求他在所有活动中都成为最优秀的。而小慈也很争气，无论是在学校还是在地区活动中，他都被认为是难得的优秀孩子，但是在他的生活中，却有一些令人无可奈何的状态。比如，他对别人的评价非常敏感，略有微词便情绪低落，而且在行为上，经常有神经质的表现。另外，他也不像其他同龄孩子那样尽兴地说笑和玩闹，似乎很受压抑……

从上面的小故事中，可以看出小慈的父母对小慈是非常"残酷"的，因为他们为他设立了过高的期望，这种期望实际上破坏了他的正常发展。而小慈在父母的高期望值下，从小就形成了一种强烈的愿望，即要用自己最好的行动来使父母高兴。因为在他看来，只有他达到了父母的要求，他在父母的眼里才有地位，才会变得重要。但是，在父母的高要求下，他失去了一个孩子所应该享有的天真和无忧无虑的生活，这不能不让做父母的深思！

生活中，父母为孩子设立过高期望的例子还有很多。

"你要是考不进市重点，我就抹脖子！"——这是一位妈妈对女儿进行的恐吓。当性格开朗、活泼大方的女儿如愿以偿地考进了市重点，妈妈以百般的宠爱善待她，因为女儿替妈妈争了光。"你必须在全班考第一。"显然妈妈的筹码在升值。由此可见，妈妈对子女的期望不会搁浅在一个水准，妈妈有要做成功者的愿望，女儿就得成为"过河卒子"拼命向前冲。渐渐地，女儿脸上的笑容消失了，心里总是焦躁与不安——学习上，她没有成为全班第一。"期末考试成绩要是达不到90分，我就抹脖子！"妈妈威胁的口吻还是那样坚决。终于有一天，女儿离家出走了。

还有一个孩子曾说："我觉得自己很没用、很无能，每当看到父母满怀期望的目光，我的心里就非常难过，不知如何才能达到父母的要求。现在，一看书就很怕，真想把它撕得粉碎……"

据报道，在我国17岁以下的青少年中，心理障碍患病率在逐步上升，有关专家分析，父母对孩子的期望值过高，是孩子产生压力的主要原因。另外，在高期望值的支配下，父母评判子女好坏的标准也严重失衡，孩子教育的成败多是以智力发展的好坏来衡量。

然而，由于每个孩子都有不同的潜质，他们的兴趣、潜能未必与父母的理想模式相吻合，因此，孩子的发展往往就与父母的目标产生了一定的差距，有些孩子的发展方向甚至与父母的期望相违背。过高的期望让孩子背上了沉重的心理包袱。

一是容易给孩子造成巨大的心理压力。最典型的一点就是父母不惜动用所有的社会关系，花费巨资为孩子择校，他们以为孩子进了好学校就会有好的前途，可他们不知道，自己的孩子实际能力并没有那么高，在重点中学里孩子的学习积极性受到打击，就会产生巨大的心理压力。

二是父母不考虑孩子的年龄特点、智力水平，盲目地为孩子设置过高的期望与要求，当孩子虽然经过努力还是不能实现目标时，孩子会因不能达到父母的要求而自惭形秽，对自己的能力感到怀疑，从而动摇自己的自信心。

虽然在很多情况下，父母的期望也可以化作孩子奋发向上的动力。但有的时候，父母过高的期望会成为孩子肩上沉重的压力。所以，父母对孩子的期望要把握好"度"。那么，作为父母，又该如何正确把握对孩子的期望呢？

（1）善于鼓励孩子的进步

要求尽善尽美的父母，通常是期望太多，批评太多，总是挑毛病。当父母在孩子身上寄予很高的期望，同时又不断地指出孩子的不足之处时，实际上是在使孩子失去勇气，在降低孩子的自信心水准。这些父母往往忽略了孩子较小的、积极的行为，很容易犯苛求的错误，而漠视孩子的权利，这与孩子的成长是不相适应的。相反，如果父母时刻注意到孩子的每一点进步，并及时加以鼓励，就会使孩子充满活力，并且产生要多做一点的欲望。这应当引起父母的足够重视。

（2）激发孩子的内存动力

如果父母要使期望成为现实，就必须让孩子把父母的期望化为自身发展的内在动力。如今的孩子，大都生来就享受着众多成人给予的关爱。在这样的生存空间里，孩子不知不觉地养成了一种被动的习性，习惯于等待外来的指令和安排，而真正源于内心的需求与动机则显得相当缺乏，从而导致主动性与创造性水平低下，有时处理不好甚至还会产生逆反心理。这样父母的期望，如何能对孩子产生作用呢？

（3）设立积极恰当的期待

作为父母，给孩子提要求是必要的，因为孩子的自我约束能力差，需要有人帮他树立目标并促其前进。但是，这种要求和期望应该现实一些，如果孩子的基础较差，父母就不要定过高的目标。如果孩子觉得自己和这个目标差距太大就会丧失信心，产生自卑心理，日久天长，对孩子的一生都会有严重的不良影响。一般而言，给孩子树立一个"跳一跳就能够得到"的目标是最合适的。教育心理学家认为，对孩子提出恰当的期待和要求，这更容易产生良好的"期待效应"。

相信天下所有的父母都是真心爱自己的孩子，都希望孩子能够健康快乐地成长，因此，父母要保证自己的心态平和，适当降低对孩子的期望值，不要给孩子太多的压力，依据实际情况与孩子一起制订合适的奋斗目标。父母应该学会倾听孩子的心声："因为我是菊花，所以请别让我在夏天开放；因为我是白杨，所以请别指望从我身上摘下松子。"

2. 抱怨自己的孩子脑子很笨

"你怎么这么笨呢，这么简单的题都做不出来！你啊，我看是稀泥糊不上墙，真是没指望了。"

"孩子，妈妈相信你，相信你很聪明，只要努力就一定会取得好成绩，最终能够实现自己的梦想。"

这是两种截然不同的声音，前一句是我们听到最多、说得最多，也最刺耳的声音，但由于经常会听到、经常会说到，所以也就习以为常，也就不觉得有什么不对了。

然而，父母们是否会想到，久而久之，你们传递给孩子的是一种什么样的信号呢？你们又向孩子暗示了什么呢？你们的孩子是否从你们那里得到了这样的定论："我不行，我很笨，我就这样了。"于是，他们就破罐子破摔：你说我坏，我就坏得坏到底；你说我笨，我就笨得不识东西南北。

这并不是危言耸听，事情就是这样，如果你常用一个词语给某人以定位，往往会使某人顺从你给予的定位，做出相符的行为，尽管你的定位并不一定十分准确、合理，有时甚至是错误的，但这种定位往往会真的逐渐地成为某人的真实写照。这种现象对年幼孩子，特别是容易受暗示的人作用最大。所以，聪明的父母不该抱怨孩子笨，应该对孩子多说鼓励性的话，调动孩子的积极性。比如，"虽然成绩不理想，我觉得你尽力了"，"你能学得更好"，"爸爸妈妈为你的进步骄傲"……

社会心理学认为，每个人的自我形象，部分地取决于自己对他人反应的理解，即通过"我看人，人看我"的方式形成。自我形象一旦形成，它又会成为制约人、塑造人的规范和自我力量。"说孩子笨，孩子就越笨"的心理基础，就在于此。

由此，我们想到父母经常对孩子说而又不应该说的一句话："你脑子笨"。类似的话还有"你是榆木脑袋"、"你是猪脑子"、"你简直是傻子，谁都比你聪明"等。父母的话往往是由于孩子不努力学习，感到很生气时说出来的；也有些父母，确实认为孩子的脑子不灵。其实，孩子上了小学以后，经过努力能跟上班级进度的，都属于智力正常，根本不存在笨的问题。如果父母总说孩子笨，会给孩子造成"我笨"的心理定式，不但影响孩子智力活动的积极性，还会限制孩子智力的发展。

那天，素素从老师手里接过英语试卷，糟了！只有59分，她垂头丧气地回到家中，胆怯地靠在门边，眼睛盯着脚尖："妈妈，我英语只考了59分。"

"爸爸妈妈小时候都很聪明，你怎么这么笨呢？左邻右舍的孩子个个都聪明，怎么你就这么笨呢？"妈妈先是愣了一下，接着眼睛瞪得像铜铃，声色俱厉地说道，"你真是一个笨蛋，我辛苦供你上学，谁知你这么笨，才考了这么点分……"

听着妈妈的话，素素的眼泪禁不住流了下来，妈妈不耐烦了："哭，哭，有什么好哭的，这么笨还好意思哭？"

第九章 父母最容易犯的教子错误

实际上，学习成绩不能代表孩子的全部，孩子成绩差未必将来没出息。美国畅销书作家斯坦丁博士对733位百万富翁进行调查，从他们的成功经验中总结出30项最具有代表性的因素，而"在上学时学习成绩最好"一项居然排在最后。

可以说，每个孩子都是父母的希望，哪个做父母的不想让自己的孩子健康成长，让自己的孩子出人头地呢？但真正特别出色、各方面都优秀的孩子却很少，于是做父母的就对孩子不满了，有时候口不择言，甚至骂孩子、打孩子。其实，每个孩子都有自己与众不同的个性，都蕴藏着很大的潜能，需要得到父母的鼓励与欣赏，才能最大可能地发挥出来，更好地成长。

而给孩子负面的定位只会给孩子带来消极的影响，对孩子的成长有百害而无一利。孩子往往会按照父母的期待而塑造自己。如果父母总是抱怨孩子笨，会极大地伤害孩子积极进取的自信心，伤害孩子的自尊。有些孩子在父母开始说他笨的时候，他还会用弱小的自尊捍卫着："我才不笨呢！"因为孩子学说话时已经形成了比较强烈但又十分脆弱的自信。但是，随着父母不断地"播种笨的种子"，孩子渐渐开始相信自己笨了。直到有一天，父母说他笨，老师说他笨，同学说他笨，左邻右舍也说他笨的时候，他就坚信自己笨了。这就是心理作用的结果。

任何孩子从相信自己笨的一瞬间起，眼神便暗淡无光了，言行举止也随之"笨"起来。老师只要出一道题目，说："同学们，这道题目比较复杂，大家好好想想。"这时，孩子的情感闸门马上会关起来，第一反应是："这道题目我不会，我笨呀！"

俗话说得好："种瓜得瓜，种豆得豆"，播下"笨"种，结出"傻"瓜。因此，奉劝天下的父母，不要轻易再说孩子"笨"了，要知道，骂孩子"笨"是对孩子的心灵施暴啊！长久下去，孩子受父母的暗示，自然就会真的变"笨"了。

3. 按照自己的意愿设计孩子

天下所有的父母，都希望自己的孩子能够成龙成凤，所以，有的父母在孩子咿呀学语时，便为孩子设计了一幅理想的蓝图，甚至孩子以后要上哪所大学的哪种专业都计划好了。父母为了帮助孩子实现"梦想"，不顾孩子的爱好与理想，强迫孩子按他们自己设计的轨道发展。如果孩子有一点没有符合自己的意愿，就对孩子的所有努力和成绩全盘否定，甚至打骂孩子。

确实，随着现代社会竞争越来越激烈，父母这种望子成才、追求上进的良好愿望，本来无可厚非。但是为了孩子能有一个好的前途，而给孩子过大的压力，结果让孩子不堪重负而走向极端，这就太让人遗憾了。

从开始上幼儿园起，小薇的耳边就常常响起爸爸妈妈"一定要好好学习，一定要争气！一定要考上清华"的叮咛。为此，她在父母为她设计的框架里不断地努力着……

今年，12岁的小薇不负父母的厚望，以优异的成绩考进了一所市属重点初中。终于可以松口气了！小薇觉得，自己没有辜负爸爸妈妈的苦心，考上了他们指定的学校，这个假期可以好好地休息休息了。

晚上，妈妈下班回来了，手里拎着一个大口袋。小薇急忙迎上前去，打开口袋，小薇呆住了——里面全是初一的课本和辅导材料！妈妈并没有理会小薇的惊讶，严肃地对小薇说："你呀，别以为进了重点初中就万事大吉了。要知道，凡是考进这所学校的学生都是尖子生，你要想出头，就得提前做准备。"

小薇说："妈妈，我知道。可是，这个假期是不是……"妈妈打断了小薇的话："是不是什么？你还没到可以休息的时候。我和你爸爸早就打算好了，你的目标，就是清华！当年，你爸爸因为一分之差没有考上清华，这是他一辈子的遗憾，这个遗憾只能靠你去弥补了。"见小薇没有回应，妈妈缓和了语气，语重心长地说："女儿啊，我和爸爸都是为你着想。清华是最高学府，如果能考进这所学校，以后无论是出国深造还是找工作，都是不费力气的！我们为你创造这么好的条件、替你操这么多心，对你没有什么别的要求，只要你考上清华，到时候你要想干什么，我和你爸都不再管你。"

听了妈妈的话，望着一堆堆的辅导资料，小薇无言以对，禁不住流下了眼泪。第二天，小薇就离家出走了……

生活中，像小薇的父母这样为孩子设计好前途的父母不在少数。他们把自己一生的理想或者遗憾都寄托在孩子身上，一直逼孩子往自己认为是正确的路上走，即使孩子并不适合，或者根本就不喜欢。

也许这些父母认为，孩子还小，很多事情他们都不懂，父母们为他们做出的选择对他们有好处。殊不知，孩子虽然年龄小，但是他们也有着鲜活的思想和情感，有自己的兴趣、志向和理想。孩子为了自己这些目标而努力的时候，是自觉自愿、积极主动的，而且学得又快又好，同时享受到学习的乐趣。如果父母把自己的意愿强加给孩子，让孩子担负起父母的愿望，那孩子会感到身上的担子太重了，压力太大了，就会觉得学习是一种痛苦的过程，同时也会使孩子失去自己的成长空间和独立意识，这就可能导致孩子产生抵触、反叛与对抗的情绪，出现与父母关系紧张、厌学等现象，甚至走上歧路；也有些孩子会变得精神萎靡，对生活、学习感到迷茫、失去信心等。这些都对孩子的心理健康极其不利，甚至可能引发心理障碍与心理疾病。

所以，父母千万不要为孩子设计发展的模式，不要让孩子做自己的"接力棒"。其实，每个人都有自己的理想和追求，孩子也不例外，那么，父母又该如何对待孩子的理想和追求呢？

（1）给孩子一个成就自己的空间

父母要给孩子足够的成长空间，让他们有自己的理想和愿望，有自己的思想和独立思考的权利，不要让孩子成为别人怎么想、孩子就怎么做的盲从的产物，更不要让孩子成为代替父母实现未尽理想的工具。父母可以根据孩子的具体情况和兴趣，向孩子提出建议，引导孩子找到自己努力的方向。

（2）尊重孩子的独立性

随着孩子一天天长大，他们会逐渐形成独立的意识，所以，父母要尊重孩子的独立性，让孩子充分地发展，而不是被父母限制在已为他们设计好的框子里。不然的话，他们也会像自己的父母一样，在补偿父母遗憾的同时，留下自己的遗憾。

（3）给孩子最后的决定权

对孩子的理想，父母如果觉得是合理的，就应给予尊重和支持。对孩子理想真正的支持应该建立在对孩子的充分理解和尊重的基础之上，以孩子的心理准备和接受能力为前提，进行适当的启发和引导。孩子需要的是精心呵护，不是说教，不是命令，更不是趁机提条件。即使孩子的理想与父母的意愿产生了很大的偏差，也要平静地与孩子沟通，在尊重孩子理想和追求的基础上，通过充分的商量和探讨，让孩子充分理解父母的想法，然后再把决定权交给孩子。

（4）对孩子的要求不可过高

父母在尊重孩子理想和追求的时候，还要注意一些问题：不要在孩子建立理想的初期就给孩子太多的压力和警示。这样做很可能就会打击孩子的积极性，让孩子轻易放弃自己的理想。

（5）精心培养孩子的"理想之苗"

当然，对孩子的理想，父母采取不理不睬或者拔苗助长的做法也是错误的。如果父母们用这样的态度来对待孩子的"理想之苗"，那么，也许孩子永远也不可能树立稳固的理想。正确的做法是鼓励孩子树立理想，并为理想而努力。父母对孩子的"理想之苗"，要一棵棵地培养扶持，要细心浇灌滋润。

孩子的成长之路本身就是万紫千红的。对于社会而言，不但需要高层次的人才，而且更需要普通劳动者。作为父母，培养孩子要顺其自然、因材施教，是什么铁就打什么钉。总之，作为父母，应该多站在孩子的角度考虑问题，从精神上给孩子关爱,让他们按照自己的愿望发展,而不要一味地强求孩子按照父母设计的轨道去生活。

4. 不尊重孩子说话的权利

在现在的家庭教育中,有的父母不知道倾听孩子诉说的重要性。孩子一旦有问题,总喜欢以成人的思维方式去评判孩子所做的一切,把自己的意愿强加在孩子身上,不给孩子任何解释的机会,轻则呵斥,重则打骂。孩子因失去说话的权利或自己的想法得不到父母的重视,只好将委屈与不满埋藏在心里,长久下去,做父母的就很难知道孩子的所思所想,这样,对孩子的教育就会无所适从。

另外,孩子的说话权得不到父母的尊重,一方面不利于孩子语言表达能力的提高;另一方面也使孩子产生自卑情绪。久而久之,孩子就会与父母产生对抗情绪,以致双方相互不信任,产生沟通困难的问题,甚至还会造成孩子的不良心理。

老师发现田田最近变了,以前活泼开朗、上课积极发言的他,现在变得沉默寡言,总是一个人发呆,学习成绩也下降了。老师经过细心的了解,才知道了田田不爱说话的原因。

田田以前每天放学回家后,都会把学校发生的趣事说给父母听。可田田的爸爸是个对孩子要求非常严格的人,他把全部希望都寄托在田田身上,希望田田将来能考上大学、出人头地,因此,对田田的学习抓得特别紧。他觉得田田说这些话都没用,简直是浪费时间,因此,每当田田兴高采烈地说话时,爸爸总是会打断他:"整天只会说这些废话,一点用也没有,你把这心思放在学习上多好,快去做作业!"一次田田说班里发生的一件事,正说得兴高采烈时,爸爸说:"说了你多少次了,让你别说这些废话,你还说,再记不住,看我不打你!"吓得田田一个字也不敢说,赶紧回到自己房间里去了。

慢慢地，田田在家里话越来越少了，而爸爸也不让他出去玩，每天放学后他就只好闷在自己的房间里，久而久之，他的性格也就变了。

由此可见，如果父母忽视了与孩子的交流，不重视孩子的倾诉，时间久了，不良的影响就会表现出来。因为对于一个已经有自我主张和能力的孩子来说，让他乖乖地"听话"是一种痛苦。其实，仔细倾听孩子的诉说并回答孩子的问题，对加深亲子关系大有裨益，这也可以加强孩子的自信心和安全感。

我们知道，亲子之间的沟通交流是影响亲子关系、孩子性格发展的重要方面。所以，如果父母们能对孩子的倾诉多一点耐心，不急于打断孩子的话，那么孩子遇到事情时就会乐于向父母倾诉，与父母建立良好的沟通。

那么，当孩子想要诉说时，父母如何才能更好地对待孩子的倾诉呢？下面介绍的几种方法，父母们不妨参考一下。

（1）尊重孩子说话的权利

倾听孩子的诉说，充分尊重孩子说话的权利，这不是纵养孩子的行为，也不能视作听任孩子的狡辩，这是一种家教艺术。首先，这有利于双方的交流。只有充分尊重孩子的权利，孩子才会信任父母，愿意把真心话掏出来，家长教育孩子也就好对症下药、有的放矢，从而帮助孩子端正思想。其次，有利于孩子建立一个健康的心理环境，促进身心的良好发展。孩子有了向父母倾诉内心感受的机会，就会跳出压抑的心境，克服自卑感，从而增强自信心。这对锻炼孩子的社会交往能力是个极好的机会。

（2）向孩子显示你正在听他讲话

孩子向父母诉说时，父母的关注表示父母对孩子的尊重和父母愿意分享孩子的想法和感受。当孩子开口向父母讲话时，父母应停下正在做的事情，转向孩子，与孩子保持目光接触，并仔细地听孩子说话。同时，还要通过点头或不时地"嗯……是的……"等来显示父母在注意听他说话。

当然，父母在听孩子说话的时候，不要对孩子进行无端的批评和责骂。因为受委屈的人，很少去反省自己有什么过错，而被感动的人则更容易自省，并且会因为感动增加内心的勇气和自信，同时他的自制力也会增强。

（3）告诉孩子你所听到的以及你的想法

孩子说话时，无论你有多忙，一定要眼睛看着孩子，不要随意插嘴，尽量表现出你听得很有兴趣。让孩子发表他们的观点，完整地听他的讲话，如果你在某一重要原则上表示不同意他的看法，应告诉他你不赞同他的什么观点，并说出理由。在提出反对意见时不要过于武断，不应否定一切，即使孩子是在信口胡说，也要控制你的情绪，不要妄下定论，直到完全理解清楚。

（4）让孩子投入谈话之中

交谈需要花费一些时间，同时，最好是在一种让孩子与大人一样有同等机会参与的轻松气氛中进行。谈话应自由自在，任意发挥，不要有什么仪式安排或预期达到什么结果，尝试着与孩子随意交流观点和看法。

（5）接受和尊重孩子的所有感受

孩子向父母诉说时，父母应安静、专心地倾听，但不给予过度评判。父母不必接受孩子的所有行为表现，而只是接受他的感受。例如，孩子告诉父母他对小伙伴有多生气，这时父母要理解孩子的感受，可以安慰一下孩子，但父母要教育孩子不可通过嘲弄或打人来表达他的生气。

身为父母千万不可因为自己的子女还是一个孩子，就不尊重孩子说话的权力。一味的指责与粗暴的说教，根本不能解决问题。当然，父母也不能总是居高临下地对待孩子，应该"蹲下来"倾听孩子诉说原委。孩子有值得称赞的观点，父母应该表明支持的态度，即便孩子的认识有一定的误区，也要循循善诱、启发开导。倾听孩子的诉说，是开启孩子心灵窗户的法宝。

5. 过分纵容孩子任性

在当今的社会中，任性可谓是很多孩子的通病。

那么，究竟何谓任性呢？其实，任性是指对个人的愿望、需要或要求毫不克制；会抗拒、不服从大人的管教；不按照大人的要求去做；表面上答应，而内心不服，当大人不在身边时，就会由着自己的性子来。如任其发展，会造成严重后果。任性的孩子大多难以与他人合作，难以与他人友好相处，也难以适应集体和社会生活。

通常，儿童会因为心理发展不成熟，对许多事情缺乏认识和判断能力，因此多少都有点任性。其实，任性是孩子普遍存在的现象。但若放任孩子的任性，就会影响他们的人际交往。

有一个小女孩，今年4岁了，她的名字叫兰兰，不仅聪明可爱，也惹人喜爱。兰兰能歌善舞，并有很强的语言表达能力，在家里，爸爸妈妈、爷爷奶奶、姥姥姥爷都争着疼她。而兰兰呢，凡事只要大人说过一遍，就都记住了。比如倒尿盆，每天早晨起床后，兰兰就自己去做这件事情。

可是，兰兰有一个很大的问题，就是"太任性"。在家里，她随心所欲，什么事情都得依着她，只要不合她意，就会大发脾气，哭闹不止，谁的话都不听。为此，她的父母伤透了脑筋。尽管他们一再告诫她"不许她重犯"，可不愉快的事情还是不断发生着。这天一大早，妈妈因为着急去上班，就匆忙帮兰兰把尿盆倒掉了。兰兰的脾气立刻又上来了，号啕大哭："你为什么要倒尿盆？这是我自己的事，不要你管！"她的脾气越来越大，并且没完没了，眼看妈妈就要上班迟到了，她还是不停地闹着，最后还得是大人让步。最后，兰兰拿着尿盆走进厕所，从抽水马桶里舀回"该自己倒的"尿，重新倒一遍，才算完事！

妈妈见女儿这样做，非常生气，可又没办法。若不让她这么做，兰兰就会一直哭闹下去，妈妈担心她的身体受不了。现在，全家人凡事都得让着她三分，对了能夸，错了不能罚。否则，孩子的"拗脾气"一上来，还是大人让步。她的妈妈苦恼地说："这孩子，好起来的时候特别好，闹起来的时候，真拿她没办法，简直太任性了！"

生活中，像兰兰这样任性的孩子不在少数，也许你会听到不少父母说："我的孩子天生就任性，真没办法。"其实，对绝大多数孩子来说，任性并不是天生就存在的毛病。

（1）造成孩子任性的原因

1）孩子模仿别人

在家中或亲友中有人任性，孩子会亲眼看到其任性的表现。于是，孩子就会去模仿，去试着任性。

2）父母迁就造成的结果

任性是一种不良性格，除了与天生的秉性有关外，还与父母的教育方式有关。当孩子很小的时候，通常有不合理的要求，父母会因为孩子小、不懂事，就迁就他。时间一长，就形成孩子放任自己的心理定式，习惯于按照自己的意愿行事，并要求他人服从自己。如有的孩子偏食，只吃自己喜欢的，别的一概不吃，父母怎么说都不行。这种任性的表现，就是日常迁就的结果。所以，父母在养育孩子时，一定要把握爱的尺度，不可过分地、没有原则地宠爱孩子。

3）父母对孩子过分严厉或不尊重孩子而造成的结果

也有一些父母对孩子过于苛刻，这就使孩子难以达到父母的要求，进而令孩子产生逆反心理。孩子会以执拗来对抗父母的粗暴，发泄不满，长此以往，孩子就会变得任性。也有一些父母不尊重孩子，动不动就贬斥孩子，甚至在外人面前也随意责备。为了保全自己的面子，孩子就会以任性来对抗父母。

实际上，孩子太任性不利于其成长，身心也得不到健康发展。那么，父母该如何来纠正孩子的任性呢？

（2）纠正孩子任性的方法

1）了解任性的原因

孩子任性的表现千差万别，所以，解决任性的方法要因人、因时、因事而异。父母要了解了孩子任性的原因，在批评孩子时，就能就事论事地告诉他这次错在哪里，而不是不明原因地教育孩子的"任性"、"这样做不对"，或是全盘否定孩子。否

则，只会加重孩子的逆反心理，使任性变得更加放肆。

2）鼓励孩子参加群体性活动

要想预防孩子因"自我中心"而导致的任性，不妨让孩子与同伴一起玩耍或活动。如平时请邻居的小朋友到家里玩；适时地给孩子时间出去找伙伴等。当然，父母要事先给孩子讲明要求，"如果自己的意见被否定了，要少数服从多数，不固执、不闹情绪"。这样，孩子在与他人的沟通中，就能体会到任性没有用武之地。

3）在行为上约束孩子

当孩子出现任性行为时，父母要在情绪上表示理解，但在行为上要对他进行约束。如吃饭时，孩子发现桌上没有他喜欢吃的菜而拒绝吃饭。这时，父母不应迁就孩子而给他重做，应明确表示——饭菜已经做好了，就不应该随便更换。

4）转移孩子的注意力

一般来说，孩子注意力集中的时间较短。所以，父母不妨利用这一特点——转移孩子的注意力，以改变孩子的任性行为。如孩子在玩具摊前要赖不想走，而非要买某种玩具时，大人可以指着开过来的公共汽车说："这辆车真棒，咱们还没坐过哩。"然后，就抱着孩子去赶这辆公车，这样买玩具的事，

孩子就会很快忘记。

5）试着采用暂时回避的方法

有些孩子，对于自己不合理要求没有得到满足就会纠缠不休。这时，父母可以暂时不去理他，让他感受哭闹的方法并不能解决问题。当无人理睬时，孩子自己会感到无趣而停止任性行为。同时，父母要对孩子说明这件事不能做的原因，并对他说"相信你以后会听话的"来鼓励他。

6）进行适当惩罚

对那些年龄小的孩子，若只靠正面教育远远不够。有时，适当惩罚也是一种比较有效的教育手段。如孩子任性不吃早饭，父母不可责骂，也不要威胁。只需饭后把所有的食物都收起来。当孩子饿时，告诉他肚子饿就是早晨不吃饭的结果。孩子一旦尝到饿的滋味以后就不会耍小性子了。

另外，父母也可以让孩子承担一些由于他任性而造成的恶果。如用本来应该给他买礼物的钱来购置因他任性而摔碎的东西，或让他用积攒起来的零用钱去赔偿他毁坏的同学的东西等。这样做，能让孩子知道任性是有百害而无一利的，是要付出代价的，从而让孩子改变任性的毛病。

6. "任意"打骂孩子

父母打骂孩子，虽然能让孩子表面服从，然而，孩子的内心非常反感，甚至还有可能让孩子也以打骂的形式来对待别人。使用这种方法，不仅无法教育好孩子，反而会损伤孩子的自尊心，使其养成自卑、孤僻、胆小、撒谎等不良性格。

生活中，孩子遭遇打骂不一定是孩子该受惩罚，而是有些父母认为这种方法简单、有效。如孩子回家晚了、作业做错了、考试分数考低了等，都有可能遭致父母的打骂。

根据调查的数据显示，有12%～18%的父母在教育孩子时，常使用"打骂"的方法。他们相信"打骂"是管用的。这种现象通常是农村高于城市，父

亲高于母亲。在某小学三年级一个班，全班43人，仅有一个学生没有挨过打。

也许有教育工作者会这样说："打孩子不能提倡，但如果'会打'（指时机、轻重适当），也能收到好的效果。"这种观点并不可取。一方面，此观点会助长那些打孩子的父母继续惩罚孩子，将打孩子的行为愈演愈烈；另一方面，本不打孩子的父母也可能受这种观点的影响而试用打的方法，进而走入误区。

打孩子的现象所具有普遍性是如何造成的呢？概括起来大致有以下几点：

①受到传统教养观念的影响。不可否认，传统的教养观念对很多父母有着潜移默化的影响，如"棍棒之下出孝子"、"不打不成才"、"打是疼，骂是爱"等。在传统观念中，父母与孩子的关系就是上对下，没有什么尊重孩子、与孩子平等的概念。

②有些父母因为自己小时候就经常挨父母的打骂，于是在教育自己孩子时就继承了上一辈的"光荣"传统。尽管他们深知被父母打骂的滋味，心里会产生怨恨或反抗，但自己已经长大成人，于是，就继续把打骂当成了教育孩子的一种措施。

③也有些父母认为，教育孩子是个"苦差"，加上工作繁忙或其他原因，也就懒得思考其他的方法来管教孩子。所以，他们认为，打骂教育是最方便、见效最快的方法。因此，一旦孩子犯了错误、有了问题，就直接棍棒相向，特别是脾气暴躁的父母更是如此。

④父母自身的生活状态。有些父母自己不成功，他们在社会生活中并不理想，经常会把全盘控制孩子作为一种逃避和满足，甚至把自己在社会中的压力转嫁到孩子的身上，而要求孩子出人头地等。

⑤出于一时冲动打孩子，但也会造成不良的后果。

晚饭后，明明和爸爸坐在沙发上看电视。刚开始，他们在看双方都爱的晚会节目。可当晚会结束时，爸爸想看球赛，明明想看动画片。于是，父子间的冲突开始了。明明跳下沙发把遥控器抢在手里，立马把频道调到他熟悉的少儿动画片节目上。爸爸觉得自己的权威受到了儿子的挑战，一伸手就把遥控器从儿子手里夺了回来，接着就把频道换到了他想看的体育频道。明明看爸爸调换了频道，不让他看动画片，大吵大哭起来。爸爸被吵得不耐烦，觉得儿子用哭声抗议自己的行为，应该受到教训。所以，爸爸站起来打了明明，然后，把他拉进洗手间关起来，嘴里还骂道："三天不打，上房揭瓦。"明明的妈妈也附和着说："就是，不听话就该打，不打不成才。"结果，从那以后，明明变得胆小、懦弱，再也不与爸爸抢着看电视了。

"棍棒底下出孝子"是中国教育孩子的一句老话。实际上，很多父母都按照自己的意志来改变孩子的行为，并在无形中伤害了孩子的感情。其实，"打"并非是教育孩子的好方法。

（1）要遏止打孩子的现象，必须认识到打骂孩子的危害

1）会造成严重的亲子隔阂

当孩子遭到打骂时，心里很不舒服。皮肉之苦，往往使他们产生怨恨、畏惧、逆反等心理。打的结果会令孩子与父母之间的亲情变得日益淡漠。另外，还会有个别的孩子产生报复心理。

2）造成孩子失去自信，悲观厌世

每个孩子都有自尊，也希望得到别人或者父母的尊重。别人的尊重、信任，会使孩子产生自信，会令他们产生前进的动力。经常挨打的孩子，自尊心会受到损害，从而产生自卑，甚至还有可能走上自暴自弃的道路。父母本是孩子最亲近的人，然而，经常遭受父母的打骂，孩子就会感到人世间没有温暖，活着没有意义，于是悲观厌世。现实中，也有遭受父母打骂后，孩子出走或者自杀，所造成的家庭悲剧往往难以言状。

此外，经常挨打的孩子，其脾气会变得暴躁，会产生对父母、学校、社会不满的情绪。比如，因英语没考好而挨打，他便会憎恨英语知识、英语老师，甚至憎恨学校。一旦有机会，孩子就可能做出一些报复性的事情来。

3）导致孩子说谎

有的父母发现孩子做错事就打。孩子为了逃避挨打，往往会违心地说谎，

瞒得过就瞒，瞒不过就骗，因为骗过一次，就可以减少一次皮肉之苦。但孩子说的谎，往往易被父母识别。为了惩罚孩子说谎，父母的态度会更加强硬。为了避免再被父母暴打，孩子在下一次做错事时还会说谎，这样就构成了恶性循环。

4）令孩子加速陷入孤独的深渊

经常性挨打的孩子，常常会感到孤独无援。尤其是当众挨打，更会让孩子的自尊心受到伤害，会感觉到"低人一等"，而显得压抑、沉默。同时，挨打后，孩子会认为老师和小朋友会看不起自己。于是，这种类型的孩子往往不愿意与他人交流，也不愿和小朋友一起玩，性格上会显得孤僻。

5）使孩子学习错误的解决问题方式

其实，父母打孩子并不是什么好的教育方法，只会对孩子的个性造成压抑，会给孩子造成一种错觉，即弱者要服从于强者，暴力能解决问题。由于孩子的模仿能力很强，往往会从父母那里学会"以暴制暴"，学会"打人经验"，从而染上暴力行为。在家里父母打他，他就会到外面去打别的孩子，尤其是比他小的孩子。实际上，父母打孩子倒成了教自己的孩子去打别的孩子的坏榜样。这样的孩子长大后，很有可能以武力来解决人际冲突。

6）造成孩子人格畸形

做父母的都希望自己的孩子善良、诚实、守信、上进，希望自己的孩子有良好的人格。然而，经常打骂孩子，会使孩子走向这种希望的反面。从心理学角度讲，父母对孩子粗暴，会导致本来性格倔犟的孩子产生对立情绪、抵抗意识，进而变得性情暴躁、行为粗野，严重的，还会形成攻击型人格，对别人施暴，不能建立良好的人际关系；至于性格怯懦的孩子，则会产生严重的畏惧心理，表现出软弱的顺从意识，形成猥琐、胆小

怕事的性格等，这样的后果，会影响孩子的一生。

事实上，很少有父母天生就会教孩子，也很少有父母天生就是教子高手。父母期望通过"打"来教育孩子的做法，肯定是错误的。打，只会造成孩子的不良心态和心理偏差，绝不可能获得有效的教育成果。所以，希望天下的父母，不要再打自己的孩子。

（2）不妨用以下的方法来取代打骂的教育方式

1）多方面地了解孩子

俗话说："多一分了解，就少一分误解"。父母需抽时间与孩子、与孩子的老师多多沟通，这样对孩子在家庭和学校中的行为有一个全面的把握。一旦孩子有不当行为的发生，父母能用合适的方法及时去管教孩子。

2）对待孩子要冷静，冷静，再冷静

在面对不听管教的孩子时，脾气暴躁的父母，最直接的反应就是打骂。其实，此时的父母应先让自己冷静下来，尝试着走入孩子的内心，并耐心地询问孩子进行此行为的真正原因。倘若父母能把心思放在了解孩子的想法上，并能想办法帮孩子解决问题，就会发现孩子的行为是情有可原的。同时，也会释放自身的很多负面的情绪，找到更合适的解决办法。

3）去调整对孩子的期望

很多父母都是"望子成龙、望女成凤"，这种心理可以理解。然而，有些父母常常拿自己都达不到的标准来要求孩子。所以，当孩子因为种种因素，或者某些方面不能达到父母的期望时，许多父母与孩子之间的矛盾和冲突就不可避免地发生了。其实，打骂只是一种感情发泄，对改变孩子的现状毫无帮助。与其如此，不如降低对孩子的期望，让孩子在没有压力的状态下继续前进。如果父母对孩子有所要求，也要考虑孩子的成长状况，不要总拿着"放大镜"去对待孩子的表现。

4）放下父母的架子去尊重孩子

有些父母喜欢在孩子面前保持威严，喜欢用以上对下的态度来对待孩子。对此，教育专家建议，父母在对待孩子时，要真正地放下父母的架子，从内心

将孩子当作成人一样给予尊重。

5）避免在盛怒时管教孩子

在愤怒的情况下，父母通常无法以理性的方式来管教孩子。所以，当父母情绪愤怒时，一定要暂时离开孩子所处的环境现场，或是去做别的事，待自己平静以后，再来管教孩子。

几乎所有的父母都盼望自己的孩子好。然而，有无数事例证明，孩子不是在父母的打骂中成才的。棍棒威吓有可能会起作用，但那只是暂时的，并不会持久。同时，打骂孩子是对孩子正当权利的侵犯。不打骂孩子，同样也能教出优秀的孩子。每个父母都应牢记这个理念，把孩子当朋友，这是家庭教育中的原则。所以，为了能让孩子健康成才，不妨从现在开始，父母试着不去打骂孩子，而使用因材施教的教育方式对孩子循循善诱，以理服人。这样一来，就能给孩子创造一个良好的成长环境。

7. 对孩子的提问很不耐烦

孩子求知欲的表现形式就是提问。在日常生活中，父母不但要认真地回答孩子的提问，也可对孩子的问题进行深一步的发问，以引导孩子思考，使其掌握学习方法。当孩子在你的诱导下自己得出答案之后，他会高兴得又叫又蹦，在欢快兴奋的同时，自己也有了自信心，有了成就感。这自信心将伴他长大成人，伴他一生。

愿意思考、喜欢探索是孩子的一种天性，每个健康的孩子都会这么做。但是，有些孩子渐渐丧失了对事物探索的兴趣，到了上学的年龄也不爱学习，这又是为什么呢？究其原因，可能是与父母对孩子的提问采用错误的对待方式有关。

有些父母，由于工作、家务太忙会感到精力疲乏，当孩子不停地向他们问为什么时，就常用不耐烦的口吻对孩子说："别烦妈妈（爸爸）了，自己玩一会儿。我忙着呐！"孩子的积极性受挫，久而久之，就不再喜欢提问了。

还有些父母认为，孩子年龄太小，没必要告诉他那么多、那么细，即使告诉他也不懂，等他们长大后自然就会明白那些问题了。于是，往往三言两语打发了孩子或用糊弄的态度支吾过去。这种做法是极不可取的。因为孩子虽然年龄小、尚不懂事，但他们也能从父母的态度上感觉到父母对他的做法是否赞同。如果父母总是对他们的问题不耐烦，只是敷衍一下他们，孩子的热情自然就会日益减少。

星期六的上午，妈妈在做家务，5岁的儿子小虎在客厅里看一本有关思维训练的书。书上有这样一个问题：铅笔都有哪些用途？小虎对这个问题感到很新奇，就拿着书，兴高采烈地去问妈妈："妈妈，我想问你这样一个问题，铅笔都有哪些用途？"妈妈正在擦桌子，想都没想就说："铅笔只能写字呗，这么简单的问题还用问啊。"小虎急忙纠正说："不对，铅笔有很多用途。书上说，铅笔还可以做尺子画线，可以当成礼物送人，铅芯还可以作为润滑剂，它有很多很多用途呢。你再想想嘛，还有哪些？"妈妈不屑地说："这叫什么问题呀，这些都是启发你们小孩子思维的，我现在忙着呢，没工夫回答你的这些问题，自己去看吧。"

小虎听到妈妈的回答，有些失望，忽然，他又想起了什么："妈妈，我又想起一个问题，铅笔是用什么做成的？"妈妈稍微想了想，说："外面是木头，铅芯好像是石墨，除此之外，还有别的什么东西吧。"小虎的兴趣一下上来了，穷追不舍地问："还有什么，到底还有什么东西呀？"妈妈有些不耐烦了："妈妈记不清了，好像就是石墨吧。我还要洗衣服，行了，你自己去玩吧。"兴致勃勃的小虎没注意到妈妈的表情，又提出一个问题："石墨原来是什么样的，用什么方法把它弄得这么细？外面的木头和铅芯又是怎么到一起的……"

小虎这一问，还真把妈妈问住了。妈妈不知道如何回答儿子的问题，眉头一皱、手一挥，不耐烦地说："你烦不烦啊，哪儿有这么多问题？别问个没完，一边玩去吧。"小虎撇撇嘴，意犹未尽地走开了。

从那以后，小虎就不喜欢向妈妈提问题了。

由此可见，小虎的妈妈没有很好地处理儿子提出的问题。其实，面对孩子无休止的发问，父母应不失时机地帮助他们找到比较满意的答案。培养孩子爱问问题的习惯，父母要有意识地鼓励孩子多思多问。

好问是孩子的天性，而父母对孩子提问的态度和回答方法将直接影响到孩子求知的欲望和智力的发展。那么，为了更好地促进孩子的求知欲和智力的发展，做父母的应该如何正确地对待孩子的提问呢？

（1）换位思考，允许孩子提问

孩子之所以好问，是因为他们有一颗强烈的好奇心。父母要尊重和保护孩子的好奇心，其诀窍在于父母要有一颗童心，要学会换位思考。父母对孩子的好奇心不能理解，甚至不耐烦，是因为孩子问的问题大人早就知道了。站在大人的角度，没什么可问的。正如作家桑姆·金丽所说："我们的眼睛变得只盯着追求的目标，以至于对眼前的玫瑰花也不惊奇。"因此，父母要做的就是尊重孩子的好奇心，允许孩子自由提问，而不应压制和打击。

（2）尽可能立即回答

孩子注意力不持久，如果不马上得到回答，孩子或忘掉了刚刚问的问题，或兴趣降低，这些都会影响其智力的发展。当然，这里所说的立即回答，并不是主张马上把问题的标准答案直接"告诉"孩子，而是说应该立即受理孩子所提出的问题，并努力通过对问题的受理来促进孩子对有关问题的思考，促进其能力的发展。

（3）拿孩子的问题反问孩子

为了鼓励孩子养成有问题先自己动脑筋思考的习惯，可适当地反问孩子，反问时要启发、引导，问题的难度要适宜。父母经常反问孩子，能促使孩子主动积极地思考问题，并渐渐地形成对周围事物特有的、属于自身的认识。

（4）间接回答问题

孩子的提问是各种各样的，有的答案是孩子心理水平难以理解的，大人即使回答了，也难以使得孩子感到满足。如果这种体验连续几次之后，孩子提问的次数就会减少，甚至会使得孩子对事物失去了应有的好奇心。如"太阳为什么会落下去？"这个问题，如从太阳与地球的关系上回答，或是用动力学说来回答，孩子不能理解。因此，要根据实际情况和孩子的年龄特点，采用拟人化的方法给予间接回答："一到晚上，动物们回家睡觉了，太阳公公也到山的那边去啦。"

（5）和孩子一起寻找答案

如果遇到自己无法解答或难以系统而科学地回答的问题时，父母也不要敷衍孩子的问题，最好是翻翻书，寻找答案。对于一时解释不清的问题，也不要羞于告诉孩子不知道，并可以就这个问题和孩子一起去问别人或查阅书籍。孩子大一些后，自然就会养成查书的好习惯，将来遇到疑难问题就知道如何自己去找答案。

（6）不要欺骗孩子

有些父母觉得，孩子的提问不好回答或自己也不知道答案，就可以随意编一个谎话欺骗孩子。殊不知，孩子总是很相信父母的话，他会将答案当成真理。父母要认识到，孩子的大脑好比一张洁白的纸，正确的事物会在上面留下画痕，错误的事物也会在上面染上印迹。所以，父母对孩子的问题知之为知之、不知为不知，千万不要欺骗孩子。

总而言之，当孩子提问的时候，父母应持鼓励的态度，回答的时候，要尽可能地简明、准确、浅显易懂。即便在孩子打破砂锅问到底的时候，倘若父母真的很忙，可以告诉孩子，"妈妈（爸爸）现在很忙，待会儿再告诉你"，而不是对孩子的提问表示出不耐烦的态度。

8. 父母忽视自身素质的提高

我国著名学者于光远曾经说过："当父母不容易，当好父母更不容易，当父母有当父母的学问。"事实的确如此，父母生下一个孩子就等于给自己提出了一系列需要回答的问题，如教育目标的确定、教育方式方法的策划……

由此可见，父母要答好教育孩子这张答卷，没有过硬的功夫是不行的。父母的自身基本素质如何，对子女的成人成才起着重要的影响作用，这往往关系到孩子的一生。

家庭教育是由父母实施的，从孩子出生之日起，父母自然而然、不可选择地成为孩子的第一任教师，可以说，父母对孩子的影响教育不仅是最早的，也是终生的。他们在家庭教育中发挥着不可替代的作用。父母不仅要照顾孩子的生活，而且要承担帮助孩子德、智、体、美全面发展的重任，这种教育是在日常生活中通过言传身教潜移默化地进行的。而且经过大量的研究，人们已逐渐趋向于一种共识：父母素质，在很大程度上决定家庭教育的成败。从一定意义上讲，有什么样的父母就有什么样的孩子。可以说，父母素质是影响孩子发展的众多因素中最重要、最具决定性的因素。

父母素质一般可分为两个方面：一方面是指父母本人作为一名社会成员、国家公民所具备的素质，如文化水平、品德修养、身体健康状况等，这些可称为家长的一般素质。父母的一般素质对子女起着潜移默化的作用，同时又是家长进行家庭教育所必备的特殊素质的基础。另一方面是指父母对子女进行教育所必备的特殊素质，即父母应有正确的教育观念、丰富的教育知识、科学的教育方法和一定的教育能力等。

当然，父母自身的不良习惯和品德修养同样会影响孩子。如果父母不文明、不礼貌，甚至道德败坏、腐化堕落，也会传给孩子，使孩子受害不浅，甚至走上歧途。正如鲁迅先生曾说过的："许多精神上、体质上的缺点，也可以传给子孙。"

周末，一位年轻的妈妈从幼儿园把儿子接回家，发现儿子脸上有轻微的伤痕。妈妈就问儿子："是不是幼儿园小朋友抓的？"儿子点点头。妈妈火了，大声说："你为什么不抓他？这个星期，妈妈不给你剪指甲了，等你的指甲长出来，你狠狠地抓他。"

无独有偶，某快餐店里，一对中年夫妻带着一个大约4岁的女儿在用餐，席间女儿要撒尿，"勤快"的爸爸二话没说，抱起女儿，面对玻璃墙根（玻璃墙外是行人很多的大街）就"把尿"……

真是可悲又可怜啊，如此素质的父母又怎么能教育好孩子？孩子能养成良好的品德、个性吗？对这样的父母，我们必须猛击一掌：你们该好好提高自身的素质了！

教育在学校，素质在家长！没有父母素质的提高，就没有孩子的高素质。著名教育家苏霍姆林斯基说："要是不系统进行教育学的教育，不提高家长的教育素养的话，无论什么样的教育工作都是不能成功的。"

为此，父母们不妨从以下几个方面努力：

（1）提高自身的文化素养

父母应掌握一定的知识，通过各种途径努力提高自身的文化素养。教育工作是一项复杂的脑力劳动。家长掌握一定的知识，具备一定的文化素养是教育好子女的前提：一方面，可满足子女的求知欲望，树立家长在子女心目中的地位、威信，掌握教育的主动权，为子女树立热爱学习、热爱知识的榜样；另一方面，家长的文化水平又影响着他对教育知识的理解、掌握和运用，影响着家庭教育的效果。

（2）树立正确的教育观念

父母的教育观念，主宰着家庭教育的各个方面，是决定家庭教育方向与质量的关键，因此父母应该认识到，每一个人的能力是不同的，社会对人才的需求是多层次的，从孩子的实际能力和水平出发，以一颗平常心教育孩子、鼓励孩子，相信他们在平凡的岗位上一样能成就大业，只要他们充分发挥了自己的聪明才智，为国家、社会做出了贡献，就是成才。

（3）努力提高教育能力

教育孩子是一项创造性的劳动，它要求父母具有较强的教育能力，要求父母掌握一定的教育理论知识和教育方法，了解并遵循孩子身心发展的规律和教育规律。父母具有较强的教育能力，这是家庭教育获得成功的前提条件。

因此，这就要求父母要提高教育能力。不过，父母教育能力的提高不是一蹴而就的，而是在不断学习和长期实践的过程中实现的。具体说来，父母可以通过以下途径来提高教育能力：读书学习，掌握家庭教育规律；参加培训班；参加活动，借鉴他人的家教经验；实践积累，探索家教规律等。

（4）努力提高思想道德水平

孩子从小到大，父母的一举一动都对其性格、品德发展起着潜移默化的作用。这就要求父母自己要有高尚的品德、有理想、有积极的人生观；对国家、对人民、对事业有高度的责任感；在社会上奉公守法，遵守社会公德，讲究文明礼貌，作风正派，为人正直，是非分明等。

凡是对孩子提出的要求，父母应身体力行，比如，想要孩子回家洗手、饭前洗手，自己也要天天去做。如想要孩子关心别人，那么自己在汽车上就要为老人、抱小孩的人让座。如要求孩子诚实不说假话，则父母对待家人、对待客人都要以诚相待，千万不可只要求孩子，而自己做不到。

（5）养成良好的生活习惯

现在生活节奏加快，年轻的父母每天因忙于工作而疲惫，所以就懒得锻炼了，这样就会影响幼儿良好生活习惯的形成。为改变这一局面，家长应以身作则，养成锻炼身体的好习惯，从而提高自身身体素质及运动能力。

第九章 父母最容易犯的教子错误

生子容易养子难,可怜天下父母心。没有完美无缺的父母,没有一对父母能够做到万无一失的教育。然而,父母会将自己的心态通过日常对待孩子的言行,折射到孩子心灵深处。这种影响无处不在,父母不经意的话语、日常的生活习惯、情感的交流都是对孩子进行素质教育的素材。"子女成才,家长有责",所以,做父母的不仅要认识到家庭教育的重要性,更要努力地去实践,更多地发掘孩子的潜能,使孩子成为德、智、体全面发展的高素质人才。